本书由教育部学校规划建设发展中心"未来学校（幼儿…）"新媒体在幼儿发展领域的应用研究"（项目编号：CSDP18FC2207）、重庆第二师范学院校级科技协同创新平台"西部地区新媒体与青少年发展研究院"项目经费资助（项目编号：2017XJPT05）。

割裂·融合·创新：儿童成长与新媒介技术运用

孟育耀 严亚 等著

中国商务出版社
CHINA COMMERCE AND TRADE PRESS

图书在版编目（CIP）数据

割裂·融合·创新：儿童成长与新媒介技术运用 / 孟育耀等著. --北京：中国商务出版社，2020.2

ISBN 978-7-5103-3270-8

Ⅰ.①割… Ⅱ.①孟… Ⅲ.①传播媒介—影响—儿童教育—研究 Ⅳ.①G206.2②G61

中国版本图书馆 CIP 数据核字（2020）第 026117 号

割裂·融合·创新：儿童成长与新媒介技术运用
GELIE RONGHE CHUANGXIN：ERTONG CHENGZHANG YU XINMEIJIE JISHU YUNYONG

孟育耀 等著

出　　版：	中国商务出版社
地　　址：	北京市东城区安定门外东后巷 28 号　邮编：100710
责任部门：	教育培训事业部（010-64243016　gmxhksb@163.com）
责任编辑：	刘姝辰
总 发 行：	中国商务出版社发行部（010-64208388　64515150）
网购零售：	中国商务出版社考培部（010-64286917）
网　　址：	http://www.cctpress.com
网　　店：	https://shop162373850.taobao.com/
邮　　箱：	cctp6@cctpress.com
开　　本：	710 毫米×1000 毫米　1/16
印　　张：	16　　　　　　　　　字　　数：305 千字
版　　次：	2020 年 8 月第 1 版　　印　　次：2020 年 8 月第 1 次印刷
书　　号：	ISBN 978-7-5103-3270-8
定　　价：	68.00 元

凡所购本版图书有印装质量问题，请与本社总编室联系。（电话：010-64212247）

版权所有　盗版必究（盗版侵权举报可发邮件到此邮箱：1115086991@qq.com 或致电：010-64286917）

本书作者

孟育耀　严　亚　李　蕾　董小宇　禹小芳
韩　姝　蔡竺言　王艺博　戚云博　代咏梅

主要作者简介

孟育耀 重庆第二师范学院文学与传媒学院院长助理，副教授，硕士。发表 CSSCI 论文 8 篇，核心期刊 8 篇。主持省部级项目 4 项。

严 亚 重庆第二师范学院文学与传媒学院副院长，教授，博士。发表权威核心、CSSCI 论文、北核论文 12 篇，独撰专著 1 部、参编专著 4 部，主持、主研省部级科研课题及横向委托课题等 17 项。

内容简介

当今时代新媒体不断涌现，技术发展日新月异。本书主要阐述新媒介对当代儿童教育和文化浸润带来的影响，如何让儿童能够掌握新媒介技术、正确接触与使用媒介、分析与应对媒介信息、积极参与媒介世界并进行合理媒介表达，即如何让儿童具有新媒介化生存的能力。社会、家庭、学校应该三位一体培养儿童了解媒介伦理，搭建儿童成长的健康环境，在融媒体的环境下用更科学的视野与方法合理引导儿童积极成长，让这些美丽有生命力的花朵更好地绽放。

本书视野开阔，融入当下沉浸式媒体，深刻分析儿童成长的媒介环境，观点富有创新性和洞见性，对儿童领域的理论研究与实践都具有一定的借鉴意义。

序 言

在技术浪潮的影响下，人工智能、大数据、物联网、云计算等技术不断崛起，媒介及依托的计算机技术、通信技术与控制技术朝着智能化方向快速发展。与此同时以微博、微信、微视频为代表的社交媒体引发了新一轮的传播革命，新媒介正深刻地改变着我们这个世界。诞生于这个时代的"00后"儿童深受其影响。他们是从小处于媒介化生存中的"苹果世代"，他们是移动互联网的原住民，是未成熟的生命主体。数字媒介接触与使用是儿童藉由媒介技术与文化符号世界交互作用从而达成自身生命成长的路径。信息技术的发展带来媒介形态的剧烈变化，新媒介成为当下"数字原生代"儿童重要的成长陪伴。

作为信息时代的年轻父母，我们既认同数码产品带来的丰富知识量，希望孩子可以跟随数字化时代的潮流，又担心孩子因沉迷数码产品带来的视力损伤、人际交往障碍以及身体发育迟缓等问题，但是有时又无法割舍数码产品在安抚孩子身上的奇效。经常限于两难的境地中。"互联网＋"时代让今天的父母正遭遇着上一代父母没有经历的网上教育挑战。

如果说今天的孩子一出生就是信息高速公路上的小司机，那么今天的父母就面临着如何教会这些小司机正确行驶的架势技能；如果说今天的孩子一出生就生活在信息爆炸的海洋中，那么今天的父母就要教会孩子如何在海洋中遨游、搏击风浪。如果不能够逃避，就勇敢面对。我们无法用昨天的经验，来面对今天的孩子，更无法用昨天的思维教育孩子面对明天的挑战。新媒介正塑造着新世代，新世代和正在改变着的新世界呼唤新教育。如何让儿童能够理性接触与使用媒介、批判性地分析与应对媒介信息、积极参与媒介世界并进行合理媒介表达，即如何让儿童具有新媒介化生存的能力已经成为本书讨论的核心问题。

本书主要围绕以下三个问题：

一是从技术发展现状与时代背景出发，指出"众媒狂欢"下，儿童正成为各种新媒介竞逐的目标。在发展过程中儿童对新媒介的运用出现了价值偏差，社会、家长无形之中强调着技术的重要性，希望孩子在技术浪潮中占据先锋点，却往往忽略了儿童媒介应用中的文化传导，以及媒介伦理在儿童新媒介使用中的缺位问题。新媒介技术的积极倡导以及背后显现出的文化割裂，这种现象足以引起我们深刻的反思。

二是对儿童新媒介素养作出全新判断，并从知识、能力、情感三个维度分别阐释儿童信息素养的培养，着力于体现"人与人""人与技术""人与社会"这三种核心关系。在此基础上对儿童新媒介技术运用的现状以及发展困境进行深入分析，指出文化归属、文化认同、核心价值观的引领应该是儿童新媒介技术运用中的一条主线。社会、家庭、学校应该三位一体呼唤儿童媒介伦理，搭建儿童成长的健康环境，在融媒体的环境下用更科学的视野与方法合理引导儿童积极成长，让这些美丽有生命力的花朵更好的绽放。

三是关注新媒介正在如何改变世界，我们正在进入的融媒体时代给孩子未来能力和素质提出什么要求，我们如何培养孩子适应未来社会需要的新能力、新素质；家庭教育、社会教育、学校教育的重心如何在人格塑造、习惯养成的基础上向核心素养扩展。

有可能本书给年轻的父母提供了教育孩子的一些思路，有可能本书也并不是适用所有孩子的速效药方。我想说的是孩子在新媒介使用中反映的问题，决不单单是媒介本身所引起的。头痛医头脚痛医脚，无法根本解决孩子的"文化症候"。更多的时候我们需要检视自身的日常媒介使用行为，注意自己和孩子平时的亲子关系。了解孩子的成长需求，倾听孩子的成长愿望，发现孩子身上的闪光点，进而因材施教，辨症施治。方法最忌生搬硬套，我们面对的是活灵活现的孩子，作为孩子最亲近的人，才更清楚地了解自己的孩子真实的状况和处境，才能找到最适合自己孩子的问题解决之道。

印度著名诗人泰戈尔曾说："不要用自己的知识限制了今天的孩子，因为他们属于不同的时代。"

立足儿童文化的"原初性"和"可塑性"，遵循孩子的成长逻辑，我们共同了解、学习、行动，探索适合孩子成长的数字化道路。

严　亚
二〇一九年十一月

目 录

绪论　割裂·依存：儿童发展中人文关怀与技术伦理的偏离与交融　1

  第一节　儿童发展与新媒介技术运用的偏离根源　2
  第二节　儿童新媒介技术运用的场域透视　12
  第三节　儿童新媒介技术运用的价值反思　24

第一章　框架·结构：儿童新媒介素养的全新判断　33

  第一节　儿童新媒介素养理论与方法：一种分析框架　33
  第二节　"知识维度"：儿童应具备的新媒介知识　45
  第三节　"能力维度"：儿童应具备的新媒介核心能力　51
  第四节　"情感维度"：儿童应塑造的态度与价值观　63

第二章　实然·应然：儿童新媒介技术应用的现状分析　70

  第一节　当代儿童媒介建构的多维度分析　70
  第二节　新媒介技术在儿童发展领域的应用现状分析　79
  第三节　儿童新媒介技术应用的困境与突破　86

第三章　根本·认同：儿童新媒介技术运用的文化浸润　92

  第一节　社会认同理论与文化价值发挥　92
  第二节　儿童新媒介技术运用的文化维度分析　109
  第三节　儿童新媒介技术运用的文化认同构建　121
  第四节　儿童新媒介技术运用的核心价值观引领　131

第四章　伦理·困境：儿童成长与新媒介技术的伦理适切　152

  第一节　媒介伦理在新媒介技术运用中的缺席　153
  第二节　媒介伦理在儿童新媒介技术中的归位　166

第三节　媒介伦理与技术逻辑相融合的三个层面 …………………… 176

第五章　突破·绽放:新媒介在儿童成长中的运用策略 ……………… 181

　第一节　新媒介技术对儿童成长主客体关系的影响 …………………… 181
　第二节　新媒介技术支撑下儿童成长环境的建构 ……………………… 187
　第三节　新媒介技术在儿童成长中的运用策略 ………………………… 200

第六章　融合·创新:融媒体传播与儿童发展 …………………………… 215

　第一节　融媒体传播的时间维度 ………………………………………… 215
　第二节　融媒体发展对儿童成长的积极影响 …………………………… 228
　第三节　融媒体发展趋势及在儿童成长领域的应用与展望 …………… 240

后记 ………………………………………………………………………………… 245

绪论　割裂·依存：儿童发展中人文关怀与技术伦理的偏离与交融

在技术浪潮的影响下，人工智能、大数据、物联网、云计算、AR/VR、神经网络、区块链、5G等技术不断崛起，当下我国互联网进入智媒化、移动化、社交化发展阶段，媒介及依托的计算机技术、通信技术与控制技术朝着智能化方向快速发展。智媒以万物皆媒、人机共生、不断自我进化等特征为社会生活的各个领域带来深刻变革。

在教育领域，新媒介技术、人工智能的应用越来越广泛，渗透越来越深刻，交互体验类教育形式日渐增多，不仅增加了教育内容的可看性和参与性，寓教于乐提高了教学的趣味性，而且刺激儿童感官，不断吸引其积极主动加入游戏与知识的互动中。

儿童是未成熟的生命主体，数字媒介接触与使用是儿童藉由媒介技术与文化符号世界交互作用从而达成自身生命成长的路径。信息技术的发展带来媒介形态的剧烈变化，新媒介成为当下"数字原生代"儿童重要的成长陪伴。

在信息的汪洋大海中，一方面，我们的孩子在一岁已经开始触摸手机屏幕，两岁用IPAD看动画片，三岁熟练操作多种智能终端设备，这已经成为一种常态。另一方面，在孩子的成长中，家长逐渐感受到儿童对电子产品的偏爱与依赖呈急速蔓延趋势。孩子可以不吵不闹一玩大半天，成为一个安静的数码产品使用者。作为信息时代的年轻父母，我们既认同数码产品带来的丰富知识量，希望孩子可以跟随数字化时代的潮流，又担心孩子因沉迷数码产品带来的视力损伤、人际交往障碍以及身体发育迟缓等问题，但是有时又无法割舍数码产品在安抚孩子身上的奇效。经常限于两难的境地中。研究者一方面极力鼓吹新媒体技术给我们社会生活带来的各种便利，探讨新媒体技术对社会关系、人际交往、消费、营销方式带来的颠覆性改变，另一面又将数码产品，特别是数码游戏视为儿童生活学习中的洪水猛兽。单纯的围堵明显已经解决不了问题，那么到底应该怎么做？

本书以人·技术·文化的视角审视新媒介技术环境下的儿童成长，立足儿童文化的"原初性"和"可塑性"遵循"实然"——"应然"——"可然"的逻辑思路。首先分析儿童新媒介应用的文化现状，透过其外在文化表征剖析儿童主体在数字媒介场域下出现的问题。其次，从关系面向和本体面向对儿童新媒介运用进行理论与实践建构，提出儿童新媒介运用的价值诉求与现实悖离，找出其产生的根源及影响制因，进而提出系统优化当下儿童新媒介运用的路向和文化策略。帮助家长一起探索适合孩子成长的数字化道路。

第一节　儿童发展与新媒介技术运用的偏离根源

新媒介为儿童打开一扇崭新的时代大门，也使部分儿童深陷虚拟世界而不能自拔，偏离了借助于新媒介进行求知的本意，在自我确认、知识获取、人际交往、意义生成、审美情趣、工具理性等多方面显示出自身生命活力的"迷失"。儿童在新媒介运用中呈现的一些问题，尽管是儿童个人的行为和价值观的问题，但是伴随着成长这些问题终究会反映在儿童以后的生存和发展中，最终可能成为社会发展的共性问题。本章将对儿童新媒介运用的文化症候进行分析，指出这些症情的产生，背后隐藏着深刻的根源，是诸多因子共同作用的结果。

一、主体性根源：僭越原初性与可塑性规律，带来成长过程中的异化

意大利儿童教育家蒙台梭利通过临床对"儿童之家"的研究也发现，孩子一出生就已经有了微妙的心理反应，她提出儿童感知外界环境的"敏感期"，强调教育要把握侧重点不同的"关键期"。[①]

其后越来越多的研究者发现，人类自出生伊始，身上就带着一股向外探索的潜能，这构成他日后发展的基础，这是一种生物性的基本取向。人们将这种基本取向概括为天性，它包括彼此渗透又相辅相成的两方面——原初性与可塑性，儿童正是以这两种基本属性为基础，获得了向外部探索与互动的机会，逐步完成个体生命成长和文化生成。

皮亚杰说："儿童是在两架不同的织布机上编织出来的，这两架织布机是上下层安放着的。儿童头几年最重要的工作是在下面一层完成的。这种工作是

---

① 玛丽亚·蒙台梭利. 童年的秘密［M］. 梁海涛, 译. 上海：上海人民出版社, 2007：44.

儿童自己做的……这就是主观性、欲望、游戏和幻想层。相反,上面一层是一点一滴地在社会环境中构成的,儿童年龄越大,这种社会环境的影响越大。这就是客观性、言语、逻辑观念层,总之,是现实层。"[1]

"原初性"与"可塑性"是儿童文化的两种属性。"原初性"是儿童与生俱来的、存在于儿童本身,是根。"可塑性"指的是儿童为后天培养的可能性和上升空间,可以看作是根须基础上长的枝叶。根须需要好好保护,枝叶才能繁茂。如果根须变异,被破坏,枝叶也会失去旺盛生长需要的养料。

(一)根须:儿童的原初性

儿童的原初性存在于儿童自身的生命本身,是儿童生命的基本特性,是其与生俱来的原初本能,代表着人之初蕴藏于体内最深层次的、探求世界奥秘所应具备的各种动能。原初性是儿童文化的根,也是人类文化的原型。原初性我们经常用"童心"二字来概括。

蒙台梭利认为儿童存在着与生俱来的内在生命力或内在潜能,她将其称作"内在教师""精神胚胎""有吸收力的心智"。[2] 类似的观点还有裴斯泰勒齐的"自然天性",夸美纽斯的"自然法则""种子",福禄贝尔的"神秘本能",杜威的"本能"等。这些学者基本都倾向于肯定自然对人的发展具有一定的规定性,也就是人天生具有一定自然属性。这种属性即是内在本能或潜能,按照遗传确定的生物学规律发展,是积极的、能动的、发展着的存在。福禄贝尔认为儿童的原初性包括四种——活动的本能、艺术的本能、宗教的本能、创造的本能;杜威则认为包括制作的本能、社交的本能、艺术的本能、研究和探索的本能等。原初性的发展,有其自身规律性,虽然是人的本能,但是同时也是自然的意志。失去了原初性,就失去了童心和童真。人类文明的开创与文化的持续发展很大程度上是根源于与生俱来的童心。我们经常说"老顽童",就是说虽然自然年龄很大,但是难能可贵的是童心未泯。原初性有旺盛的生命力,用体内最饱满的精神去观察世界、体验生活,同时展示最真实的生命和体验状态。

当各种功能的新兴媒介,携带着各种各样的信息资源,不断以简单易操作的方式,与孩子邂逅时,原初性促使孩子们睁大了双眼,带着好奇心用双手触摸屏幕,藉由数字终端屏幕进入网络世界。儿童点击着、观察着、吸纳着,不知疲倦地在网络海洋中徜徉,探究这个新世界里的各种事物,体会自己与这个世界的各种联系,在五彩斑斓的网络世界中获得莫大的使用满足感。新媒介带

---

[1] 皮亚杰.儿童的语言与思维[M].傅统先,译.北京:文化教育出版社,1980:143.
[2] 杨汉麟,周采.外国幼儿教育史[M].南宁:广西教育出版社,1993:265.

来了新的世界，儿童根据自己的天性进行探索，探索过程中伴随着各种收获的喜悦。然而，儿童对所获得的信息资源并没有价值判断能力，也缺乏鉴别经验，他们只是运用自身的生命特质，达到对世界的探索和对自由的追求，处于一种无功利性的、不受现实压力和世俗影响的状态。

当新媒介提供的信息资源与儿童所处的身心状态产生距离，儿童凭靠自身原初性获得大量不适宜自身心状态获得的信息符号时，儿童的潜力因额外的任务而被开发得太早，出现信息过量和过度，许多问题就出现了。所以，在蒙台梭利看来，"内在教师"引导着儿童前进，这"内在教师"便是自然本身的力量，也是规律的力量，它是儿童文化性生长的潜能，也是儿童文化性生长的内在引导因素。但同时，她也强调让儿童接受适合他年龄段身心发展所需的材料，逐步地通过"工作"达到自由与纪律的辩证和谐，获得自我发展。

（二）枝叶：儿童的可塑性

儿童的可塑性是指儿童出生后经后天培养的发展可能性和上升空间，是儿童后天的形塑与教化。儿童的可塑性与其原初性有必然联系，可塑性正源于他的原初性。"人必须自我完成，必须自我决定进入某种特殊的事物，必须凭借自身努力力图解决出身出现的问题。人不仅可能而且必须是创造性的。创造性并非限于少数人的少数活动，而且必须根源于人类存在的结构。"[①]

人是社会化动物，具有社会属性。儿童从一出生就开始与外部世界产生联系，受到外部环境的影响，接受外界对其不断的塑形与教化。包括教育在内的外在文化符号系统，就成为帮助儿童探索世界最重要的文化存在，帮助把儿童的可塑性进行开发，使其完成潜能开发并融入社会。因此，儿童的可塑性为儿童探索世界提供了最重要的文化属性，缺少这个动因，儿童便无法向外界文化世界迈进，而外界文化世界也借此影响着了儿童的生命发展。

正如夸美纽斯所说："任何人在幼年时代播下什么样的种子，那他老年就要收获那样的果实。"[②] 儿童的自我发展，需要来自外界文化世界的直接参与才能达到自身的成长与文化的浸润吸收。

外界文化符号对于儿童的成长至关重要。若外部世界能够在尊重儿童先天生理和心理特点以及生命成长规律的基础上，给予适合儿童需要的文化信息符号，则儿童将蒙受其利；反之，若外部世界未能把握好各种分寸，只是一味地以成人世界的标准或者无标准地给予信息符号，则儿童也将蒙受其害。对此，

---

① 蓝德曼.哲学人类学[M].彭富春，译.北京：工人出版社，1988：246.
② 夸美纽斯.大教学论[M].傅任敢，译.北京：人民教育出版社，1979：22.

皮亚杰也认为，若利用外在力量强行推动儿童超越其自然的水平，不仅对儿童的正常成长并无益处，反而可能导致长期发展中的阻滞。

费歇尔等人提出了"成长与发展的非线性动态模式"，不仅证实了皮亚杰的有关思想的正确性，而且进一步揭示，在某种行为上的不当刺激所导致的短期变化，会对人的整体成长系统产生弥散性的影响，使整体发展脱离平衡状态，并且在接受不当的催早熟刺激的那个领域，产生较为低下的发展水平。费歇尔等人指出，当成长速率过于高涨时，可能导致系统成长的紊乱无序。所以稳定、平衡、系统的发展，需要保持比较平衡的成长速率。所以外部文化世界对儿童成长所提供的支持性影响应当是限制在一定的范围之内，这样才有利于儿童整个生命系统的成长、整体的发展。儿童如果"成长"得太快，被过早地结构化、定向化，成长空间就会被压缩，带来成长过程中的异化。

在移动互联网络技术的助推下，数字媒介裹挟着大量信息内容，犹如洪水猛兽般呈现在儿童的眼前。这些媒介信息与家庭、学校一样，发挥着对儿童的塑形与教化，达成外部文化世界对儿童主体的浸染与影响。儿童在其自身可塑性极强的时期，任由数字媒介上的信息牵着鼻子走向各种未知的世界，自身的无限发展可能性被持续放大，而这种"可能性"可能并非是适宜儿童作为一个现代社会人所需要的"可能性"。如此过度开发儿童天性，导致儿童提前或过度社会化的现象时有发生。

二、技术性根源：新媒介运用争议，被热捧的工具论 VS 被忽视的价值论

技术发展有其自身遵循的逻辑，这一逻辑不以人的意志为转移，会伴随着时间发展呈现出累积效应。

有一种说法是"如果把地球历史浓缩为一年，人类文明最后一分钟才登场。"新媒介技术不断发展，到最近的几十年，尤其是近二三十年时间里达到飞跃式发展的程度，对社会生活带来深刻的变革，这种质变引发社会成员对技术追求的狂热局面，但这其实只是技术发展到一定程度经历的一个阶段。技术的发展伴随产生了一些负面影响，而技术使用的边界在哪里，对于这些针对技术规制的问题的探讨和解决，是技术自身无法实现，需要人类充分发挥主观能动性，去思索和掌控。

传统理性主义者认为，人具有一种先于其存在的本质，这种本质就是理性，或者是理性的认识能力。儿童新媒介运用中呈现的实用性、功利性对人文性、价值性的排斥，实质上是人的理性中工具理性与价值理性相互关系在儿童

新媒介运用的体现。

媒介具有工具性。人类社会发展早期,为了把生活经验记载下来以供后代借鉴,去适应恶劣的外在环境,达到持续生存和发展的目的,早期的人类发明了图画、文字、器物等符号,慢慢地人类历史上形成了传播的行为。传播可以保存和传递经验、知识、信息。这是和当时人自身的工具性生存方式相适应的,人在解决自身基本的生存和发展问题之前,尚无法对自身全面发展的进行认识。人们主要思索的,是外界自然万物如何为我所用,追求的是对生命的延续与自然的探索。随着人类结束与狼共舞、物质文化积攒到一定程度,用文字符号书写历史文明的章页时,人类逐渐将目光从外向内,开始关注人作为生命体本身的意义和价值,开始探索知识、道德、文化、审美等涉及人类自身精神和价值的问题,开始思索人生的幸福和心灵的宁静。自此,人类由伴随着文字符号所蕴含的工具性价值拓宽到思考人自身价值的维度上来,媒介也就在工具性价值的基础上获得了另一个向度的意义——人文价值。

媒介的这两个基本维度被固定下来,两者便相互渗透交织,在不断斗争中共同发挥作用。两个基本功能背后所蕴含的人类理性,正是我们所讨论的工具理性和价值理性。

(一) 被热捧的工具理性

"工具理性"是法兰克福学派批判理论中的一个重要概念,其最直接、最重要的渊源是德国社会学家马克斯·韦伯(Max Weber)所提出的"合理性"(rationality)概念。韦伯将合理性分为两种,即价值(合)理性和工具(合)理性。工具理性是指行动只由追求功利的动机所驱使,行动借助理性达到自己需要的预期目的,行动者纯粹从效果最大化的角度考虑,而漠视人的情感和精神价值。

随着现代社会的推进和科学技术的进步,人们注意到,西方启蒙运动以来一直被提倡的理性在追求效率和实施技术的控制中,工具理性发生了极大的膨胀,人的理性由解放生命力的工具蜕化为统治、支配、控制和压迫人的力量,出现了工具理性霸权的现象,由此带来了因为工具理性的压迫造成的人的生命被异化和物化。[1] 对于工具理性的危害,霍克海默在《理性之蚀》一书中明确写道:"工具理性主要关心为实现那些被认为是理所当然的或自明的目的之手段的适用性,却不去关心目的本身是否合理的问题。工具理性强调手段及其与

---

[1] 尹国强. 儿童数字化阅读研究——基于人·技术·文化的统合视角 [D]. 重庆: 西南大学, 2017: 142.

目的的可能的协调,它是一种只限于对工具而非目的领域的理性。它只追求工具的效率,它的价值在于对人和自然的操纵与控制的效率来衡量,而对目的的合理性并不在意。"①

文字时代,人们借助书本这种媒介获得文字符号,其背后的逻辑在于,通过阅读文本,阅读者能够获得对现代社会系统的文化符号的理解与认知,满足其在社会中实现自我生命成长与发展的需要,其本身是兼具工具理性和价值理性的,其逻辑思维能力更强,更注重阅读与精神世界的交互作用;广播时代,图像、音视频转瞬即逝,为了捕捉画面,收听/看的人思考的时间被大大压缩;数字媒介时代,图像、声音、视频等多种媒介内容以网络化、移动化的载体,不间断地充斥着人们的阅读与视听世界,虚拟现实、人工智能、脑机接口等新技术正在更新人们的思考、阅读和记忆的方式,甚至重构我们所身处的社会。

数字媒介提供的声音、图像因其信息呈现、获取的直观性、丰富性,相比传统文字符号信息需要解码、对话都过程,无疑更符合人们以获取信息效率最大化的工具性需求,也更符合现代人注重信息获取的量来最大化"争取"自我的生存空间的需求。因此,包括儿童在内的人们,藉由数字化阅听方式,达到自身获取信息和娱乐自我的目的,但对这种阅听方式本身的价值合理性缺乏思索,抑或信息爆炸使人们无暇思索与探究信息接触的精神意义。这本身成为新媒介运用中的唯工具论,"这是工业文明本身的弊端,是'工具理性'或'技术理性'过分扩张的结果。"②"媒介不仅通过它的内容影响人的认识、价值观和行为,一种媒介的出现、使用和普及以及它所形成的工具环境本身,都会在很大程度上改变人的性格或人格。"③

长期在数字媒介下的阅听的用户,更注重感官享受,把阅听作为获取信息和知识的工具。数字化时代儿童身上体现出的娱乐化、游戏化、实用化,实非偶然。儿童数字化生存所出现的儿童生命存在异化的危机,也在所难免,都是现代工具理性在数字化阅读上的集中表现。因此,工具理性的肆虐,市场经济下的"泛功利主义"倾向,后现代对真理、价值、崇高的解构……这些都是造成包括儿童在内的现代人媒介接触危机的根源,长此以往,作为未来成人的儿童,在信息获得和感官享受的同时,也收获到了精神片面、信仰缺失和价值

---

① 李芒.对教育技术"工具理性"的批判[J].教育研究,2008(5):56—57.
② 张曙光.生存哲学[M].昆明:云南人民出版社,2001:14.
③ 郭庆光.传播学教程[M].北京:中国人民出版社,1999:151.

虚无。①

（二）被忽视的价值理性

马克斯·韦伯（Max Weber）提出的"合理性（rationality）"中，与"工具理性"相对应的就是"价值理性"。价值理性相信的是一定行为的无条件的价值，强调的是动机的纯正和选择正确的手段去实现自己意欲达到的目的。价值理性是人文的，与人的情感、意志相联系，关注的是人的生命本体的生存与发展。价值理性倡导以求善为目的，对最终的结果并不过分倚重。②

以工具理性为基础的媒介技术带来了巨大的实用效益，促使一些人对工具理性的热捧，把人性、人文、人伦、人生同一切内在目的分割开来，把真与善、科学与伦理分离开来，导致以价值理性为基础的关于人性、人的精神世界追求被不断削弱，造成工具理性和价值理性之间的巨大断裂。工具理性对价值理性过度挤压的结果，只能是人文、价值的逐渐失语与工具理性的一味独裁，二者地位逐渐悬殊，导致人性的工具化、贫乏化以及主体性的丧失。个体的丰富的生命体验从此被工具理性所"座架"，让位于所谓精密的数学计算。那些曾让人们所深深敬畏的"内心的道德律"，曾被康德当作"绝对命令"的道德法则和"他人"一起成为一些人达到自己目的的工具：他人是与所有其他物一样可以为我所用的东西。③

价值理性被忽视的表现是：人们仅仅只把媒介作为工具使用，而媒介所承载的内在精神与人文价值被忽略。人们更在意通过技术可以获取什么，而忘记了媒介与人的精神生活相关联，也不再通过媒介使用来彰显人的存在意义，从而导致人自身被异化和物化的危机显现。通过文本符号解读和经验还原并加以细细品酌的生活，已经让位于图文并茂、画面交替、界面旋转的快速浏览与信息填鸭，内容蕴含的审美与意境，被直观的强大信息流所淹没。当少不更事的儿童沉浸在这样的数字化信息运用之中，媒介就像是符号性的浅表认知和信息性的快餐式传递，久而久之，儿童就成了没有思考的接收者和没有情感的享受者，知识结构单一、道德意识淡薄、人文素养缺失。

---

① 尹国强. 儿童数字化阅读研究——基于人·技术·文化的统合视角 [D]. 重庆：西南大学，2017：151.
② 陈志尚. 人学原理 [M]. 北京：北京出版社，2005：268.
③ 尹国强. 儿童数字化阅读研究——基于人·技术·文化的统合视角 [D]. 重庆：西南大学，2017：153.

三、社会性根源：引导方向的迷失与教育行为的失范

儿童问题，实质上都是成人问题或社会问题的折射。儿童在新媒介环境下的潜在危机，其根源也必然指向成人与社会。在由成人主导的社会文化环境当中，儿童从周围一切文化途径中获取信息符号来建构自身的文化生命，而外界的文化系统起着提供资源和引导方向的重要作用，成人作为社会生活的主体、资源提供者，如果欠缺基本的技术伦理精神，对文化方向把关作用发挥不力，教育行为失范，那么身处社会化生活的儿童必然会深受影响，成长过程中会出现各种各样的问题。

（一）技术伦理的缺失

"技术是负载价值的，作为一种重要的人类实践活动，技术的价值负载是在技术与社会的互动整合中形成的。"[①] 技术在本质上是与风险相伴的不确定性活动，技术的价值负载，使我们必须对技术本身做出伦理上的约束。技术伦理，即是对人类在技术实践活动中所面对的伦理问题进行道德反思，它主要包括技术设计和试验中的伦理问题、技术产品生产中的伦理问题、技术产品使用中的伦理问题等，涉及参与技术实践活动各个阶段的人类主体，如技术工人、技术设计人员、技术管理人员、技术发明家以及技术产品消费者之间的伦理道德关系。[②]

对于技术主体而言，技术是人的实践形式，而人是我们所在的世界上唯一为其行为承担责任的生物。"在技术伦理实践中，核心的伦理精神不只是信念或良心，责任是更为重要的伦理精神。而用责任意识去衡量相关人员的行为，较以至善的信念作标准更为明确具体。"[③] 因而，在技术实践过程中，应当充分考量技术的多种可能性和后果，评估技术风险，进行伦理考量和道德审查，设立技术实践"警戒线"。一般而言，技术伦理倡导五条基本原则：不伤害原则、审慎原则、责任原则、全面评估原则和持续跟踪原则。[④]

然而，由于在技术实践的各个环节，除了政治经济、军事等显见的因素制约之外，还有许多隐藏的社会文化因素在发挥重要的影响作用，比如群体利益的分配、文化价值的选择、权利格局的博弈等等，这样一来，往往造成技术主

---

① 段伟文.技术的价值负载与伦理反思[J].自然辩证法研究，2000，16（8）：30.
② 尹国强.儿童数字化阅读研究——基于人·技术·文化的统合视角[D].重庆：西南大学，2017：154.
③ 刘大椿，段伟文.科技时代伦理问题的新向度[J].新视野，2000（1）：34-38.
④ 王伯鲁.技术化时代的文化重塑[M].北京：光明日报出版社，2014：143-144.

体的伦理观念较为模糊甚至冲突，无法达成明确的共识，造成多重危害，比如技术研发者较少主动考量伦理因素，技术管理者有意无意地忽视伦理因素，技术受益者在价值选择上乐于维持共识不明的状态，技术使用的公众无法对技术的价值取向做出判断等等，从而造成技术实践中各个技术主体的伦理道德意识和精神欠缺。①

儿童新媒介运用实质上是儿童作为技术使用主体，在技术开发和管理主体所提供的数字媒介技术平台和终端上，进行信息符号获取和交互，从而建构自身文化生命的过程。由此可见，儿童新媒介运用至少涉及两方面技术主体，一是技术开发和管理主体，二是作为技术使用和消费主体的自身。②

关于技术开发和管理主体，其伦理道德意识的薄弱将导致技术本身所能提供的信息存在伦理问题。弗洛姆曾对现代技术发展的两个不良原则提出质疑：一是"凡是技术上能做的事情都应该做"；二是"追求最大的效率与产出"。③第一条原则迫使技术开发和管理者不断开发探索，在此过程中甚至对伦理价值无限制退让，第二条原则可能使人沦为社会效率机器的部件而失去生命个性。在数字媒介技术上，尤其是移动互联网络、5G、VR、AR技术的实现，网络信息被大规模复制、产生，内容泥沙俱下，相关管理部门和法律法规疏于对技术开发者的伦理约束与价值引导，数字媒介技术研发者的主体伦理意识也不足，导致儿童在数字化媒介接触中被异化，被误导，如网络暴力、网络销赃等。

儿童年龄小阅历少，技术伦理道德意识淡薄，在数字媒介接触中，往往根据自己的意愿，随意地使用各种终端，收听各种内容，混淆虚拟与现实世界，在虚拟空间任意宣泄。网络中各种博人眼球和颠覆三观的信息刺激他们，深刻影响其认知和价值观建构，儿童间的人际交流，又使类似信息传播范围扩大，如此形成恶性循环，影响其伦理道德精神。

（二）教育引导的欠缺

"每一种工具里都嵌入了意识形态偏向。一种新技术的引入，带来的不仅仅是简单的数量上的增减，而是整体的生态变革。"④ 在儿童媒介传播生态变

---

① 尹国强.儿童数字化阅读研究——基于人·技术·文化的统合视角[D].重庆：西南大学，2017：154.
② 尹国强.儿童数字化阅读研究——基于人·技术·文化的统合视角[D].重庆：西南大学，2017：153.
③ 高亮华.人文主义视野中的技术[M].北京：中国社会科学出版社，1996：112.
④ 尼尔·波兹曼.技术垄断：文化向技术投降[M].何道宽，译.北京：北京大学出版社，2007.

革体系中，儿童作为主体，除了受到媒介及传递内容的直接影响之外，外围的教育系统的制约与引导力量也是重要的制衡因素，其中又以家庭教育和学校教育最为核心。家庭和学校教育引导作用合力的发挥，能有效保障儿童数字化媒介接触的方向和内容，然而，当下家庭和学校在对儿童数字化媒介接触过程中，还存在诸多问题，制约力与引导力明显不够。

在家庭教育中，家长是孩子的第一任教师，其言行举止对孩子影响是最直接的。在当前的教育体系下，许多家长往往认为学业是最重要的，视电子媒介为孩子学习和成长的障碍，反对儿童进行过多的新媒体接触，因为这样会挤占儿童的时间、影响学习、影响视力。但是，家长自己往往对媒介使用无严格的时间限制，忽视了家庭言传身教的意义。家长是"数字移民"，沉迷在数字媒介所提供的大量信息资源上，不能自拔，又如何能让孩子与数字媒介平静地保持距离。孩子与媒介保持距离，仅仅是出于对家长的畏惧，事实上他们随时都在进行观察与模仿。家长的失范行为，也是导致儿童在新媒介使用中迷失的重要因素。

此外家长对于儿童，除了言传身教外，还有家庭教育中的资源提供、内容审查、方向引导、答疑解惑等作用，然而，许多家长忙于工作，要么认为教育是学校的责任，要么自身没有相关知识背景和意识态度，只能采取简单的奖励或惩罚的手段进行控制与引导。这就容易出现对儿童媒介接触行为的听之任之与过度的控制。两种极端的做法都无法切实发挥家庭教育的真正作用。

在学校教育中，作为具有专业化的教育者和教育体系的专门化教育场所——学校对儿童当前新媒介运用采取的制约力度也不足。长期以来，我国学校的信息技术教育还是侧重于对信息技术的使用和应用的知识和能力的培养，对于数字化时代的技术使用伦理道德教育较少涉及，也没有形成体系。不管是小学、中学还是大学，设置的计算机课程中对技术伦理道德教育的涉及散若星辰，教授相关课程的教师也很少能够得到专业的意识培养和教育培训，导致在课程中关涉技术伦理道德的内容少，在教学中则主要依靠教师自身的技术伦理意识，其效果可想而知。

国家教育部于2004年12月颁布了《中小学教师教育技术能力标准（试行）》，对教师在应用现代教育技术过程中的能力与标准进行了详细的规约。但是，该规约并未着重从伦理规范的角度给予系统的责任体系标准。2014年5月，教育部又颁发《中小学教师信息技术应用能力标准（试行）》，明确指出：教师要"具备信息道德与信息安全意识，能够以身示范。"要"帮助学生树立信息道德与信息安全意识，培养学生良好行为习惯。"①

这说明，我国教育制度中对于学生数字化学习的伦理道德问题已经进行关注并切实开展了相关建设，但还存在许多亟待解决的问题，比如教育工作者自身职业道德规范与技术伦理规范的融合问题，教育者作为道德载体的个人与学生技术生存利益可能出现的道德冲突问题，教育者在具体的教育教学过程中应当承担哪些伦理规范和道德约束以及法律责任问题等等。②

儿童新媒介运用出现的种种问题，涉及教育系统的方方面面，只有逐步健全教育系统对技术使用的规范并付诸实践，才能更好地发挥教育系统对儿童数字媒介运用的引导与制约作用。

第二节 儿童新媒介技术运用的场域透视

儿童新媒介技术的运用，除了儿童自己的具体使用外，还关系到其所在的外部经济因素、技术因素、文化因素、社会因素和生态因素，具体而言，家庭、学校、社会以及媒介等因素都会对处于核心位置的儿童产生重要的影响。涉及一系列的行为主体和文化要素，我们这里用场域的视角来分析。

"场"最早是作为物理学概念由法拉第提出来的，他认为"场"是物质与力的相互作用形成的。而随着对于"场"的本质属性认识不断地深入，"场"的概念逐步扩散到其他领域，而库尔特·勒温提出的"心理场"则是把场域理论第一个引入到社会科学界，他认为"人的各种行为都是外部环境通过人的自我状态和心理环境两种力量相互使用所构成的心理动力场而发生的。"③ 这就进一步说明了"场"对于我们的人类社会生活有着重要的用。而深刻反映在人类学与社会学普遍化应用是提出场域理论一词的是法国作家皮埃尔·布迪厄，他提出场域是一种具有相对独立性的社会空间，相对独立性既是不同场域相互区别的标志，也是不同场域得以存在的依据。布迪厄将这种分化的过程视为场域的自主化过程。自主化实际上是指某个场域摆脱其他场域的限制和影响，在发展的过程中体现出自己固有的本质。

体现在儿童新媒介运用中，我们把涉及的场域划分为微观、中观和宏观三

---

① 中华人民共和国教育部. 中小学教师信息技术应用能力标准（试行）[S/OL]. [2014-5-27]. http://www.moe.edu.cn/publicfiles/business/htmlfiles/moe/s6991/201406/170123.html.
② 尹国强. 儿童数字化阅读研究——基于人·技术·文化的统合视角[D]. 重庆：西南大学，2017：156.
③ 刘宏宇. 勒温的社会心理学理论判述[J]. 社会心理学科，1998（1）：57-61.

层面：在微观层面，体现为儿童直接接触的数字媒介的具体的内容资源、互动方式等文化因素；中观层面体现为儿童媒介接触发生在家庭与学校这几个核心场域中，这些场域中人物、资源、结构等的相互关联对儿童产生影响；在宏观层面，国家的法律政策、文化传统、民族文化、主流价值观、民俗风情等都在潜移默化中引导着儿童新媒介运用与变化发展的方向。我们必须以儿童主体性为核心，审视每一个场域对儿童媒介使用产生的场效应，才能看出儿童新媒介应用中存在的问题及其归因。

一、微观场域：数字媒介的内容特点及应用

（一）数字媒介的内容

数字媒介一般是指以二进制的形式记录、处理、传播、获取过程的信息载体，这些载体主要有数字化的文字、图形、图像、视音频等感觉媒体，以及存储、传输、显示逻辑媒体的实物媒体。同时，数字媒介也表现出传播者多样化、传播内容海量化、传播渠道交互化、受传者个性化、传播效果智能化的特征。麦克卢汉将现代的各类传播媒介视作"人的延伸"，随着媒介的发展与改进，人们对媒介赋予的功能和依赖性也逐步增强，与传统媒介相比，数字媒介的先进性和优越性是显而易见的。

数字媒介随着计算机技术和互联网的发展而逐步完善和丰富，传统的报刊、广播、电视等也与数字技术密切结合，形成集图文、视音频于一体的数字媒体，如数字报刊、数字电视、网络媒体等。数字媒体能以多种方式来说明同一件事情，用户可以主动选择自己喜爱或适合的方式，如既可以通过阅读纸质书籍来了解历史，也可以通过音视频等生动形象的方式来获取知识。数字媒介也降低了人们接收和发布信息的门槛，人们可以更加方便快捷甚至主动选择与接收信息，同时也能根据自己的思考，发布具有思想性的、创造性的信息，信息传播的交互性和时效性也随之增强。儿童也可以通过数字媒介获取知识，提高自己搜集信息的能力；利用数字媒介与他人交流互动，及时了解他人的观点，并积极主动表达自己的看法；使用数字媒介进行娱乐放松，如观看有趣的图文、视音频资料，进行网络游戏等等。数字媒介给人们带来了方便快捷的生活方式，传播者可以主动创造和传播信息，受传者可以选择和接收信息，传播渠道和内容形式多样，传播效果也能得到及时体现和积极反馈。

（二）数字媒介的特点

当下媒体新技术沿着移动化、视频化、数据化、智能化、平台化的方向发展。第五代移动通信（5G）技术的初步应用为各种新的移动场景提供了想象

空间；人工智能技术的广泛使用为媒体与外部资源的结合开拓了多种路径；4K高清视频在全球的推广展现出回归荧屏的前景；视频仍是激发媒体采纳新技术、不断创新的重要领域；区块链技术脱离代币的单一想象，在传媒领域的应用正逐渐展开；新技术正在成为国内外新媒体内容监管的重要手段；自主品牌平台的搭建开始成为大型主流媒体的战略选择。[①] 当下的数字媒介大致呈现如下特点：

1. 万物皆媒：人与物皆具媒介终端属性

万物皆媒，即每一个物体都可能成为一种媒介。一方面，物联网能够在任何时间、地点连接任何设备、物体和人，使得"万物皆媒"与"万物互联"成为可能。在新闻界，物联网技术能支撑无人机、高清摄像机等音视频采集装置实现在线传输功能且不受时空限制。加上5G带来的超1GB/s（1024MB/s）的速度以及低延时、泛在网、低功耗、安全重构的特点使得人与万物、人与人、物与万物的互联能在物联网与5G的结合下能进一步实现。另一方面，人体也能在物联网与传感器技术的支持下通过智能终端与万物相连，并获得不同往常的感知与交互能力，例如智能手表、运动手环、芯片植入等。从可穿戴设备到可植入技术，从台式电脑到智能手表，人类可使用的智能媒介越来越多，终端也不仅仅局限于个别设备。媒介也因物联网技术和人体无限接近，最终实现"物体是媒介，人也是媒介"的可能，一切皆可成为信息生产、加工和传播的主体，人与物也都具有媒介终端的属性，实现"万物皆媒"。

2. 人机合一：赋予智能化产物人类智能

人机合一，即人的智能与智能化机器、智能物体相互融合，使得人机协同成为可能。VR、AR、MR突破时间、空间的限制，建立逼真模型与全景高度还原现场带来沉浸式体验；算法推荐根据浏览痕迹确定用户兴趣爱好，进而通过重构用户画像精准化推送信息；人工智能给用户带来更多交互体验，比如腾讯手机QQ和抖音分别推出了"高能舞室"和"尬舞机"，借助人体关键点检测技术，用户根据屏幕示范动作进行模仿，应用会根据模仿与示范动作的相似度进行打分并生成一段视频；而脸谱（Facebook）利用类似技术实时将人体从背景中分割出来，实现在虚拟现实或增强现实的环境下全身替换与跟踪。这些智能化产物都在一定程度上让人们感受沉浸式带来的视觉盛宴或感官享受。尽管这类智能化产物也是基于人的智力，人的语言智能、数学逻辑智能、空间智能、身体运动智能、音乐智能、人际智能而诞生。人类将自身智慧注入其

---

① 刘杨.2018年媒体新技术发展与应用综述[J].新闻战线，2019（5）：55−57.

中，以求开创技术新纪元。而智能化产物的诞生也是人机协作的过程。用户能根据需求为智能设备设定相应程序或在收集到的资料中提取所需数据、信息进行编辑。最终，机器成为人感官的延伸，实现人机合一。

3. 自我进化：适应与操控能力相互促进

自我进化，即未来能实现人机合一的媒介具有自我进化的能力，机器对人心的洞察能力和人对机器的控制能力也会相互促进。在智媒发展的过程中，智媒技术进一步升级，智媒也能进行"深度强化学习"（Deep Reinforcement Learning 即 DRL）[①]。2017 年谷歌下属公司 Deep mind 研发出的程序 AlphaGo Zero 就运用了"深度强化学习"技术，在不断训练中通过程序存储数据而改进自身性能，从空白状态自学为围棋高手，并能预测对手出棋步骤。虽然"深度强化学习"还未广泛运用于智媒，但依托于人工智能的智媒在技术浪潮的驱动下"自学"能力也不可低估，如新华社"媒体大脑"2018 年 12 月的新版本"MAGIC 短视频智能生产平台"（magic.shuwen.com）就能结合对媒体场景的深度理解，处理非结构化的文本、图片、视频等媒资数据。自我进化过程也是人对机器的操控能力与机器对人的适应能力相互促进的过程。写稿机器人、AI 主播、媒体大脑的诞生都媒体人减轻了负担，同时也在根据人类需求与反馈信息不断改进调整。人们也在不断学习人工智能技术以及各类新兴技术以求更加了解智能机器。

（三）数字媒介的应用

智媒技术（Intelligence Media Technology，即 IMT）逐渐嵌入到人们的日常生活中，智媒也成为许多领域重要的载体，智能化技术也因其新颖的体验与应用而吸引公众。

1. 算法推荐实现个性定制

随着移动终端设备普及，用户个体对终端智能化，对信息内容个性化、定制化的需求也普遍增多，并形成了庞大的利益市场。智能算法介入信息生产与分发环节。当下的很多互联网应用，根据使用内容与痕迹，可以进行"用户画像"的勾勒，这有助于内容分发的个性化与推送的精准化。算法推荐与大数据技术通过用户的点击习惯进一步分析用户感兴趣的内容，构建相应关键词和标签从而重塑用户画像，再针对性地进行个性化推荐。目前部分客户端或资讯类客户端在用户第一次注册时，会依据平台特性提供分类推荐选项，用户点击

[①] Bornstein M H：Frames of Mind：The Theory of Multiple Intelligences，by Howard Gardner：Quarterly Review of Biology，1985，4（3）.

后，大数据技术就能进一步统计分析其年龄、地域、性格、性别、兴趣等要素，进而精准化推送内容。2018年1月，今日头条公开其算法原理，提到推荐系统中的一个维度——用户特征，用户特征包括用户职业、年龄、性别、各种兴趣爱好等标签，今日头条就根据用户特征建立许多刻画隐式用户兴趣的模型来精准刻画用户画像，实现精准化推送。

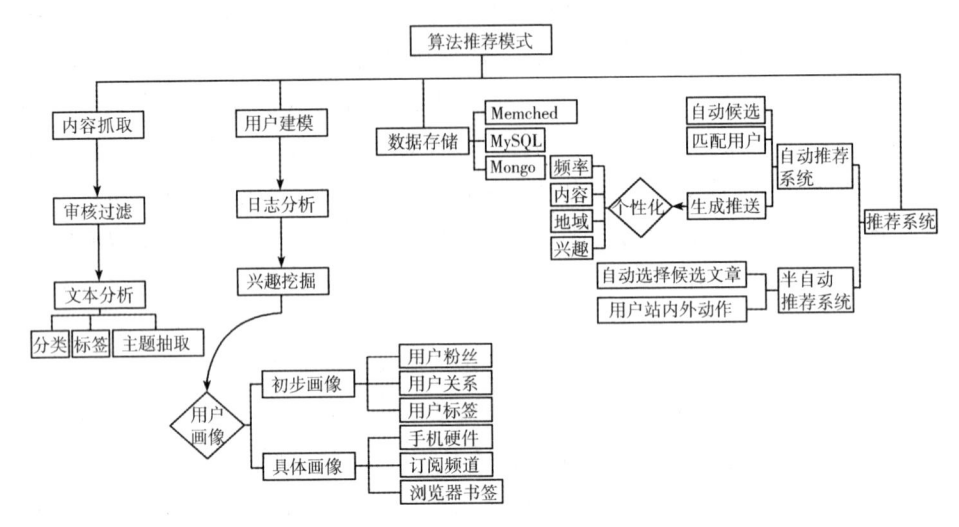

图0-1 算法推荐模式

算法推荐在信息超载的时代，帮助用户更高效地解读、应用信息，具有高效、精确、整体性等诸多无法替代的优势，其被广泛采用的根本动因源于"超载"危机[①]，互联网的普及使得网络信息呈现海量化趋势，除PGC生产模式外，UGC也逐渐占据网络信息重要地位并衍生出大量自媒体平台。如果按照传统编辑模式进行把关，那么编辑任务艰巨，且易出错。算法推荐省去人工"把关人"的传统审核机制，提供了一条高效、便捷的道路，借助算法推荐进行内容分发也能使得信息内容处理能力跟上互联网传播生产力。

2. 全新视听体验吸引受众

近年来，VR、AR、H5、人工智能等技术具有沉浸式与交互式体验，特殊音效、语音对话以及高清动态图片、全景图片、360°可选择的场景将传统的叙事角度转为以用户主观体验为主的"第一人称"视角，让用户以"目击者"的身份去感受甚至参与新闻。新兴技术引来社会各界的广泛关注，全新视听感

---

① 喻国明，耿晓梦. 智能算法推荐：工具理性与价值适切——从技术逻辑的人文反思到价值适切的优化之道[J]. 全球传媒学刊，2018（5）：13—23.

受更为其吸引大批粉丝。

2018年10月24日，全长55公里的港珠澳大桥正式通车，引来各路媒体关注和报道。同一天，一支由网易新闻出品、名为《一分钟漫游港珠澳大桥》的H5也同步上线，其独特的音效、视频、动画、VR场景以及需要用户手动操作的互动体验而吸引大批粉丝，老少皆宜，总浏览量超8000万。

虚拟现实（VR）与增强现实（AR）也逐渐进入儿童教育领域。VR、AR技术让儿童读物突破文字与图片结合2D形式，带来立体的"沉浸式"体验。许多儿童读物增加了AR扫描功能，扫描后就能呈现"AR"界面，在增强互动的同时也为儿童带来更多乐趣。比如对四季的描绘，通过新技术，春天的新芽破土、雏鸟展翅、冰雪融化在孩童面前一一呈现；夏天的雷雨轰鸣、蝉鸣鸟叫在孩子耳边原声呈现；秋天的累累硕果、广袤原野在眼前可喜展示；冬天的冰雪世界、漫天雪花在眼前飞舞……在沉浸感上进一步提升，并提供"仿真"体验，仿佛身临其境。使得儿童对课本知识产生莫大的兴趣。由最初的好奇心理转为惊喜再到对四季变化的体会甚至是激动。因此，VR、AR技术不仅从生理层面带来全新体验，也从心理层面为用户提供更深层次的体验。

3. 智媒化技术提升用户参与度

一方面，智媒技术带来的新媒介以及新形式使得用户得到"满足"。从"使用与满足"理论看，如果说网民接触网络是为了满足自身获悉世界动向的需求，那接触H5、VR、AR等新兴技术下的信息就是在"满足"求知欲的同时又"满足"了全新的视听体验感。孩子的趣味感、娱乐感得到"满足"，自然更愿意积极参与其中，参与度也进一步提升。另一方面，智媒技术下的网络应用带给用户极强的参与感。借助眼镜盒子，用户进入VR打造的场景后，可以选择看什么、听什么、怎么看、怎么听、从哪里开始获取线索，还可以上下左右360度甚至720度翻转观看，引导用户一步步感知内容现场。而聊天机器人可以与用户相互对话，用户说出想听的内容就能马上朗读，借助互动形式去引导用户点击或感知，营造良好体验感，用户参与度也就此得到提升。

二、中观场域：家庭、学校的交互作用

今天的儿童从小便在新媒介的场域中成长，其好奇心和接收力都比较强，形成了以家庭、学校两位一体的新媒介运用场域，三者相互联系、相互影响，促进儿童对新媒介的接触和使用。

（一）家庭媒介使用与教育

家庭是儿童新媒介使用的第一场域。孩子从一出生便受到父母的影响，逐

步开始了解和接触新媒介。儿童接触的新媒介如手机、平板、动漫游戏 APP 等大多数都是在家庭进行的，家庭便成了儿童运用新媒介的最活跃的场域。在家庭中，为了吸引儿童的兴趣和注意力，家长会选择有声电子书和早教视频以替代传统的纸质图书，使儿童从中学习一些生活的基本常识和道理，对儿童有一定的教育和引导作用。同时，因为缺乏时间，家长也会利用新媒介的娱乐功能来代替自己陪伴孩子的时间，儿童可以观看自己喜欢的视频、选择自己喜欢的网络游戏，出现新媒介使用者"低龄化"的现象。

在家庭教育方面，儿童所面临的"家庭教师"正在迅速地从父母、长辈，变成新媒介终端，绝大多数儿童获取自己青睐的知识与信息是通过媒体实现的，"请教父母"被"搜索引擎"所取代，家庭亲子时间被电脑游戏娱乐时间所挤占。

课题组在调查的 200 名家长中，超过 95% 的家长认为，儿童对于手机化及平板电脑等新媒体的使用是可以接受的，其中 83 人（41.5%）表示支持、91 人（45.5%）认为可以在完成学业或其他条件的前提下使用，19 人（9.5%）表示无所谓。值得注意的是，只有 7 人（3.5%）表示了对新媒介的担忧，态度明确地表示反对儿童接触新媒体。

而在使用时长方面，家长则均有意识地控制了儿童接触新媒体的时长。有 76% 的家长表示认为孩子在手机或者平板电脑上耗费的时间在 30 分钟以内为宜，17% 的家长认为可以适当延长在 1 小时内，仅有 4% 的家长表示"不限制、靠自觉"。

显然，在新媒介运用中，儿童教育尤其是家庭教育中，家长们普遍选择克制的态度，在时间控制上把控良好，没有出现大范围的放任自流现象。但是也可以看出新媒介在家庭中已经占据不可或缺的位置。

而值得关注的是，在接触过新媒体技术的孩子中，几乎所有的孩子都表示会继续使用这些工具，在没接触过的孩子中，听说过并且希望接触的人数超过 80%。

在家长方面，80 后、90 后家长普遍表示会选择最新的技术应用于儿童教育，占比高达 97.6%，仅有 2 位 80 后家长表示反对。而 70 后家长中也仅有 2 人表示了对技术不成熟可能会给儿童带来健康隐患的担忧。

不难看出，在 VR 等技术科技创新突飞猛进的今天，新技术应用于媒介并且大范围的影响儿童家庭教育已经既成事实，尤其对于好奇心强、容易接受新生事物的儿童而言，新技术的吸引力是无疑的。这也从需求方面说明了儿童教育媒介环境已经因为技术的变化而发生了翻天覆地的变化。

首先，新媒介在儿童教育中的地位愈加重要。无论从普及率、使用效率还是耗时与黏性方面，新媒介对于儿童而言，不再仅仅是学习的工具，更是扮演了交流渠道、信息源泉、游戏玩伴等多重角色，复合性的功能决定了儿童会将之于旧媒介区别对待。在传统儿童教育媒介中，广播、电视、报纸扮演的角色是单一的信息灌输，这既容易引起儿童的逆反心理加之排斥，同时也容易产生心理与也理的双重疲劳，与带有明显互动性、娱乐性与创新性的新媒介技术是无法相比的。

其次，新媒介的普及已成既成事实，但是在内容掌控上，网络游戏娱乐与社交联络的功能被过度放大，这对于自制力与甄别能力不强的儿童而言，容易产生依赖进而引发网络成瘾的风险。但是中国目前在内容方面并没有采取分级制度，新媒介所传播的内容良莠不齐，是儿童教育中潜在的风险。与此同时，80后、90后父母本身自己就是"屏幕一族"，对于新媒介本身就不排斥，在家庭教育潜移默化的环境中，也易引发儿童的"屏幕上瘾"症。

再次，国人在传统儿童教育中所推崇德"父母是孩子最好的老师"的理念正随着技术的突飞猛进冲击，随着互联网的普及，儿童在新媒介技术的接受与应用、信息获取的渠道和能力等方面都已超过父母，"儿童教育父母"的特征突显出来。

（二）学校媒介使用与教育

学校是儿童生活的重要据点之一，在媒介所营造的"花花世界"里，学校教育是儿童重要的向导。学校传授以其传授知识的科学性和权威性在儿童的心目中占有一席之地，老师更是他们"灵魂的工程师"。融洽的师生关系和良好的学风将对儿童的社会行为起着重要的影响。学校是除家庭以外，第二个重要的媒介素养教育基地，它的作用有时甚至超过家庭所起的作用。

通过完成学校安排的课程和与老师同学之间的活动，儿童逐渐习得各种知识并发展多种能力。在学校中，老师根据儿童的年龄特征和身心发展特点，有效利用各种教学媒体的功能，提高儿童学习的兴趣和课堂教学的效率。如低年级的老师会选择播放幻灯片、小视频等引导儿童进入新课或组织儿童进行游戏。现代学校教育也会利用新媒介的融合性和互动性，用间接经验替代儿童直接经验的观察学习，提高教学效率。

例如在语文古诗词的教学时，教师可以针对古诗词中的场景创作成一个小动画影片，或者给诗词配乐，帮助学生更好的理解诗词中表达的情感；在数学几何立体图形的教学中，教师可以利用投影仪播放要学习的立体几何图形，通过立体图形可以帮助学生更加直观的掌握图形具备的特点，增强学生的想象能力；在思想品德教育中教师可以通过播放一个具有教育意义的小短片影像，让学生观看影片之后发表自己观看影片之后的感言，让学生学会从情境中思考问题。新媒体技术可以将教学内容和图片、声音、影像等结合，以更加直观和新颖的方式让学生了解所学的内容，可以让学生突破空间的想象，充分调动学生的感官，帮助学生构建更加立体的学习环境，促进学生学习的积极性和创造性。

图 0-2 增强现实

例如儿童恐龙教学中增强现实可以让孩子看到真实世界以及融合于真实世界之中的虚拟对象恐龙，孩子在现实环境背景中看到虚拟生成的模型恐龙，而且模型恐龙可以快速生成、操纵和旋转，能够在最贴近自然的交互形式下为儿童搭建一个自主探索的空间，这对于抽象内容教学和提升儿童学习兴趣是很有启发意义的。

利用新媒体教学的一大特点是能够将教学的内容情景化，可以以更加直观的方式让儿童接触到教学的内容，帮助儿童更好地领悟知识点，并且更好地帮助他们发散思维。当然教学的过程中过于注重情景化，追求将内容以更加精彩的动画或音乐等方式展示效果，也很有可能出现学生在学习的过程中的学习重点的转移，学生更加沉醉于音乐、动画等具有吸引力的点上，却忽视了学习的本质。同时过度追求直观的演示效果可能会影响学生的想象空间，不利于学生发散思维，这和新媒体的运用的出发点背道而驰。

新媒体技术固然存在很多优势，但是每一种科技的运用必然也会带来一些问题。新媒体技术由于其直接与互联网相连，将其运用到教学工作中也意味着让学生在学习的过程中将要面对互联网中的巨大的诱惑力，儿童正处于好奇心旺盛的时期，面对互联网形形色色游戏、新闻甚至一些不良视频的吸引，很多学生很难自我控制。儿童在利用新媒体技术进行学习的时候缺乏有效的监督方式，在缺乏监督的情况下经常会出现运用平板电脑学习知识然后被突然弹出来的广告所吸引的情况，最后忘记了学习，反而堕入网络中不能自拔。

新媒体技术的运用可以有效地辅助教师展开教学，帮助教师创设形象生动的教学情境，以更加新颖的方式展示教学内容，可以提升教师的教学质量和效率，启发学生的学习积极性和创造性，然而新媒体技术的运用也是需要根据学生的心理规律和教学的需求进行设计的，不能一味排斥新科技与教学的融合，也不能过于追求科技先进化的课堂展示。儿童随时随地都在接触着新媒介，不可能盲目地封闭儿童对新媒介的使用，学校教育需要正确引导儿童对新媒介内容的辨识和使用，培养儿童的新媒介素养和提高儿童的新媒介使用能力。而教师在教学的过程中应该要结合自己教学的需求，更好地掌握新媒体运用的尺度，让新媒体技术这一新兴科技成为自己教学的有效辅助工具。

（三）为"儿童成长"选择积极的教育经验与环境

儿童不断成长的探究天性需要发挥教育权威予以保护，而不能放任其受到不良社会文化的戕害。教育中的经验和环境在价值上的非"自足"性使彰显教育的权威成为必要，教育者需对教育中的经验与环境进行甄别、选择和创造。首先，教育者要为儿童成长选择积极的教育经验，排除消极的教育经验。如果教育者选择或创设的是一种糟糕的环境，抑或是纯粹"自在"的环境，就是把儿童的成长诉诸偶然性，儿童的天性不是被"解放"了而是被"禁锢""忽视"了，这是对"解放"的误读。杜威指出，在教育中要对经验有所选择，否则便会阻碍儿童经验的不断生长。"相信一切真正的教育是来自经验的，这并不表明一切经验都具有真正的或同样的教育的性质。不能把经验和教育直接地彼此等同起来。因为有些经验具有错误的教育作用（mis-educative）"。因此，教育者要对教育经验进行选择，对儿童成长的环境进行设计，经验的选择要能促进经验的不断生长，环境的设计要适宜儿童的天性以及经验的不断生长。其次，教育者要审慎选择、积极创造教育环境。杜威指出，教育的环境应该是经过深思熟虑、审慎选择的环境，"任何环境，除非它已被按照它的教育效果深思熟虑地进行了调节，否则就它的教育影响而言，乃是一个偶然的环境"。

可见，教育者不能放任儿童在偶然的环境（包括"自在"的环境或者人为的不良环境）中生长，教育应该承担起为儿童创设适合儿童的经验不断生长的环境、促使儿童的愿望不断生长的使命。最后，教育者要增强儿童积极的意愿和品质。任何教育学意向都应尊重儿童本人的实际情况和发展。教育学意向就是尽最大可能地加强儿童的任何积极意向和品质。

教育者不是儿童成长的"旁观者",而是积极的"行动者",教育中尤其重要的就是增强影响儿童积极意向和品质的教育影响,即教育对儿童的成长应有所作为、有所设计,放弃任何教育设计或者不经审察地随意设计,就是放弃教育本身的权威。正如范梅南所言,面对时代普遍的价值危机,成人往往选择规避风险来推卸责任,然而,"放任孩子们,让他们自己挣扎,将他们遗弃在更广泛的社会或同伴群体的引诱和强暴力量之中,不是更应该受到谴责吗?"因此,教育者应坚定教育的权威性,对教育中的经验环境进行审慎的甄别,为儿童生长选择、创设积极的教育经验和教育环境,增强儿童积极的意愿和品质,让儿童形成不断"生长"的愿望和能力,提升儿童的主体性。

三、宏观场域:政府、社会相关举措的建立与落实

儿童作为社会的一部分,所身处的绝非单纯的家庭—学校两点一线的教育环境,其实要求社会各界都在儿童教育媒介上予以重视与支持。

虽然媒介技术的变革是自发的、不可预测的,但是媒介环境的发展绝非无迹可寻,尤其在儿童教育这样一个细分的特殊领域,政府在其媒介环境体系中的作用就显得愈加重要。当今媒介环境下国家加强对儿童教育媒介的管理已经刻不容缓。比如政府层面应予以儿童媒介教育足够的政策与资金支撑、完善并增加培训机构。而儿童媒介研究机构方面应当紧跟时代脉搏,根据儿童特质寻找到其与新媒介技术最佳的契合点,对儿童媒介素养教育进行宣传与推广。具体可以从以下几方面落实:

(一)建立视听内容分级制度

分级制度从源头上予以区分对待,是西方国家的成功经验,在充分研究儿童心理学的基础上,对信息内容的分级可有效地解决当前儿童媒介运用中的问题。就目前来看,我国在这方面仍大有潜力可挖。

媒介传播的内容对于儿童成长是至关重要的。早在1947年,社会学家、心理学家卢因就提出了"把关人"概念,他指出,传播能否顺利进行,总体上是由"把关人"的意见作为依据,而儿童媒介的从业人员在传递信息的时候也会不可避免地在信息制作的过程中夹杂着个人的价值观与观点。所以儿童媒介的从业人员本身就具有积极向上正确的价值观,这样传递的信息才会对儿童的成长具有积极正确的导向作用。

(二)营造儿童审美教育的社会环境

当今的多元媒介环境下,儿童媒介成人化现象已不可避免,儿童信息的成人化对于儿童的负面效应凸显,同样引起了很多社会问题,所以社会各界应当

对儿童群体有充分的认知，构建一个和谐的社会媒介环境，帮助儿童在媒介社会中建立起正确的世界观与价值观，并且提升儿童的信息素养。

审美教育作为信息教育体系的重要构成部分，其主要的作用就在于能够促进受教育者实现"扬善美、抑丑恶"。立足审美教育的内在价值来看，审美教育不单纯是一种理性与感性教育，而是一种蕴含着理性因素的审美情感教育，它能够陶冶人的情操，启发人的智力，培养人的理性思维，锻炼人的意志。归纳起来讲，审美教育能够促使受教者依照美的标准，理解事物、认知事物，能够促使受教育者理性的区分和看待现实中善与恶、真与美，从而实现超脱功利、诱惑而造成的人与人、人与社会的矛盾冲突。因此，从这一视角来看，在儿童媒介教育过程中，无论对解决道德伦理教育"元"问题、技术化的人等教育实现问题，还是防范化解人媒过度互动、媒介社交隐患等媒介教育雷区都具有显著意义。简单意义上讲，儿童媒介教育的误区与雷区，其内在的需求就在于提倡要提升儿童的媒介精神主张，培养和塑造行为管理意识、媒介批判能力等，而这一内在媒介教育需求，也正好与审美教育的内在价值和教化目的具有内在统一性，审美教育的运用和实施对儿童媒介教育具有鲜明的实践价值。

（三）推动儿童媒介教育观的形成

根据英国《每日邮报》报道称，长期痴迷于社会媒体的儿童大多具有孤独感，且严重影响其社会交际能力。刊登在《性格和个体差异》上的一则报告也提到，频繁使用社交媒体可能会导致学习成绩下降，从而增加社会关系建立的难度。由此，以上研究结果，无疑对儿童媒介教育问题给予了警示和提醒，频繁使用媒介或不良的社交媒介行为容易导致儿童社会交往能力的弱化或偏倚，需注意防范在儿童媒介教育过程中因此类问题而造成的负面风险，以影响儿童媒介教育的成效。

但是从马克思主义实践观不难得出，媒介教育同样要源于实践，媒介实践生成媒介思想。我们不能因为负面影响就隔绝儿童的媒介使用。从某种意义上说，缺乏受教育者自我实践的媒介价值观，就丧失了媒介教育本身的价值和意义。因此，儿童媒介教育目标的达成，最终还是要依靠儿童自身的媒介实践来实现，儿童媒介教育过程中需尊重其媒介教育探究的本能。马克思也曾指出："一个人的发展取决于他直接或间接进行交往实践的其他一切人的发展。"从儿童媒介教育角度来理解，也就是在尊重儿童自身媒介教育实践探究基础上，儿童所形成的媒介价值观、思想认识才能够真正与现实意义上媒介本质要求相契合。归根到底，儿童媒介教育思想行为的内化与形成要重视人的自我实现，脱离自我探究本能的媒介教育只会加剧儿童媒介认知和理解的畸形发展，唯有依靠儿童自身在媒介教育探究中深刻理解和把握媒介、人与社会的内在关系，反思和总结自身的媒介行为，塑造和进化媒介伦理道德认识，才理应是媒介教育最根本的价值追求，才能从根本上规避媒介教育走向教育误区和雷区。

第三节　儿童新媒介技术运用的价值反思

一、儿童新媒介技术运用的本质：主体灵性的生活发展方式

（一）儿童天性与本真的丢失

儿童天性与本真本来饱含着天真、纯洁、诗性、大胆想象和自由创造，而现实儿童文化的成人化则导致儿童自然天性的丧失。科学技术这把双刃剑给社会带来诸多便利的同时，也给人带来种种负面影响，儿童的成人化便是显著的表现。在儿童未被发现的时代，儿童的成人化可以理解为成人把儿童看作"小大人"（微型成人），儿童快速地进入成人世界，儿童与成人混杂在一起，成为劳动力，而现在我们所谓儿童的"成人化"，是指儿童过早接触到了只有成人才能进入的世界，从事着成人世界的活动，正如尼尔·波兹曼所说，现代社会从语言、服饰到游戏，儿童与成人之间的界限越来越模糊了。儿童的"成人化"也显著体现在儿童过早地使用电子产品、通过各种电子媒介接触成人世界中的各种秘密。波兹曼指出，现代社会中儿童的成人化是"成人化的儿童"的后果，而二者都是由于电子媒介使得图像阅读代替了文字阅读。所谓"成人化的儿童"，是指在知识和情感能力上与儿童没有显著区别的成年人。"由于人类生长所依赖的符号世界在形式和内容上发生了变化，这种变化尤其不要求儿童和成人的情感有任何区别，这样人生的两个阶段就不可避免地合二为一了。"

（二）娱乐化遮蔽儿童生活的严肃性

成人对儿童言行的任意干扰造成儿童隐私的过分曝光，导致儿童失去了封闭的生长环境，造成对儿童生活的"严肃性"的不尊重。儿童被过度地娱乐化，反映了社会大众缺乏正确的儿童观。身心"未成熟"的儿童在成人眼里并不具备选择的能力，儿童的生活被置于成人的操控之下，这是对儿童生活"严肃性"的不尊重。汉娜·阿伦特（Hannah Arendt）指出，"社会"领域的兴起打破了私人领域和公共领域之间的界限，从而使得儿童的隐私被曝光在公共世界之下，失去了一个封闭的成长环境，而对于正处在生长和发育比个性因素发展更为重要的阶段的儿童，这种封闭环境是必需的。在"社会"领域中"私人的变成了公共的，公共的反过来变成了私人的，这对孩子来说是最糟糕的，因

为他们不受干扰的成长，本质上需要一个封闭环境"。现代社会的特征就是生命，与所有以前的世代相比，现代让生命与所有与生命的保存及丰富有关的活动都脱离了私生活的隐蔽性，让它们暴露在公共世界的光照之下。

正是这种私人领域的公共化，导致儿童的生活被娱乐化，也使其受到了过多的干扰，生长失去了封闭的空间，在成人文化的影响下走向异化。

（三）成人与成材层次性的颠倒

我们许多的现实教育活动把教育目的要么仅仅指向"成人"，要么仅仅指向"成材"，忽略了"成人"之于"成材"的基础性价值，"成人"与"成材"之间的层次性被忽略。如此，儿童教育在"成人"与"成材"之间摇摆不定，出现种种矛盾与冲突。儿童文化的成人化、虚拟化就是"成材"对"成人"僭越的结果，从而使得儿童的自然天性缺失，仅仅注重儿童的未来生活，牺牲当下的真实生活。因此造成了教育在观念与行为上的诸多偏差。

"成人"与"成材"之间徘徊不定，或偏执一端，造成教育要么背离了人，要么背离了社会。有学者指出，成人与成材存在层次性，教育促进社会的发展与进步是教育促进人的成长与发展的结果，而且二者相互促进。"人的成长与发展是社会发展与进步的条件、手段与基础，没有人的成长与发展，社会无法存在与发展，但同时还要看到，人的成长与发展对社会来说也是目的。"过去，在教育为经济、社会服务的教育观的影响下，教育的"成材"功能被置于主要地位，随着教育理论研究的深化，教育的"成人"功能逐渐被发现。人的发展和社会的发展是互为条件的，但是，从教育对人和社会发生作用的先后顺序上来讲，却存在着显著的层次性。如果教育仅仅注重儿童"成材"，忽视了儿童"成人"之于"成材"的基础性，教育的"成人"与"成材"功能最终都难以实现。

（四）保护儿童的天性与主体灵动性

天性和成熟并不冲突，成熟并不意味着天性的消失，反之，天性是成熟的开端，而成熟是天性的不断拓展。只有指向成熟的天性才是有意义的，因为儿童终将成为成人；只有内含着天性的成熟才是真正的成熟。人们常常希望成年人具有童心、赤子之心，这正说明了所谓"成熟"也包含着某些天性，拥有天性才意味着真正的"成熟"。

约翰·杜威（John Dewey）指出，教育是各种因素相互作用的整体，然而人们往往把教育中的各种因素孤立来看，坚持一个要素而牺牲另一个要素，造成教育因素之间相互冲突。

儿童具有永无止境的"生长"愿望，杜威认为传统教育的缺陷就在于其压制了儿童继续生长的愿望。儿童的天性就是其继续生长的愿望，任何压制儿童继续生长愿望的行为，都是对儿童"生长"天性的违背。教育的价值就在于保护、促进儿童继续生长的愿望，选择能够促进儿童继续生长的经验，创造儿童经验继续丰富的环境。儿童的天性是儿童作为世界的新来者对世界的陌生激发了儿童探索世界的欲望，表现为强烈的好奇心和探索兴趣。然而，这种探索世界的欲望容易在成人文化中被压制，失去丰富的想象力和好奇心，接受了所谓的社会规范，变得僵化、刻板，失去了继续"生长"的意识，生长停止了。成人对儿童探索世界的好奇心、理解世界的想象力的压抑和摧残，其实是对儿童"探究"本性的否定。这种否定的后果，就是儿童过早放弃了可能生活，仅仅过着一种他人规划好的模式化的生活，这是极为可怕的。不论是把儿童看作"长不大"的人，还是将儿童看作"小大人"，都违反了个体生命成长的主动性、变化性，本质上是对儿童主体性的否定，儿童"探究"的天性被放逐，这体现的是静态的儿童观。只有在"探究"的意义上认识儿童，即基于儿童发展的必然性和变化性认识儿童（动态的儿童观），才能真正把握儿童的天性。儿童教育的本质就在于使儿童适应、同化已有文化并创造新的文化，儿童作为世界的新来者，也应当承担这一伟大的责任和使命，人类文化只有通过儿童来不断更新，人类文明才能源远流长，不断推陈出新，正是在创造文化的意义上，儿童的不断"生长"的探究天性得到了最充分的诠释。只有在具体的情境中领会儿童的成长，才能真正促进儿童天性的成长和发展。

二、儿童新媒介技术运用的价值：文化的进步和数字化创新

在学习知识、接触并融入社会的过程中，家庭传承、父母言传身教与学校教育的系统性世界观构建，对孩子所产生的文化感召力与影响力都是非常深远的。

例如父母对于新媒介的态度直接影响了了儿童在新媒介工具方面的行为，家庭环境在儿童使用新媒介的内容、习惯、时长等方面有着决定性的作用：父母热衷于通过新媒介获取信息或娱乐，儿童很大程度上也会受到影响，反之亦然，当家庭环境阅读、真人游戏与亲子活动为主要教育手段时，儿童对于新媒介的依赖性就大大降低了。

所以儿童媒介接触，其出发点是为了让媒介更好地为儿童教育服务，而绝非本末倒置的依靠媒介完成儿童教育。在根本上，这是一种文化进步的需求，在变革的过程中，波斯曼所推崇的"扮演重要角色的妇女"，本质上是监督者角色，是一种文化传承的符号，其作用在于在家庭传统、社会文化与人文精神

的大框架中，引导与培养儿童使用新技术更便捷、更明晰、更高效的了解和认知世界。

在当今的"媒介社会"，媒介不再仅作为渠道性的工具出现，而是更深层次的影响到了文化基础。从儿童教育的角度出发，媒介变革中对于儿童教育有利的、具有推动性的因素，无不是以儿童为中心建立起来的。这种新体系的形成，在技术上要求符合儿童生理特征和需求，在文化层面则要求深入研究儿童心理特征，从根本上把握"童年"的概念，进而构建一个拥有良好反馈机制的儿童教育媒介环境。在外部，媒介的生存与发展，需要围绕在媒介周边各种资源的良性循环，这种循环不是孤立的、被动的。

文化包含了人类生活的各个方面，传播媒介起到了承载文化的作用，而教育媒介则使文化能够传承到下一代。媒介的变革，究其根本，是由技术变革引起的传播方式的变革，这种变革反馈到儿童群体上，就是"童年"概念的变迁。随着对于新媒介手段的充分认识，我们可以清晰地看到，这种概念的变迁，并没有改变儿童本身的特质，换而言之，媒介的变革与社会整体发展是相契合的，本身就是由于社会文化的改变而产生的。

新媒介技术的最主要改变是社会生活的参与者们并非被动的被传播者，也绝不是处于线性单向传播的末端。文化传承的需求保证了父母一代世界观构架的完整性，这种具有深厚家庭特色和文化底蕴的排他式世界观同样将通过家庭教育传承到下一代。这也就意味着，在儿童教育领域，技术变革带来的媒介环境革新，其现实意义主要在于延伸儿童教育广度与深度，丰富其内涵与外延，并不断通过创新将文化的浸润推向更深层次。

三、儿童新媒介技术运用的融合：人文观照与技术逻辑交融

（一）新媒介技术与人文观照的悖离

无可否认，人工智能、大数据、物联网、传感器、算法推荐等新技术不断推动信息生产、分发环节发生一系列变革。智媒虽是万物皆媒，但却不是万物皆能，新媒介技术也始终存在一定弊端，因此衍生出技术黑箱、算法偏见、过于依赖技术等诸多问题。人文观照与技术逻辑在发展中有融合有悖离：

1. 算法存在盲区

首先，基于算法进行内容分发的内容推荐模式，目前大部分"只是属于弱人工智能的一种表达"[①]，能推荐的优质内容也占少数。所以，Twitter、Face-

---

① 喻国明. 人工智能与算法推荐下的网络治理之道[J]. 新闻与写作，2019（1）：61-64.

book、今日头条等平台仍然推出"人工+算法"的审核模式,帮助审核内容。其次,算法存在"黑箱"。算法的设计者、开发者对其中的理念、内涵是熟识的,但因商业竞争、技术的复杂性、法律的风险性,多数平台与应用软件并未向用户透露其原理。在许多的内容生产初期,设计者如果将个人偏见与价值观冲突融入算法中,那么最终将会呈现带有个人主观偏见的信息,形成"算法偏见",从而影响用户的认知。同时,算法推荐也带来算法歧视,1896年美国弗格森案件中,由于种族歧视问题,Facebook 平台采用算法推荐大量与此案无关内容,企图阻止用户接收到此案信息。[①] 这证明一旦操控算法的机构在收集到用户信息后,推荐的内容可以根据其身份地位来分类,阻隔用户接受多方面信息,造成算法歧视。再则,算法影响"信息过滤"。虽然算法是依据用户的兴趣点提供内容,但其中也不乏存在低级、虚假、庸俗、煽情的内容,以及大量娱乐化、同质化信息。这也使得信息价值的把关与判断标准不再以内容本身价值为中心,而是以用户喜好、流量为中心。

2. 对技术过于依赖

据哈佛尼曼新闻实验室（Nieman Journalism Lab）发布的报告显示,当前西方新闻业因为过度迷恋人工智能、VR、AR 等智能技术,已经带来"技术依赖综合征"以及对算法的恐慌。智媒技术为信息生产、分发环节带来一系列便利,但技术本身存在一定缺陷,技术主义的盛行也会使得人文价值弱化。一方面,相关行业的从业者在过度依赖智媒技术进行信息采集与内容分发后会形成思维惰性,不利于自身职业发展。再者,机器没有独立思考的能力,不具备人类情感,现阶段的智能机器还没有达到细致入微的观察与推测功能。这也导致最终呈现的许多内容或作品大多是基于数据信息的固化模式,无法打动用户。另一方面,智能机器在挖掘信息源时选取的素材标准是数据浏览量,但浏览量并不代表一定具有价值。

同时,技术决定论的盛行也值得反思。技术哲学家 Krogh 认为技术决定论主张"技术的发展决定着所有其他社会关系"[②] 于光远认为技术决定论强调技术能直接主宰社会命运,把技术看成是人类无法控制的。[③] 技术发展虽是人类进步过程中不可或缺的一步,但技术不可能脱离人类独立诞生,无论是在信息传播领域中已经广泛运用的智能算法、VR 全景还是即将普及的 5G 技术,

---

① 王仕勇. 算法推荐新闻的技术创新与伦理困境:一个综述 [J]. 重庆社会科学,2019（9）:123－132.

② Thomas Krogh. Technology and Rationality [M]. London：Ashgate Publishing,1998：58

③ 于光远. 自然辩证法百科全书 [M]. 北京：中国大百科全书出版社,1995：225.

都需要人类不断探索、研发、实验，才能得以广泛运用。也有学者大力支持技术决定论，代表人物麦克卢汉的媒介延伸论，认为"媒介是人体的延伸"，VR、AR、H5、人工智能等技术可以看作一种新型媒介，不仅仅局限于对人类眼睛、皮肤、中枢神经的延伸，更突出的是对人类感觉上的延伸，且延伸效果突出才形成了立体化"直临现场"的感觉。这虽是人类历史上的技术突破，但这种临场化场景中的血腥、暴力是否会给用户，尤其是儿童心理造成一定影响，很多网络事件在智媒技术下的真实性是否能得到保障，也值得深思。

3. 用户信息的泄露与回音室效应

社会价值是指个人对社会所具有的价值，社会价值最大的特点在于它具有正向社会效益[①]。人类对于社会的价值可分为积极与消极两面，纵观智媒技术的发展，其积极面在于智媒技术为信息的生产、分发环节注入活力，满足用户个性化需求；而消极面则在于泄露用户隐私，产生信息茧房，带来回声室效应，不利于社会价值观的正向传播。

诸如用户画像的构建虽然能实现更加精准化、个性化的内容匹配需求，但存在一些负面效应。首先，用户画像的构建是基于大数据挖掘与分析来搜集用户信息，包括性格特征、行为习惯、用户能力、用户背景、兴趣爱好等，形成个性化用户档案模型。[②] 而这些隐私信息如果被不良商家贩卖或泄露，则用户的数据资料则面临被篡改和删除的风险。同时，通过人工智能技术、GPS定位系统、人脸识别、指纹录入等也能精准掌握到用户职业、兴趣、爱好、居住地、常在地等详细信息。不少客户端在用户第一次点开时还能获取到用户的通讯录访问权，而这些方式都能进一步掌握到用户的消费水平、政治立场、社会地位等信息，甚至工作地点、居住地点等信息也会被挖掘出，这也加剧了社会盗窃、抢劫等犯罪事件的风险。届时，轻则泄露电话号码，带来一定骚扰；重则面临身份证、银行卡、人脸识别被盗用、盗刷的风险，用户的人身财产安全将得不到保障。

其次，算法推荐根据用户画像进行精准推送，虽然一定程度上带来便利，但也加剧了"信息茧房"与"回声室效应"。算法推荐不断为用户推送符合其阅读习惯的内容，使其沉浸于自身虚幻的信息世界中，不仅限制了视野，还不断影响其价值观。久而久之，用户只愿浏览自己喜欢的信息，系统的算法推荐

---

① 曾学龙，周毛春. 深化对人生的自我价值与社会价值的关系的认识 [J]. 南昌师范学院学报，2018，39 (1)：24—28.

② 许向东. 大数据时代新闻生产新模式：传感器新闻的理念、实践与思考 [J]. 国际新闻界，2015 (10)：107—116.

也会帮其屏蔽掉其他信息，导致用户视野变窄，束缚在自己的"信息茧房"中。在此环境下，用户长期只接触与自己思想相同或相近的观点而不接受其余观点，形成"回声室效应"，不利于价值观的树立。同时，算法推荐会根据用户的阅读习惯推荐相应内容、社群、网络大V，在一定程度上诱使用户点击。加上"信息茧房"与"回声室效应"，用户的思想观念也会随着社群、网络大V的诱导而改变，用户一旦与兴趣爱好相同的人进行讨论，相应的观点就会得到加强甚至转向极端方向，引发群体极化效应，产生网络暴力等行为。

（二）人文观照与技术伦理的反思

作为现代社会基本特征的科技文明所彰显的技术理性不断销蚀传统的价值理性，使技术理性逐步控制和统治着人的精神世界。技术理性的膨胀带来的最直接的后果就是人性的畸形发展，其中人性的技术化就是其主要的表现形式。从当前儿童媒介素养教育现状来看，同样存在受技术理性膨胀影响而走向人的媒介技术化教育误区，媒介素养的培养仍处在按照媒介技术活动原则与规范来进行，儿童媒介素养培养越来越趋于被纳入各种新媒介技术系统的建构和运行过程中，成为媒介技术系统的单元或作用对象，促使儿童的媒介生存轨迹、媒介行为等逐渐被打上技术的烙印。针对这一媒介教育技术培养误区，其本质上背离人性本体而确立技术本体，正如海德格尔所言，技术促逼人进入技术之座驾而丧失独立性和本体性，导致媒介教育技术与人性的分离。相反，如爱因斯坦所言，科技必须"以人为本"，"关心人的本身，应该始终成为一切技术上奋斗的主要目标。由此，从这一角度上讲，儿童媒介素养的培养，不能片面的将儿童视为媒介技术系统的作用对象，而更需要实现媒介技术发展与人的发展的和谐统一，实现人的技术化向技术化的人转变。

在数字化新媒体时代，特别是在以沉浸式媒体为主流发展趋势下的媒介技术环境，儿童媒介核心能力培养，应不仅仅满足于对媒介信息的接收、解读、思辨等能力，更应该是在此基础上，培养和提升儿童信息创造、媒介文化解构能力。正如我国台湾政治大学媒介研究室对新时期媒介素养的定义，媒介素养应包含解读、思辨、欣赏媒体，进而利用媒体，重新构建社区媒体文化品牌。媒介即文化，媒介活动即是文化活动。无论是传统媒介还是新媒介，本质上都是以文化传播为主要目的。德国学者拉比塔尔斯曾说道："面对新媒体时代，一切都在被异化着，所有原生态的文化都被新技术方式赋予新的解释。"从这一理论逻辑来看，新媒体时代文化所涵盖内在的本质是没有发生变化的，变化了的是文化传播方式、文化的叙事结构等根本性变化。由此，立足这一角度，当前儿童媒介能力的培养就应要更倾向于对媒介文化解构能力的培养，而非紧紧满足于对媒介文化的接受、解读，甚至批判等处置能力的培养，以真正培养儿童具备认识媒介文化传播背后真与假、善与恶、自由与控制、崇高与低劣等本领。

伴随数字化媒介技术的深入发展，人媒互动已成常态化。相对于过去"单向度"的传播而言，人媒双向互动对儿童媒介教育具有积极意义，在一定程度上是增加了儿童媒介教育探究的自主性、主体性。但需注意的是，往往受儿童自制力匮乏，媒介批判意识不足等影响，人媒互动容易导致儿童被束缚在"众媒狂欢"建构的"互动流程"之上，走向人媒互动过度的雷区。根据 ADD 广告研究联盟联合 Morketing 研究院发布的《自娱：2018－2019 年中国新势能人群 App 接触行为报告》显示，作为"数字原住民"和"独二代"的 00 后大量的时间和精力被消耗在了与手机的交互中，每天在移动 App 上的耗时普遍达到 7 个小时以上的水平—甚至有样本的日均使用时长接近 12 个小时。与此同时，根据首都互联网协会发布的《2017－2018 年首都儿童上网行为研究报告》显示，儿童网络服务使用过度集中于休闲娱乐，真正有利于儿童成长的功能并没有得到充分利用。这一系列研究结果，无疑也印证了儿童媒介教育过程中要警惕人媒互动过度的风险。在媒介教育过程中如不加以重视或采取有效的控制，儿童媒介教育反而会适得其反，走向媒介技术"绑架"与信息"捆绑"，致使可能导致儿童走向肤浅、浮躁、迷茫等困境，正如圣地亚哥州立大学和佛罗里达州立大学的研究人员联合研究发现，在每天花 5 小时或更多时间上网的儿童里，近一半有过自杀的想法或长期处于绝望或难过的心理状态之中。

媒介作为当今社会已被认同的"新的权力核心"渗透于社会公众的日常生活。媒介作为一种"新的权力核心"，其权威的主要表现就在于文化传播、公众思想的制约等。毋庸置疑，媒介权力在促进社会公众实现社会意识一致化和思想规范化具有重要意义。但是，伴随现代媒介高科技化、商业化进程加速，传统意义上的媒介权力垄断性、封闭性逐渐被弱化，媒介权力的自主性、开放性逐渐凸显。我们应看到的是，伴随媒介权力自主性、开放性不断增强，部分媒介权力主体因受非理性化倾向、商业利益的驱使等影响，放弃媒介文化教化责任，传播制造垃圾或低俗文化，摈弃理性批判意识而以"淡化意识形态""政治淡化"为借口，虚构现实、曲解历史等媒介权力寻租现象，也正成为当前媒介教育关注的重要问题。从这个角度上看，在儿童媒介素养教育过程中，媒介权力寻租现象如不加以警惕或采取有效应对，极易导致媒介权力负功能化，放大媒介权力寻租现象操纵和支配儿童的思想行为。虽然媒介权力寻租现象的"支配""操纵"并不等于"认同"。但是，恰恰在这种意义上"支配"

"操纵"，正是媒介权力寻租现象意识形态威力的体现，久而久之，它不仅能支配人的思想，而且能腐蚀人的心理，进而影响人的思维方式和价值观念，使人彻底失去内心的独立与自由，导致误导或消解儿童主流价值观。

（三）促进人文观照与技术逻辑的融合

任何一种媒介的诞生是人类社会进步的过程，也是科学技术进步的过程。但技术始终因人类需要而诞生，媒介也因人类通讯、工作、生活等各方面需要而更新迭代。技术决定论认为技术是主宰社会命运的唯一决定因素，但这只是硬决定论的观点，而软决定论则认为"技术只决定事物可能发生，其他的关键因素同样能对结果的产生起作用。"[①] 麦克卢汉的媒介延伸论并没有强调技术是决定社会发展的唯一因素，他只是强调"媒介是讯息，而不说内容是讯息，这不是说内容没有扮演角色——那只是说它扮演的是配角。"[②] 所以，他并不认为技术是决定社会变化的唯一因素，只是相对于讯息内容而言，更看重讯息载体即媒介。无可否认，智媒技术的发展为新闻界乃至整个社会创造了一定价值，因人类而诞生，理应造福于人类，然而当下智媒技术带来的伦理困境、就业困境、隐私安全、信息茧房等问题并不是在造福人类，而是带来一定程度的困扰。所以，仅仅以技术为中心作为新闻界的发展重点并不能凸显"以人为主"的初衷，技术并不是唯一能决定人类社会发展的唯一因素，其发展过程也应被理性看待。

保罗·莱文森的媒介偏向理论指出了"媒介技术的人性化偏向"，即技术的发展历史证明，技术越来越人性化，是在模仿和复制人类的某些功能以及感知模式、认知模式。

辩证看待技术，技术始终是为人类服务，技术也因人类而诞生。智能产物诞生的实质就体现了一种人文关怀以及"以人为本"的核心思想。无论智媒技术多么盛行，在人机博弈的过程中始终应坚守人本精神，将人文关照放在首位。当下以人工智能、大数据、算法、区块链、VR、AR等技术为基础的智媒技术，也只有融入更多人类的情感与关怀才能突显社会价值，融入更多人文关怀才能使得技术更好地为人类社会贡献价值。

---

① 保罗·利文森. 软边缘：信息革命的历史与未来 [M]. 熊澄宇，等译. 北京：清华大学出版社，2002：3.
② 马歇尔·麦克卢汉. 理解媒介：论人的延伸 [M]. 何道宽，译. 北京：商务印书馆，2000：33.

第一章　框架・结构：儿童新媒介素养的全新判断

第一节　儿童新媒介素养理论与方法：一种分析框架

一、媒介素养・新媒介素养：从大众传播语境到网络新时代

（一）文献回顾——何为媒介素养？

媒介素养概念的诞生与少年儿童教育议题密切相关。20世纪三十年代，正当大众新闻、商业小说及电影产业方兴未艾之时，英国学者ER.利维斯及丹麦教育工作者丹尼斯・桑普森首次提出"媒介素养"（Media literature）概念。他们认为，电影追求的是"最廉价的情感诉求"，只是一种"消极的消遣手段"，甚至"电影、报纸，任何这种形式的宣传品，以及商业化的小说，都只是提供一种低水平的满足。"[1] 因此，学校应该推进媒介素养教育，通过将大众传播文本（新闻报道、广告、流行小说等）引入课堂练习以培养学生的批判意识[2]。这被认为是媒介素养理念的源头。

这一时期的主流思想，认为大众媒介及其传播的内容不能与传统的精英文化相提并论，而只能为社会提供一种"低水平的满足"，从而破坏了原有的社会道德和生活秩序，侵蚀传统的人生观与价值观[3]。一方面，大众传媒具有巨大的影响力；另一方面，少年儿童在这种影响面前是脆弱的、易受伤害的[4]。

---

[1] 杨击.传播・文化・社会——英国大众文化理论透视[M].上海：复旦大学出版社，2006：15—16.

[2] Leavis F R, Thompson D. Culture and environment: The training of critical awareness [M]. Chatto & Windus, 1933.

[3] 黄旦，郭丽华.媒介教育教什么？——20世纪西方媒介素养理念的变迁[J].现代传播（中国传媒大学学报），2008（3）：120—123+138.

[4] 大卫・帕金翰，宋小卫.英国的媒介素养教育：超越保护主义[J].新闻与传播研究，2000（2）：73—79.

媒介素养理念的提出，就是为了帮助少年儿童获取分析媒介内容的能力，从而避免大众传媒的侵蚀。

这类认知诞生于大众传播时代，绵延至上世纪六七十年代，英国教育学者大卫·帕金翰将其概述为"保护主义"。其潜在预设是，大众传媒及其传播内容与少年儿童的健康成长互不相容。同时期的大众媒介相关研究也体现出类似的认知倾向，譬如佩恩基金会主导的"电影对儿童的影响"系列调查，研究主要考察电影对儿童这一"弱势群体"，在信息获取方式、态度、感情刺激、健康损害程度、道德水平侵蚀程度以及对社会行为改变方面的影响[1]。这一研究正式开启了"儿童与媒介"研究领域，也被视为传播学早期"子弹论"的典型案例。

随着大众传播尤其是电视媒体的蓬勃发展，一种新的媒介样式——参与式文化逐渐发展壮大。参与式文化强调的是公众参与创造、传播、分享媒介文本和媒介讯息的个性化和自发性行为，在参与式文化中，公众的互动、交流行为不仅拉近了人与人之间的距离、消除了空间地域的隔阂，还能积累知识、开阔眼界、提升自我[2]。20世纪90年代以来，西方学界已改变了对大众文化的抵制性态度，不再把媒介素养作为一种破解意识形态密码的手段或免疫工具，而将其视为一种"赋权解放"的手段。即不再一味指责媒体的不足，转而思考如何通过媒体赋权促成更健康的媒介社区[3]。

媒介素养概念诞生以来，各国研究者对其概念内涵做出一系列描述及界定，使其发展成为一种"多含义，多角度和多层面的概念"。目前国内引述较多、具有代表性的定义如下：

媒介素养就是使用媒介和解释媒介所需要的知识、技能和能力[4]。

——大卫·帕金翰

媒介素养是指人们面对大众传播媒介的各种信息时的选择能力（ability to choose）、理解能力（ability to understand）、质疑能力（ability to question）、评估能力（ability to evaluate）、创造和制作能力（ability to create and produce）以及思辨性回应能力（ability to respond thoughtfully）[5]。

——美国媒介素养研究中心

---

[1] 曲慧，喻国明. 受众世代的裂变：未来受众的生成与建构——媒介观范式革命视野下的探讨[J]. 福建师范大学学报（哲学社会科学版），2019（4）：129-137.

[2] 胡瑞涟. 亨利·詹金斯新媒介素养理论研究[D]. 桂林：广西师范大学，2019.

[3] 刘勇. 媒介素养概论[M]. 北京：中国人民大学出版社，2015：13.

[4] Buckingham D. Watching Media Learning: Making Sense of Media Education [M]. London: Falmer Press, 1990.

[5] 张开. 媒介素养概论[M]. 北京：中国传媒大学出版社，2006：94.

媒介素养旨在培养学生对媒体本质、媒体常用的技巧和手段以及这些技巧和手段所产生的效应的认知力和判断力[①]。

——加拿大安大略省教育部

媒介素养应包括以下知识要点，媒介信息是被建构的；媒介信息是在经济、社会、政治、历史和审美的背景下被生产的；在信息接受中对意义的解释过程是由读文本和文化之间的互动构成的；媒介有独特的语言，代表不同媒介形式的特征，类型以及传播信息的符号系统；媒介再现在人们理解社会真实中扮演重要角色[②]。

——媒介的国家领导人会议共识

通过媒介素养教育，人们会建立获得正确媒介信息、信息产生的意义和独立判断信息价值的知识结构，以及认知媒介如何对社会产生功能的知识体系[③]。

——张开

从上述定义中可以看出，媒体素养概念内涵丰富。有学者进一步认为，对媒介素养概念的认识大致可分为能力、知识及理解模式[④]。现有的关于媒介素养的各种定义，均属于三种模式之一或数种模式的杂糅。

"能力模式"认为媒介素养是公民获取、分析、评价和传播各种信息的能力[⑤]，譬如美国媒介素养研究中心的定义。知识模式侧重帮助人们建立获得正确媒介信息、信息产生的意义和独立判断信息价值的知识结构，亦即媒介如何对社会产生影响的知识体系。譬如媒介国家领导人会议所的达成共识。"理解模式"侧重揭示来自文化、经济、政治和技术等诸多力量对媒介信息的制造、生产和传递过程中的强制作用，主要培养对媒介信息的判断力和审美能力，在某种程度上是能力模式与知识模式的综合拓展[⑥]。譬如张开在通用教材《媒介素养概论》中的认识。

（二）概念拓展——何为新媒介素养？

在印刷媒体时代，媒介素养一词天然地与"读写能力"相挂钩，正如学者所言，"传统的素养定义只应用在印刷品之上，意指'关于字词的知识'、'受过教育的'或'有学问的'"[⑦]。而从历史角度来看，媒介素养概念的内涵与外延其

---

① 林爱兵，王希华. 面对当代受众：媒体的素养教育 [J]. 科学新闻，2003（24）：19-22.
② 江宇. 家庭社会化视角下媒介素养影响因素研究 [D]. 北京：中国传媒大学，2008.
③ 张开. 媒介素养概论 [M]. 北京：中国传媒大学出版社，2006：97.
④ Potter W J. Theory of media literacy：A cognitive approach [M]. Sage Publications，2004：29.
⑤ 江宇. 家庭社会化视角下媒介素养影响因素研究 [D]. 北京：中国传媒大学，2008.
⑥ 王帆，张舒予. 读图时代的大众素养：媒介素养或视觉素养 [J]. 中国电化教育，2008（2）：21-24.
⑦ Silverblatt A，Miller D C，Smith J，et al. Media literacy：Keys to interpreting media messages [M]. ABC-CLIO，2014：1.

实是一个不断演进的过程,随着主流传播媒介的变迁而不断延展。到了20世纪60年代,电视媒介素养和视觉媒介素养成为媒介素养研究的新议题;20世纪80年代以来,研究者们又将注意力转移到了计算机领域及计算机媒介素养方面;随着互联网技术的日新月异,媒介素养概念的内涵再度发生拓展:媒介素养不仅是指读、写能力,同时还是理解、解析、分析、回应及作用于不同各种复杂信息的能力[①]。

彭兰进一步指出,以往关于媒介素养的定义,更多是针对传统媒体时代的受众,也就是作为纯粹的消费者的受众。然而,web2.0时代互联网重心正在转向社会化媒体,受众不仅是消费者,更是内容的一种生产者,是媒介活动的积极参与者,因此对于社会化媒体时代的公众媒介素养的认识,需要从建设者或生产者这样一个角度加以扩展。因此,在新的参与式文化背景中,我们应该将公众媒介素养拓展为媒介使用素养、信息生产素养、信息消费素养、社会交往素养、社会协作素养、社会参与素养六个方面[②]。

全新的时代催生了更多的相关学术词汇。有学者总结了当代与媒介素养密切相关的一系列学术词汇,譬如视觉素养（Visual Literacy）、信息素养（Information Literacy）及媒介及信息素养（Media and Information Literacy）、数字素养（Digital Literacy）、计算机素养（Computer Literacy）、网络素养（Network literacy）等[③]。

1. 视觉素养（Visual Literacy）

戴伯斯从1966年开始使用这个术语,认为"视觉素养是指人们通过观看,同时整合其他感觉经验,而培养出的一组视觉能力。这种能力是正常人类学习过程的基础。一个具有视觉素养的人,能够区分并理解所处环境中的可见行为、物体、符号,无论自然物或人工制品。通过创造性使用该能力,他能够与他人交流。通过将此能力运用于鉴赏,他能够理解、欣赏视觉传播的杰作。"[④]

为了与数字媒体发展趋势相呼应,美国大学和研究型图书馆协会（The Association of College & ResearchLibraries）2011年提出了一个关于视觉素养的新定义,在新的语境下延续了能力－知识模式,包括为确保个体更加有效地发现、理解、评价、使用和创作不同类型的视觉媒介的一系列能力,以及让学

[①] 江宇. 家庭社会化视角下媒介素养影响因素研究[D]. 北京:中国传媒大学,2008.

[②] 彭兰. 社会化媒体时代的三种媒介素养及其关系[J]. 上海师范大学学报（哲学社会科学版）,2013,42(3):52—60.

[③] Bawden D. Information and digital literacies: a review of concepts [J]. Journal of documentation, 2001, 57 (2): 218—259.

[④] He'ctor Del-Castillo, Ana Bele'n Garc'a— Varela, Pilar Lacasa. Literacy through media: identity and discourse in the process of constructing a web site [J]. International Journal of Educational Research, 2003, (9): 85—89.

习者能够理解和分析在视觉材料的生产和使用中的语境、文化、伦理、美学、智识,以及技术的相关知识①。

2. 信息素养(Information Literacy)

信息素养的概念在 20 世纪 80 年代出现,最广为人知的一种定义为:"信息素养拥有者能够意识到其信息需求,也能够鉴定、搜寻、评估、使用信息以解决特定问题。"② 1994 年布鲁斯将信息素养具体描述为 7 个层面的能力、知识或意识:

独立自主地学习

利用信息处理问题

使用一系列信息技术及信息系统

拥有提升信息用途的内在意识

拥有有关信息社会的充分知识

批判性运用信息

拥有个体化信息风格,从而促使其与信息社会的互动

2003 年联合国教科文组织布拉格宣言明确指出信息素养的重要性,并号召各国政府及民间组织大力推进信息素养教育。宣言中对信息素养的定义是"人们对信息的关注及需求的认知,以及确定、查找、评估、组织和有效地创造、使用、交流信息,从而解决所面临问题的能力。"③

2010 年,联合国教科文组织发布《面向媒介及信息素养的指标》(Towards Media and Information Literacy Indicators)报告,首次提出媒介及信息素养概念④,主张将媒介素养与信息素养理念进行融合。在随后的系列报告中,该组织将其定义为一组能力,"即赋权于公民以批判的、道德的和有效的方式,应用各种工具获取、检索、理解、评估以及使用、创造、分享所有格式的信息和媒介内容,用以参与和从事个性化、专业化和社会化的活动"⑤。

3. 数字素养(Digital Literacy)

就狭义而言,数字素养一词经常用于表述个体有效使用信息通信技术

---

① 梁君健. 重新界定视觉素养——以"柯达文化"到"脸书文化"转向中生产型消费者的素养为基础[J]. 新闻记者,2018(12):66—79.

② American Library Association,Chicago I L. American library association presidential committee on information literacy. Final report[M]. ERIC Clearinghouse,1989.

③ UNESCO,NCLIS. "The Prague Declaration Towards an Information Literacy Society",Information Literacy Meeting of Experts[C]. Prague:The Czech Republic,2003,9—20

④ UNESCO. Towards Media and Information Literacy Indicators[DB/OL]. (2010—11—12)[2019—9—12]. http://milunesco.unaoc.org/Resources.

⑤ 韩永青. 试论媒介素养与信息素养的融合[J]. 新闻爱好者,2016(2):60—63.

(information and communications technology) 的基本技能。鲍顿认为，对于个体行为而言，数字素养包括四种核心能力：网络搜索（internet searching）、超文本导航（hypertext navigation）、知识汇编（knowledge assembly）以及内容评估（content evaluation）[①]。这些核心能力具体体现为：

信息检索与批判性思维相结合

采用多样化途径以识读信息

多渠道收集可靠信息

除了信息访问，数字素养还体现在信息发布与交流环节

认识传统工具的价值，并能与互联网媒介、社交网络配合使用[②]

也有学者从广义角度去解读数字素养，将数字素养定义为一种意识、态度和能力。这种意识、态度和能力体现于以下进程中——个体在特定生活情境中，通过恰当使用数字工具设施去鉴定、接近、管理、整合、评估、分析及合成数字资源，以构建新知识、产生媒介表达、与他人交流，最终达成建设性社会行动[③]。

4. 新媒介素养（New media literature）

从视觉素养、信息素养、媒介及信息素养到数字素养，这些术语皆在某一层面上强调了传统媒介素养概念在新媒体时代的内涵拓展。我们可以由此总结提炼出新媒体素养的概念。

《全球性趋势：21世纪素养峰会报告》将"新媒介素养"界定为"由听觉、视觉以及数字素养相互重叠共同构成的一整套能力与技巧，包括对视觉、听觉力量的理解能力，对这种力量的识别与使用能力，对数字媒介的控制与转换能力，对数字内容的普遍性传播能力，以及轻易对数字内容进行再加工的能力。"[④] 该定义强化了人们应该如何"控制""转换"和"再加工"新兴媒介及其内容，但落脚点仍然在于"个体属性"的媒介素养。在当代社会化媒体和参与式文化的背景中，我们必须更加重视"集体属性""社会属性"的媒介素养。

詹金斯在《面向参与式文化的挑战：21世纪的媒介教育》（Confronting the Challenges of Participatory Culture - Media Education for the 21st Century）白皮书中，总结了新媒介素养的11个核心技能，并指出这些技能是社会

---

① Bawden D. Origins and concepts of digital literacy [J]. Digital literacies: Concepts, policies and practices, 2008 (30): 17-32.

② Koltay T. The media and the literacies: Media literacy, information literacy, digital literacy [J]. Media, Culture & Society, 2011, 33 (2): 211-221.

③ Martin Allan, Dan Madigan. Digital literacies for learning [M]. Facet Publishing, 2006: 19.

④ 卢峰. 媒介素养之塔：新媒体技术影响下的媒介素养构成 [J]. 国际新闻界, 2015, 37 (4): 129-141.

参与的而非个体表达的需求，亦即在"集体属性""社会属性"层面对新媒介素养进行了探索。他所提出的11个核心技能包括：

游戏（Play）——与周边环境进行互动以解决问题的能力。
模拟（Simulation）——理解真实世界进程及构建动态模型的能力。
表演（Performance）——为即兴创作和发现而采用替代性身份的能力。
挪用（Appropriation）——对媒介内容进行取样与混合的能力。
多任务处理（Multi-tasking）——扫描环境并聚焦突出细节的能力。
分布性认知（Distributed Cognition）——与工具有效交互并拓展脑力认知的能力。
集体智慧（Collective Intelligence）——为实现共同目标而与他人共享知识或交换心得的能力。
判断（Judgment）——评估不同来源信息的可靠性与可信性的能力。
跨媒体导航（Transmedia Navigation）——处理多种形态的信息流的能力。
网络（Networking）——搜寻、合成和传播信息的能力。
协商（Negotiation）——横跨多元社区，识别和尊重多元观点的能力[①]。

卢峰在上述研究的基础上构建出一个"媒介素养之塔"，他根据人们使用媒介的不同需要，将新媒介素养由低到高划分为媒介安全素养、媒介交互素养、媒介学习素养和媒介文化素养等四个层次；在分析每个层次的素养时，又将培养目标区分为知识、技能、能力和态度四个维度[②]。

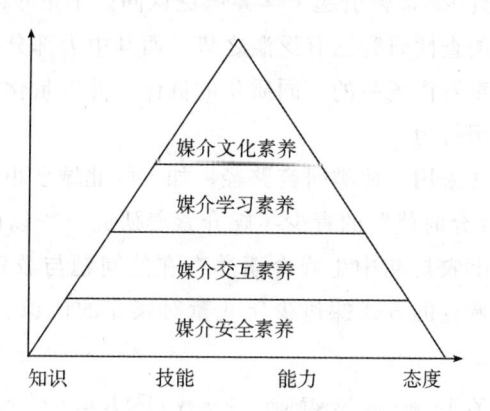

图 1-1　媒介素养之塔

---

① Jenkins H. Confronting the challenges of participatory culture: Media education for the 21st century [M]. Mit Press, 2009.
② 卢峰. 媒介素养之塔：新媒体技术影响下的媒介素养构成 [J]. 国际新闻界, 2015, 37 (4): 129-141.

Der-Thanq CHEN 也提出一种新媒介素养框架，认为新媒介素养可被视为在两个维度上的连续性，亦即从消费素养到创用素养（from consuming to prosuming literacy）、从功能性素养到批判性素养（from functional to critical literacy）。在此框架下，新媒介素养被划分为：

功能性消费（Functional consuming）——在文本层面接近与理解媒介内容。

功能性创用（functional prosuming）——使用技术创造媒介内容。

批判性消费（critical consuming）——在文本及社会层面上对媒介内容进行分析、评估，以获得批判性理解；对媒介内容及其潜在社会意义、影响进行批判及合成，以构建自身理解。

批判性创用（critical prosuming）——创造媒介内容，并理解其社会影响；能够参与富媒体环境之中[1]。

可以发现，尽管当前国内外学者对媒介素养的界定依然以个体属性的"知识""能力"为先，但同时也发展出一种向"态度""意识""文化"等融合方向及社会属性偏转的新趋势。这种学术共识，为我们进一步提出儿童新媒介素养的多元内涵与要素奠定了重要基础。

二、儿童新媒介素养研究现状

（一）国内研究现状

张志安在2004年评述指出，我国关于媒介素养的调查研究相当缺乏，定性分析多、定量调查少[2]，曾引起了学界广泛认同。十余年之后，关于少年儿童媒介素养的量化调查性研究已有泛滥之势。而其中大部分主要针对宏观层面的对象，将少年儿童看作统一的、同质化的群体，并以量化研究的方法测量其一般媒介接触和使用行为。

较多硕博士论文采用了此类研究路径，如《皖北城乡小学生媒介素养比较研究》[3]、《"第二媒介时代"的青少年媒介素养研究——以西安、咸阳地区中学为例》[4]、《重庆市农村初中生媒介素养存在的问题与教育对策研究》[5] 等。以随机抽样和问卷调查的方式探讨少年儿童对媒介的认识、理解、批判能力，

---

[1] WU J, WANG Y. Unpacking New Media Literacy [J]. Journal of Systemics, Cybernetics and Informatics, 9 (2): 84-88.

[2] 张志安，沈国麟. 媒介素养：一个亟待重视的全民教育课题——对中国大陆媒介素养研究的回顾和简评 [J]. 新闻记者，2004 (5): 11-13.

[3] 王葆慧. 皖北城乡小学生媒介素养比较研究 [D]. 武汉：中南民族大学，2013.

[4] 孟磊. "第二媒介时代"的青少年媒介素养研究 [D]. 西安：陕西师范大学，2008.

[5] 冯显超. 重庆市农村初中生媒介素养存在的问题与教育对策研究 [D]. 重庆：西南大学，2012.

认为青少年的新媒介素养总体而言存在严重问题,并在此基础上提出相应对策。这一类量化研究,基本属于媒介接触行为调查,其问卷设计、调查方法、数据处理方式均有巨大差异,也无法进行深层和综合意义上的素养研究,致使研究层次和结论层级普遍偏低[①]。此外,虽有部分研究提及学校组织,却只是用以寻觅青少年研究对象或界定研究对象的地域范围,而并未详细讨论学校组织在儿童媒介教育方面的切实尝试与成效。笔者认为这类论文过分迷信浅层数据,既缺乏稳定可靠的指标体系,又缺乏微观实践层面的关怀,就此所提出的对策建议也只能流于表面。

在此困局中,白传之尝试提出了一个媒介素养的指标体系,并指出科学的指标体系与测量方法是建立和完善媒介素养研究的基础。该媒介素养指标体系包括媒介接触量、媒介知识量、媒介理解力、媒介应用力四个一级指标,接触方式、接触时长、接触频次、接触年限、媒介意识、媒介概念等14个二级指标。

表1-1 媒介素养指标体系[②]

一级指标	描述	二级指标	描述
媒介接触量	个人与媒介接触的具体情况	接触方式	接触媒介的具体地点和习惯
		接触时长	单位时段内接触媒介的时间
		接触频次	单位时间内接触媒介的数量
		接触年限	开始使用某种媒介的具体年份
媒介知识量	有关媒介的常识和基本知识以及对媒介本质的认知	媒介意识	对媒介之于个人工作和生活以及社会影响的判断
		媒介概念	有关媒介的基本概念、管理和运营模式
		媒介本质	对媒介传播内容所产生的个人效果和社会影响的判断以及媒介传播的内在逻辑认知
媒介理解力	对媒介内容的需求程度、理解程度、虚拟现实的认知程度以及获得艺术享受的综合水平	媒介接触效能	接触媒介解决个人问题的能力和效率
		媒介评判能力	对信息、观点的判断能力
		媒介批判意识	对媒介表征现实、意识形态传播的判断能力
		媒介欣赏能力	欣赏媒介作品的艺术修养和能力
媒介应用力	通过媒介提升个人素养,参与社会事务的	媒介表达目的	通过媒介表达个人意愿,参与社会事务的能力
		媒介互动频度	单位时间内通过媒介表达个人意愿或发表作品的数量
		媒介互动水平	个人意愿、观点以及媒介作品的表达方式和表达的内容范围

---

① 白传之.公众媒介素养指数初探[J].青年记者,2014(33):36-37.
② 白传之.公众媒介素养指数初探[J].青年记者,2014(33):36-37.

也有研究者不止步于宏观的数据分析，而通过量化与质化方法相结合的方式进行探索。路鹏程等比较了城乡青少年的媒介素养水准，得出两者的最大落差在于客观条件即媒介接触条件和使用条件层面，而在主观层面即媒介接触动机和媒介认知层面上并无实质性差异，从而在实践层面为缩小城乡青少年媒介素养差异的尝试指出了明确路径①。赵宁以自己在安徽张店中学的长期支教和观察为切入点，力图还原农村地区留守学生在媒介环境中的生活面貌，考察在家庭教育缺位、学校教育模式落后、参照群体相对封闭的情况下，强势的大众媒体对他们社会化的影响，并在此基础上提出针对农村中学媒介素质教育方面的建议②。

（二）国外研究现状

学界普遍认为，美国儿童媒介使用研究以1929年佩恩基金会项目发轫，英国的儿童媒介研究则以1933年利维斯提出的媒介教育理念为起点。历经近百年发展，最终形成以英美为代表的两种媒介素养研究体系。

新时代互联网技术、虚拟仿真技术的冲击，推动了儿童媒介素养研究的转向。学者通过量化分析2007—2017年全球发表的444篇互联网媒介素养研究论文，发现媒介素养研究正在重建基础理论和研究体系；而"新媒介素养""网络世代""数字沟"等议题成为最主要的研究聚焦点③。有关"网络世代"议题，2001年Marc Prensky提出的"数字原住民"（Digital Natives）与"数字移民"（Digital Immigrants）概念④，是十年来被国内外学者广泛采用的理念。所谓的数字原住民是伴随着数字化技术成长起来的新一代学习者，数字化生存是他们从小就开始的，也是最习惯的生存方式，他们不仅对新技术的应用得心应手，而且学习方式、认知特点也可能和上一代人迥然不同⑤。

21世纪以来，欧美学术界就"数字原住民"的新媒介使用相关研究成果，可谓汗牛充栋。曲慧、喻国明指出，国外相关研究的三个新发现⑥：

---

① 路鹏程，骆昊，王敏晨．我国中部城乡青少年媒介素养比较研究——以湖北省武汉市、红安县两地为例[J]．新闻与传播研究，2007，14（3）：80—88．

② 赵宁．媒介使用对留守中学生社会化的影响[D]．合肥：安徽大学，2013．

③ 王贵斌，于杨．国际互联网媒介素养研究知识图谱[J]．现代传播（中国传媒大学学报），2018，40（7）：157—163．

④ Prensky M. Digital natives, digital immigrants part 1 [J]. On the horizon, 2001, 9 (5): 1—6.

⑤ 曹培杰，余胜泉．数字原住民的提出、研究现状及未来发展[J]．电化教育研究，2012，33（4）：21—27

⑥ 曲慧，喻国明．受众世代的裂变：未来受众的生成与建构——媒介观范式革命视野下的探讨[J]．福建师范大学学报（哲学社会科学版），2019（4）：129—137．

"网络成瘾"形塑新一代世界观——亦即过度使用互联网将影响儿童多方面的发展。譬如将引发儿童对重要事务的排序意识弱化（non-prioritization of important task）、焦虑心理、自律性降低等[1]。也有研究指出媒介使用时间越长，儿童的亲社会行为评分越低[2]。

多任务处理与"合作的一代——指的是儿童群体通过多媒介使用达成"多任务"处理能力，并通过与来自不同时空的媒介内容、使用者的频繁互动，形成善于合作的能力体系与行为习惯。譬如 Rosie Flewit 通过对托儿所（3—4岁）、学前班（4—5岁）、特殊学校（7—13岁）这三个儿童群体的 iPad 使用实验发现：适宜的 iPad 使用为儿童提供了更多的跨区域交流、协作互动及自主学习机会，并由此促使儿童的学习热情。在此发现推动下，关于媒介素养教育的相关研究也进一步强调：多任务处理能力、合作能力与集体智慧运用能力，应当成为新媒介素养教育的重中之重[3]。

传统式父母干预方式的"失效——与"数字原住民"的儿童相比，父母作为"数字移民"，在新媒介技术领域处于天然弱势地位。甚至出现了广泛的"文化反哺"现象，换句话说，少年儿童转而成为新技术领域的家庭专家，反向指导父母的媒介接触与媒介使用[4]，从而在某种程度上消解了传统家庭权威的影响力。

三、儿童新媒介素养的三重结构

素养是一个人能做什么（知识、技能）、想做什么（角色定位、自我认知）和会做什么（价值观、品质、动机）的内在特质的组合[5]。而新媒介素养作为一个持续发展的新兴理念，其内涵囊括了前述信息素养、媒介与信息素养、视觉素养、数字素养等，概念本身便具有多层面、多视角属性。具体到少年儿童群体，我们认为，所谓儿童新媒介素养是少年儿童在新媒体技术、社会及文化

---

[1] Young K S, de Abreu C N E. Internet addiction: A handbook and guide to evaluation and treatment [J]. 2011.

[2] Nicha Limtrakul, Orawan Louthrenoo, Atsawin Narkpongphun, Nonglak Boonchooduang, Weerasak Chonchaiya. Media use and psychological adjustment in children and adolescents [J]. Journal of Paediatrics and Child Health, 2018, 54 (3).

[3] Jenkins H. Confronting the challenges of participatory culture: Media education for the 21st century [M]. Mit Press, 2009.

[4] Foehr U G. Media multitasking among American youth: Prevalence, predictors and pairings [J]. Henry J. Kaiser Family Foundation, 2006.

[5] 李宝敏. 儿童网络素养研究 [D]. 上海：华东师范大学，2012.

环境中所必备的，一整套知识、能力和情感的总和。本章将从知识、能力和情感三个维度上，构建儿童新媒介素养的分析框架。

表1-2 儿童新媒介素养分析框架

知识维度	关于新媒介本质的认知
	关于新媒介使用技巧的认知
能力维度	跨媒体导航与文本整合能力
	视觉图像处理能力
	信息鉴赏与批判能力
	信息组织与媒介生产能力
	媒介互动与协作能力
情感维度	人与人：协作与共享
	人与社会：参与与责任
	人与技术：建构立场

在知识维度上，儿童新媒介素养指的是儿童关于新媒介的基本知识及对新媒介本质的认知。具体表现为：

关于新媒介本质的认知

关于新媒介使用技巧的认知

在能力维度上，儿童新媒介素养指的是儿童对新媒介技术及其内容的理解与运用能力，也是儿童在新技术环境中如何发展自我、如何与他人互动、如何参与社会文化改造的能力。具体可表现为：

跨媒体导航与文本整合能力

视觉图像处理能力

信息鉴赏与批判能力

信息组织与媒介生产能力

媒介互动与协作能力

在情感维度上，儿童新媒介素养指的是儿童对新媒介的态度、情感及价值观，集中体现在"人与人""人与技术""人与社会"这三种核心关系之上。

人与人：协作与共享

人与社会：参与与责任

人与技术：建构立场

第二节 "知识维度"：儿童应具备的新媒介知识

认知心理学代表学者安德森（Anderson J. R.）将人类习得的知识分为两类：一类是陈述性知识，亦即回答世界是什么或者为什么的问题；另一类是程序性知识，亦即回答怎么办的问题[①]。以下将沿袭安德森二分法，从陈述性知识与程序性知识两个层面分析儿童新媒介素养的知识维度。所谓陈述性知识，指的是儿童在媒介实践中习得的有关新媒介本质的认知，具体表现为"新媒介是什么"与"为什么要使用新媒介"。所谓程序性知识，指的是儿童关于如何利用新媒介技术达成检索、识读、发布、交流等目标的综合知识，具体表现为"如何使用新媒介"。

一、新媒介本质的认知

（一）关于"新媒介是什么"

在 web1.0 时代，人们需要通过鼠标、键盘等输入设备接入互联网，繁杂的操作技巧及识字能力要求极大地限制了学龄前儿童的网络使用。而触屏技术及用户友好界面技术的进步，造就了学龄前儿童互联网接触的更多可能。孩子们只需在智能手机、平板电脑上，进行简单的点击、拖动等触屏操作，就能连入互联网并接收到游戏、影音及更多数字媒介信息，从而满足娱乐、学习等各式目的。

随之产生的一个紧要问题是：在孩子们使用新媒介、获取甚至发布媒介信息的同时，他们如何认识新媒介本身？针对儿童新媒介素养及媒介素养教育的所有讨论，首先必须建立在这个问题之上。

美国媒介素养中心 2003 年提出的"媒介素养教育关键问题"，强调了对媒介信息的五个方面的认知，这种分析视角完全适用于新媒介素养的相关探讨。这五个核心认知是：

所有信息都是被建构的

媒介信息是由媒介语言建构出来的

不同的人对同一信息的体验是不同的

媒介信息具有隐含价值和观点

---

① 吴红耘.修订的布卢姆目标分类与加涅和安德森学习结果分类的比较 [J]. 心理学，2009，32（4）：994－996.

大部分媒介信息是为了获得利益或权利建构出来的

由此提出儿童在面对媒介信息时，需要思考的五个基本问题：

谁制作了这条信息？

为了吸引我的注意力，它运用了哪些创造性技巧？

他人对信息的理解可能会有什么差异？为什么？

这条信息表达了哪些价值观和生活方式，又忽略了哪些？

为什么制作并发布这条信息？[1]

我们还需考虑到，对新媒介的认知不仅限于媒介信息层面，还应当从新媒介本身入手。而新媒介是一个庞杂的对象集合体。有人认为，新媒介是以电脑技术为核心的传播载体，新媒介把文字、声音、图形图像结合在一起，与其相对应的是传统媒介，即印刷媒介（报纸、杂志、图书）、声音媒介（广播和录音）、图像媒介（电影和电视）[2]。一般意义上的新媒介，以网络媒介为核心和基础，同时包括移动终端媒介、数字电视媒介、虚拟现实媒介、增强现实媒介等新兴媒介形式。考虑到当今媒介技术的飞速发展，其概念外延仍在持续扩展之中，因此我们选择其核心内涵——互联网作为讨论的基础。

早有学者通过实证研究发现，少年儿童倾向于从外显技术层面上去认知互联网新媒介，譬如将互联网与正在使用的电脑或手机设备相连接，而忽略了互联网的社会连接属性[3]。还有研究发现，如果我们试图建立少年儿童对新媒介的正确认知，那么就需要将此概念从日常生活领域推向科学领域[4]。进一步地说，儿童对互联网等新媒介技术的深入认知——譬如意识到互联网技术的背后是人与人的连接、人与社会的连接，就直接影响到他们能否形成全面的网络安全意识。如果儿童不能理解互联网技术促成了人与人的广泛连接，就无法真正建立安全意识；如果不能理解新媒介内容可以被无限复制粘贴，就不能明确对内容源头的把关意识；如果不能理解人人都可以发布和制造内容，就无法建立对信息真实性的质疑和批判；如果不能理解发布的内容可以被真实的陌生人所

---

[1] Jolls T, Grande D. Project SMARTArt: A Case Study in Elementary School Media Literacy and Arts Education [J]. Arts Education Policy Review, 2005, 107 (1): 25.

[2] 张成良. 新媒体素养论——理念范畴途径 [M]. 北京: 人民出版社, 2015: 68.

[3] Yan Z. Limited knowledge and limited resources: Children's and adolescents' understanding of the Internet [J]. Journal of Applied Developmental Psychology, 2009, 30 (2): 103—115.

[4] Edwards S, Nolan A, Henderson M, et al. Young children's everyday concepts of the internet: A platform for cyber-safety education in the early years [J]. British journal of educational technology, 2018, 49 (1): 45—55.

见，网络文明与非恶意行为就无从谈起①。

简而言之，儿童对于新媒介的正确认知必须囊括两个层面的认知——作为技术集合体的新媒介与具有社会意义的新媒介。那么，何为技术层面的新媒介，何为社会层面的新媒介？我们可以通过以下访谈实录进行直观了解，该访谈来自美国学者 Zheng Yan 有关美国儿童互联网认知的研究：

"嗯，它有两个电脑，有十平方英尺大小，有玩具和游戏。它不会伤人。"

"互联网是电脑和网站的连接，数不清的电脑连在上面。你可以在互联网上找到几乎任何东西，同时也需要小心。因为上面也有很多非法或不良网站。"②

这两段话分别出自一位 5 岁儿童（幼儿园阶段）与 11 岁儿童（小学六年级）之口。前者将互联网等同于某些终端设备（如 iPad），并认为互联网是无害的；后者发现了互联网背后的社会性连接，并且触及互联网信息的良莠参半。Zheng Yan 从技术和社会层面上建立了有关互联网认知的实证编码表格，对我们具有相当的启发性。

表 1-3　儿童互联网认知编码表③

技术复杂性	儿童是否意识到互联网是一个复杂的技术集合体
最低程度	将互联网理解为电脑或其他终端设备（如画出一个电脑）
局部程度	将互联网理解为数个电脑的简单连接（如画出两个电脑并用直线连接）
精通程度	将互联网理解为一个网络（如画出一个电脑，并以其为中心与连接多个电脑）
科学程度	将互联网理解为多重网络（如画出具有多服务器、多终端设备的网络）
社会复杂性	儿童能够认识到互联网在社会层面上的多种属性
最低程度	几乎不知晓互联网的积极或消极影响（如只关注网页加载速度）；对互联网几乎没有防范心（如认为互联网不会造成伤害）
局部程度	少量知晓互联网的积极或消极影响（只能简单表述 1—2 个问题如弹出广告、时间浪费）；对互联网有轻微防范心（如认为只有收发电邮时，才会产生伤害）
精通程度	对互联网的深层社会影响有较深认识（能讨论 2—3 个社会议题如数字鸿沟、信息安全）；对互联网使用有深层认识（如知晓收发电邮与浏览网站时均需防范）
科学程度	对互联网的积极、消极影响有深远且平衡性认知；采用安全使用互联网的策略（如信息筛选、密码保护等策略）

---

① 曲慧，喻国明. 受众世代的裂变：未来受众的生成与建构——媒介观范式革命视野下的探讨[J]. 福建师范大学学报（哲学社会科学版），2019（4）：129—137.

② Yan Z. Age differences in children's understanding of the complexity of the Internet [J]. Journal of Applied Developmental Psychology, 2005, 26 (4): 385—396.

③ Yan Z. Age differences in children's understanding of the complexity of the Internet [J]. Journal of Applied Developmental Psychology, 2005, 26 (4): 385—396.

所谓技术层面的互联网，是将互联网视为一个由数不清的网络、电脑、用户、通信协议（如 TCP/IP and SMTP）、物理连接装置（如电缆、卫星）、应用程序（如 email and WWW）组成的系统。1995 年联合网络委员会（The federal networking council）决议指出：互联网指的是全球性的信息系统，通过全球性的唯一地址逻辑地链接在一起，通过协议进行通信，让用户共享资源与高水平的服务，即把处于不同地理位置、具有独立功能的终端、附属设备，用通信线路连接起来，可以相互交换信息的互联系统的总和称为网络①。互联网的核心技术特质，就在于其所达成的全球信息互联与共享。更进一步而言，新媒体在技术上可以被定义为计算机与通信技术，这种技术可以达成用户与用户之间、用户与信息之间的交互。

对于儿童来说，他们应认识互联网及更多新媒体的技术本质，亦即理解其信息互联与共享的属性。在此认识的基础上，当他们在日常生活及学习过程中产生了信息需求，才能有意识、有目的地根据特定信息需求，使用新媒体去搜寻、重组、解读、评估、利用信息。更进一步地，理解新媒介在技术层面的复杂性、开放性及多元性，也有利于儿童进行批判性、全方位地思考，不仅应知道如何查找到有用的信息资源，而且知道如何创造、分享有价值的信息资源方面的知识，如何尊重他人的信息与知识产权，以及如何保护个人隐私等方面的知识。

所谓社会层面的互联网，即意识到互联网不仅是服务器、信息的连接，互联网同时也是人与人的社会性连接。正如李普纳克和斯坦普斯在《网络形成》一书中所言："网络就是连接我们共同活动、希望和理想的连环；网络形成是形成人们相互联系的过程。"② 正是由于互联网的双向互动属性，也就产生了各种积极性与消极性社会后果。一方面互联网对于现代社会发展提供了广泛的积极作用，另一方面它也促使了一系列社会性议题的产生，譬如个人隐私、信息安全、色情与暴力、数字鸿沟、互联网犯罪、虚拟社区、虚拟财产权益等。就如同人类所创造出的其他工具和技术一样，互联网也具有"双刃剑"属性。

此外，从社会意义层面上讨论新媒介，还需要注意以下层面：第一，媒介是被建构的，亦即媒介信息并不等同于"真实"，它只是信息生产者对真实的诠释而已。第二，媒介信息蕴含了价值观暗示，新媒介为人们提供了一个自我展示的平台，因此每一位普通用户都可以基于自我价值观去主动建构信息。第

---

① 李宝敏. 儿童网络素养研究 [D]. 上海：华东师范大学，2012.
② 万林艳. 网络时代的主体状况 [J]. 中国人民大学学报，2000（2）：40—45.

三，新媒介可被用于社会交往、商业、政治、教育等多种用途[①]。

对于儿童而言，一方面，新媒介为他们拓展了社会互动的时空范围，开创出以新媒介符号为中心的在线交往形态。因此，儿童群体需要认识到新媒介的社会连接属性，才能正确处理真实与虚拟、实名与匿名、网络自由与道德法律约束等一系列的矛盾对立，从而在一定程度上预防新媒介使用过程中的身份迷失问题、安全问题或网络成瘾问题。另一方面，新媒介所提供的的绝不仅仅是社会交往功能，它能够渗透进入儿童成长过程中的各个领域，从生活、学习到娱乐，甚至到社会参与以及价值观建构。在此层面上，儿童群体也需要认识到新媒介的多重社会属性，从而促使其策略性使用新媒介去达成自我提升、自我实现以及社会参与。

(二) 关于"为何要使用新媒介"

传播学领域长期存在着两种截然不同的研究路径，即"讯息如何作用受众"（What can the message do to the audience）与"受众如何处理讯息"（What can the audience do with the message），或表述为"媒介对人们做了什么"（What do media do to people）与"人们利用媒介做了什么"（What do people do with the media）[②]。这两种研究传统也体现在儿童新媒介使用的大量研究之中：一方面，学者们关注新媒介信息对儿童群体的心理、生理或社会化进程的影响；另一方面，我们也尝试着把焦点从传播者、传播内容转向受众，关注儿童如何使用新媒介或利用新媒介达成了什么目的。

使用与满足理论是后者的典型代表，它把受众看作是有特定"需求"的个人，把媒介接触活动看作是基于特定的需求动机来"使用"媒介，从而使这些需求得到"满足"的过程。具体到儿童群体，现有研究表明，如果儿童在使用新媒介之时具有明确的目的与计划，无论是娱乐目的、学习目的、探究世界目的或是自我实现目的，都有利于儿童积极利用新媒介，避免在数字信息中的自我迷失。因此，儿童对自身使用新媒介需求的追问与理性认知，是儿童新媒介素养的重要组成[③]。

有关儿童使用新媒介的动机分类，一些经典研究可以帮助我们理清思路。1972年麦奎尔等建议从以下角度区分受众的使用动机：转移注意力（逃避问题；宣泄情绪）；人际关系（在交谈中信息的社会利用；媒介替代了同伴）；个

[①] Chen D T, Wu J, Wang Y M. Unpacking new media literacy [J]. 2011.
[②] 沃纳·赛佛林，小詹姆斯·坦卡德. 传播理论：起源、方法与应用 [M]. 郭镇之，译. 北京：华夏出版社，2000：321.
[③] 李宝敏. 儿童网络素养研究 [D]. 上海：华东师范大学，2012.

人心理发展（强化或确认价值观；自我了解；发现真实）；监视（获取可能影响或帮助人们行动的信息）。1973年，卡茨等从媒介的社会和心理功能层面，将人们使用媒介的动机分为5类：认知的需求（获得信息、知识和理解）；情感的需求（情绪的、愉悦的或美感的体验）；个人整合的需求（加强可信度、信心、稳固性和身份地位）；社会整合的需求（加强与家人、朋友的接触）；舒解压力的需求（逃避和转移注意力）①。

在使用与满足理论基础上，迪米克建构了"满足机会"分析因子，其思维逻辑是——时间或空间是一种资源，因此"只有数量有限"的活动能够在给定的时间和空间内进行；媒体休闲如何分配时间表或空间定位，强烈地影响着可使用媒体的数量与时间②。1993年，迪米克在针对视频娱乐媒介的研究中将"满足机会"分解为以下因子：方便的时候给你提供娱乐；提供更多可供选择的娱乐方式；提供每日可行的娱乐；为闲暇时提供娱乐；有助于规划日常生活；在你繁忙的生活中提供娱乐；给你提供不同的娱乐选择；给你提供和家人共度时光的机会③。

我们可以参照上述研究成果，建构儿童"为何要使用新媒介"的分析层次。亦即，如果我们想要了解儿童是否具有"为何要使用新媒介"的媒介素养认知，就可从以下层面进行具体的描述与分析。

表1-4 儿童新媒介使用动机

认知需求	寻求信息以解决具体问题
	探究未知领域的知识
	获得关于特定事物的理解
情感需求	缓解不良情绪，转移注意力
	打发无聊时间
	获取愉悦或审美体验
社会交往需求	建立与家人、朋友的互动
	将媒介作为陪伴
心理发展需求	自我表达与自我了解

---

① 沃纳·赛佛林，小詹姆斯·坦卡德. 传播理论：起源、方法与应用[M]. 郭镇之，译. 北京：华夏出版社，2000：323-324.

② 陈小叶. 媒介生态学视角下务动短视频生态位研究—以"抖音短视频"为例[D]. 成都：西南交通大学，2018.

③ 陈小叶. 媒介生态学视角下务动短视频生态位研究—以"抖音短视频"为例[D]. 成都：西南交通大学，2018.

续表

满足机会	可以随地使用
	可以随时使用
	获得媒介内容很方便
	提供更多可供选择的娱乐方式

二、"如何使用新媒介"的认知

前文已经指出，就社会层面而言，少年儿童可使用新媒介实现多样化的目的及活动，包括学习、社交互动、游戏娱乐、知识探究、文艺创造以至价值观建构、社会参与等等。与此相关的下一个问题是，儿童"如何使用新媒介"达成上述目的？换句话说，在这些多样化的媒介活动中，儿童是否具备一些基础性知识？

我们以学习层面为例来展开论述。利用新媒介学习新知识，已经成为当代少年儿童学习模式的重要组成，其重要地位可从各式儿童学习软件的流行趋势中一窥端倪。这些新式软件为孩子们提供了多元化学习资源，他们可以通过视频、音频、动画以至于VR、AR、MR等多媒体形式接触新知识。但与此同时，如果儿童不能合理利用这些资源，仅仅沉浸于多媒体表现形式而不能从中汲取知识内涵，大量的学习资源将不产生任何实质意义。另一方面，利用新媒介学习新知识并不仅仅是被动接收信息。如果孩子在认知层面上只学会了下载、阅读、复制，那么也只是被动接收信息而已，他们还必须对新媒介信息进行鉴赏、评价等主动性思维，或是充分利用新媒介的社会连接属性实现参与式讨论与知识建构，这样才是一个完整的、有效的学习过程。

具体来说，儿童利用新媒介进行学习时需要在这些层面上建构一系列认知——如何获取有价值的学习资源？有哪些获取学习资源的方法、途径？如何进行在线阅读？如何利用新媒介资源、互联网资源进行自主学习？如何利用社交媒体进行社会性学习？如何尊重他人的知识？如何建立自己的观点？如何与他人共享观念、交流观点，进行知识分享？如何考察评价知识的权威性？如何利用新媒介工具提升自己的学习效果？

第三节 "能力维度"：儿童应具备的新媒介核心能力

学者李宝敏认为"儿童的网络素养由'知'、'情'、'意'、'行'等要素构成，'知'指儿童所具有的网络知识和在网络空间对事实关系的认知能力；

'情'指儿童在与网络互动中伴随的情感体验以及彰显的价值意义;'意'指儿童在网络空间的决策能力与判断能力,是儿童在网络实践活动中通过一定的意志努力,自主调节网络行为;'行'是"载体",是指儿童在网络空间的实践行为以及儿童与网络世界所形成的时间关系。"[①] 根据此归纳,可以进而推断出"意"和"行"范畴的内涵指向的是能力维度,即判断决策能力以及实践能力。

能力,指的是完成一项目标或者任务所体现出来的综合素质。关于媒介素养的能力,如前所说媒介素养的能力模式认为,媒介素养是公民获取、分析、评价和传播各种信息的能力。而1992年,美国媒介素养研究中心界定媒介素养(media literacy),指人们面对媒体提供的各种信息时的选择能力(ability to choose)、理解能力(ability to understand)、质疑能力(ability toquestion)、评估能力(ability to evaluate)、创造和生产能力(ability to create and produce)以及思辨和反应能力(ability to response and thoughtfully)。[②] 学者李宝敏在其博士论文《儿童网络素养研究》中将儿童网络素养核心能力与指向的实践领域做了系统分析,如表1-5:

表1-5 儿童网络素养核心能力与指向的实践领域

实践领域	网络素养核心能力	对应结果
学习实践	在线阅读能力 在线写作能力 知识建构能力 意义建构能力 文化解读能力	会学习
生活实践	鉴别能力与批判性思维能力 问题解决能力 选择与决策能力 创造能力	会生活
交往实践	自我认同与身份建构能力 主体性建构能力 交流与沟通能力 合作能力 社会性发展能力	会交往
娱乐实践	创造能力 评价能力 意义建构能力 反思能力	会创造

---

① 李宝敏.儿童网络素养研究[D].上海:华东师范大学,2012.
② 张玲.媒介素养教育——一个亟待研究与发展的领域[J].现代传播,2004(4):101-102.

续表

实践领域	网络素养核心能力	对应结果
问题探究	质疑能力 探究能力	会探究

美国学者詹姆斯·波特认为"媒介素养有三大重要基石：个人定位、知识结构和技能。个人定位是人的能量与目标，知识结构是原材料，技能就是工具。"① 他进一步总结出 7 项技能，如表 1-6：

表 1-6 媒介素养的 7 项技能②

1. 分析	将一条消息分割成为有意义的多个元素
2. 评价	判断每个元素的价值；这种判断是通过将消息元素与某些标准进行对比之后做出的
3. 分类	决定哪些元素在某些方面是相似的，可以归为一类；决定这一类元素如何区别于其他类元素的
4. 归纳	先根据一小系列元素的共同特征将其归为一类，然后再根据所有元素的特征对这种模式进行抽象和概括
5. 演绎	使用归纳之后的模式来对细节特征进行解释
6. 综合	将元素组合为一个新的知识结构
7. 提炼	建立一个简洁、清晰、准确的描述，这个描述能够抓住信息的本质，而且语言简练

以上对儿童媒介（或网络）素养能力的总结都是出自不同的角度，美国媒介素养研究中心指向的对象是社会全体网民，没有区分成年人与儿童；李宝敏博士的能力维度很细致，但多是从教育学的角度来思考的；詹姆斯·波特所提出的 7 项技能是从一则新闻信息的使用过程中涉及的技能，是从微观层面分析的。结合以上结论和当今 Web3.0 时代的媒介生态环境，在此我们将儿童媒介素养应具备的核心能力归纳为媒介鉴赏与批判能力、信息组织与媒介生产能力、媒介互动与协作能力和图像处理与数据分析能力。

一、媒介鉴赏与批判能力

（一）媒介鉴赏与批判能力的界定

媒介鉴赏是指人们对媒介及其信息进行鉴定和欣赏，对其形象、内容进行感受、理解和评判的思维活动与过程。媒介批判能力是对媒介及其信息进行标准评价，进行批判性解读的能力。学者白传之认为，媒介素养指人们批判性地

---

① 詹姆斯·波特. 媒介素养（第四版）[M]. 李德刚，等译. 北京：清华大学出版社，2012：13.
② 詹姆斯·波特. 媒介素养（第四版）[M]. 李德刚，等译. 北京：清华大学出版社，2012：16.

解读和鉴赏多种媒介信息与作品以及利用媒介获得自身和谐发展的能力，[1]此概念从正面回应了在信息时代新媒介素养能力中一个核心能力——媒介鉴赏与批判能力的含义与重要性。媒介鉴赏能力是媒介批判能力的前提，或者说鉴赏也是为了更客观的批判，因而"哈贝马斯将批判性思维等同于'解放性学习'（emancipator learning）即学会从阻碍人们洞察新趋势，支配自己的生活、社会和世界的那些个人的、制度的或环境的影响中解放出来。"[2]

（二）媒介鉴赏与批判能力的重要性

移动互联网时代，"人人都是麦克风"，公民新闻普及，每个用户都被赋予最大的传播权，参与书写媒介信息、评论媒介事件、表达舆论意见，以至于建构和解构媒介环境。在看似平等的互联网生态系统中，"传播主体的多元化、传播渠道的多样化，都使得信息构成更加复杂，因而社会化媒体时代更强调个人把关。对信息的真实性、时效性、权威性等的辨识与分析，成为受众信息消费过程中自我把关的基本表现。"[3]。所以，在儿童新媒介素养培养的起初，就开始着重培养他们的鉴赏和批判能力尤为重要，能够享受信息丰富深邃的信息，能够辨识媒介上的社会真相与虚假，能够针对媒介信息独立思考形成理性判断，"并进行思考、分析、论证，有依据性地做出选择与决策，同时对自身的网络行为做出思考、选择、调节与决策。"[4]具体来讲，培养媒介鉴赏与批判能力，有几个好处：

首先，有助于培养儿童鉴赏力和反思力。媒介的鉴赏能力和批判能力，有助于培养和影响对人整体思想和思维的判断与反思，毕竟对一切事物"真善美"和"假恶丑"的评判标准如出一辙。正所谓"尽信书，不如无书"，对于媒介信息的消费亦是如此，传播者依靠符号来进行编码释义，受众依靠符号也解码阅读，在解码过程中不同的受众会根据自己的理解程度不同、经验深浅不同，解读领会意义和导向千差万别，但儿童在进行新媒介素养培养之际，应该坚持正确的路径，理性判断其信息要素的真实性、客观性、权威性以及价值观的不偏倚，能够评价出信息的层次，能够提出批判性的异议。鉴赏助推反思，反思促进创新，创新推动文明的进步。

其次，防止"信息茧房"和"动机鸿沟"的产生。"信息茧房"是2006年美国学者桑斯坦在其著作《信息乌托邦》中提出的，他认为"公众对信息的需

---

[1] 白传之.公众媒介素养指数初探[J].青年记者，2014（11）：36-37.
[2] 布鲁克·诺艾尔·摩尔.批判性思维[M].朱素梅，译.北京：机械工业出版社，2011：74.
[3] 彭兰.社会化媒体时代的三种媒介素养及其关系[J].上海师范大学学报（哲学社会科学版），2013（5）.
[4] 李宝敏.儿童网络素养研究[D].上海：华东师范大学，2012：65.

求并非是全面公正的,而是会倾向于接近符合个人兴趣、使自我感到愉悦的信息。当人们的信息领域习惯性地受领导于个人兴趣,不知不觉导致信息选择范围窄化,便会囚禁于像蚕茧似的'信息茧房'中"。① 而儿童的新媒介素养中注重媒介鉴赏能力和媒介批判能力的培养,让儿童在媒介消费的同时不被媒介信息绑架,能够保有自我的思考和批判的意识,那么就不会埋头沉浸于某一个信息中无法自拔,同时也具有一定的开放性和包容性去接纳来自不同媒介平台的多元化内容,从而建构一个更理性客观的心理图景。"动机鸿沟"是未来主义者 Marina Gorbis 提出,指当每个人都可以便捷触网后,"数字化鸿沟"解决了,"但我们面临的一个巨大的鸿沟将会是'动机鸿沟'——那些有自我激励的决心能够持续利用一切数字化工具去创造、合作和学习的人,将会走在时代的最前列。"② 动机鸿沟是一个人愿意去消费媒介信息的动机和欲望。由此推论,如果一个人没有拥有较强的媒介消费能力,能够采取明智的评价、鉴赏以及批判行为,那么他肯定具有较强的新媒介使用动机,他应该就是 Marina Gorbis 所言的"走在时代的最前列"的人;反之,则就是一个不善于使用数字化工具创造和开拓道路的人,则就会受到"动机鸿沟"的困扰。

(三) 媒介鉴赏与批判能力的培养路径

首先,广泛消费和吸纳媒介信息。培养儿童的新媒介素养,还是应该给予孩子自由,让他们在新媒介氛围中接触、消费、吸纳,就如同学习游泳,只有放入游泳池才能够真正领会,否则都是隔靴搔痒、隔岸观火。"少年儿童不是简单对媒介适应和接受,他们在参与网络新媒介实践活动中会与自己的经验建立联结。少年儿童在与新媒体的接触实践,是在体验丰富多元的网络文化,是在完成文化认知与文化接纳的动态过程。"③ 按照戴维斯(Davis)和埃捷(Ajzen)的理性行为理论,"消费者的行为是由消费者的行为意向决定的,而消费者的行为意向又受其行为态度的影响。"④ 同样,儿童通过对网络媒体上信息的接触、消费、消化,从而内化为自己的认知态度,进而影响媒介选择和使用行为意向,最终决定下一次是否对该媒介信息再次消费的具体行为。

其次,积极主动参与讨论和评价。美国媒介与儿童研究专家 Blumle 和

---

① 黄丽娟. 探析新媒体环境下"信息茧房"现象 [J]. 传媒论坛, 2019 (3): 80—81.
② 徐瑾劼, 徐星. 专访《纽约时报》国际事务专栏作家 Thomas L. Friedman "动机鸿沟", 我们准备好了吗? [J] 上海教育, 2013 (35): 20—21.
③ 韩姝. 少年儿童的新媒体使用习惯及互动行为研究——以重庆市 T 小学调查为例 [J]. 传媒, 2018 (3): 46—49.
④ 匡文波. 新媒体概论(第二版)[M], 北京: 中国人民大学出版社, 2015: 38.

Katz曾经提出，儿童对媒体需求的四个需求中的第二个就是"满足人际交流的渴望"。[①] 诚然，人们对信息的消费的主要目的是为了社会交往，而社会交往反过来也会进一步促成儿童新媒介素养的形成和完善，至少多倾听别人的声音有助于帮助儿童媒介鉴赏与批判能力的提高。多听听老师、家长、哥哥姐姐对某些媒介事件、媒介印象的评价，本身就是为儿童鉴赏某个信息提供参考的背景素材。另外，多参与媒介信息的讨论，能够加深儿童对该信息的深入了解，提供其他可思考的角度和路径。

二、信息组织与媒介生产能力

(一) 信息组织与媒介生产能力的界定

信息组织与媒介生产能力，属于"媒介应用力"范畴，主要是指能够根据自身发展需要，获取相应的媒介信息、提升自己的信息处理能力。

信息组织与媒介生产能力包括以下几个维度：第一，在海量信息中搜索和筛选有效信息的能力，即寻找和挖掘匹配信息的能力。现在的媒介边界走向消逝，人人都是传播者，人人都是自媒体，面对冗余的信息环境中，想要快速精准地寻找到自己所选的精品信息，这就是信息搜索与筛选能力。第二，信息整合与生产能力，即善于对碎片信息的整合与再创造。目前相对活跃的信息平台，为了吸引用户的积极互动参与，都是UGC的内容生产模式为主，在意见和言论变得如此随意的情况下，新媒介素养需要培养的就是精品信息。移动互联网的环境中从来不缺内容，但是从来都缺乏精品内容。

(二) 信息组织与媒介生产能力的重要性

首先，提升网络空间的信息质量，驱动更多精品内容。"文章以华采为末，而以体用为本。""传播的基础支撑在内容，决定力量在内容。没有好内容，就没有'本'。好的内容，既有知识，又有见识；既有是非判断，又有价值判断；既有心灵滋养，又有心灵震撼。"[②] "越是众声喧哗，唯有精品才能响亮发声，越是大浪淘沙，唯有精品才能留下浓墨重彩。"[③] 在塑造儿童新媒介素养之际，培养他们耐得住性子、调研、写作、打磨，使其生产有事实依据、有辩证思维、有正确价值观的信息内容，对于全网络空间的信息质量也是一种激励和促进。长此以往，他们的耕耘与雕琢的精神会启发更多的成年网民们参与建构健

[①] 韩姝. 少年儿童的新媒体使用习惯及互动行为研究——以重庆市T小学调查为例 [J]. 传媒，2018 (3): 46—49.

[②] 王杨. 切实增强"四力"打造精品内容 [N]. 解放军报，2018—12—27.

[③] 魏星. 用"破"与"立"的辩证法则打造新时代网络内容精品 [J]. 传媒，2018 (14): 16—17.

康有益于社会的生产队伍中去。

其次,可以遏制"网络暴力"的产生,肃清网络谣言。网络暴力是在网络中,"通过各种形式对个人的荣誉、人格和思想造成故意伤害的行为。究其形式来看,网络暴力一般表现为语言暴力,网民们无视法律,在当事人未经允许的情况下,在网络上散布当事人的隐私。"[1] 网络暴力基于道德之名,编造谣言,实施语言暴力或肆意传播虚假信息,社会危害极其严重,稍有不慎就会像"德阳女医生自杀事件"里的安医生一样,导致生命的凋落;也有可能像"小凤雅事件"一样,给小凤雅家人的正常生活带来极大的困扰;也有可能像"2012世界末日"谣言一样,给老百姓带来巨大的恐慌与社会的不稳定。正所谓"谣言止于智者",智者不会受网络推手的鼓动,随意散步;智者有甄别事实真假的能力,能够不为谣言所动;智者会规劝缺乏理性的网友不要人云亦云,做一个有主见的人。因而,对于儿童新媒介素养的培养,需要从源头上切断他们成为"网络暴力"制造者的可能,让他们能够分辨网络暴力,能够识别谣言,做一个理性而有批判思维的自主的个体。

(三) 信息组织与媒介生产能力的培养路径

第一,使用搜索引擎和社交网络获取信源。彭兰老师有言,"搜索引擎会影响到获取信息的质量。掌握足够的搜索工具与搜索能力,也是媒介素养的体现"。[2] 现在的搜索引擎越来越智能,输入一些只言片语的关键词,都可以搜罗出所有硬关联和软关联的信息,同时搜索引擎本身也通过它的"热点事件排行榜"进行着议程设置,为每个用户提供信源。善于从社交网络中获取信息是因为社会化媒体日益发达,毫不夸张地说,许多网友已经不是通过专业的信息(或专业新闻)平台(或账号)来获取信息,而是通过社交平台来了解周遭的资讯。因而,亲近身边的"意见领袖",从他们的朋友圈、空间、微博账号、知乎账号等获取资讯,同时还消费他们对信息的观点评价,就成为组织信息和媒介生产的信源。

第二,求证各方意见,负责地进行信息再传播。互联网给网民赋权,每个网民拥有了更多的公共话语空间,"这种传播机制大大提升了普通个体的信息和言论的影响力。"[3] 同时,"新媒体丰富和拓展了人们的生活体验,使人们的

---

[1] 董丽君.网络暴力引发的伦理思考[J].法制博览,2018(27).
[2] 彭兰.社会化媒体时代的三种媒介素养及其关系[J].上海师范大学学报(哲学社会科学版),2013(5):52—60.
[3] 彭兰.社会化媒体时代的三种媒介素养及其关系[J].上海师范大学学报(哲学社会科学版),2013(5):52—60.

社会判断和社会决策更加感性化。"① 在这种情况下，如果每个人都自说自话，情绪乱发一通，那将会滋生出更多社会言论的垃圾场。所以，对于儿童的新媒介素养培养，应该在内容生产和传播的环节把好关。首先，对于没有从权威媒体（或部门）核实真实性的事件信息不乱传。其次，对于热议事件的评论，要持一种负责任的态度，自己敢于对自己说出的话负责，否则就不要随意评价。当然，评价的时候，一定要坚持正确的价值观，符合社会发展的正能量导向。

三、媒介互动与协作能力

（一）媒介互动与协作能力的界定

媒介互动是指利用媒介发布对社会有建设性价值的信息或作品，从而与他人和社会进行有效交往。根据表1-4发现，在儿童对新媒介的使用动机之中，"社会交往需求"即"建立与家人、朋友的互动"和"将媒介作为陪伴"是很重要的心理诉求。而协作是指协同作业，在此具体指在进行媒介信息消费和信息生产的过程中，需要社会力量的协同作业。协作理论来自巴纳德的"协作系统组织"理论，该理论强调任何一个组织都是一个协作系统，虽然它是由个人组成，但个人只有通过与他人的协作才能发挥作用。协作系统有三个协作要素：明确的协作意愿、协作的共同目标以及良好的信息交流。"② 媒介互动与协作是每个网民接触媒介信息、加工媒介信息、生产媒介信息过程中的必经之路，唯有此，才能提升信息接触、使用和消化的效率与质量。

（二）媒介互动与协作能力的重要性

第一，对于个体：吸纳智慧，积聚动力支持。社会化媒介的核心特征就是在于互动，通过媒介平台实现人与人的互动、人与物的互动、人与环境的互动，在互动传播的过程中实现人际交流和社会交流。而深层次的人际交流与社会交流，只有通过无所不在的社交媒介才更透彻，社交媒介是吸收智慧，集聚力量的宝贵场域。正如喻国明老师所说"互联网（尤指社交媒体）使人和人的沟通和社会协同呈现出一种无远弗届、无所不知的巨大可能。这种巨大的可能性空间大于社会的意义在于：原本散落在每个人身上的闲置的时间、闲置的职能与智识以及闲置的资源在全人际的范围内得以最大限度地开发、调用和功能性配置，形成种种价值协同的社会形态。""互联网时代的决定性因素是关系而

---

① 喻国明.媒介革命：互联网逻辑下传媒业发展的关键与进路 [M].北京：人民日报出版社，2015.
② C. I. 巴纳德.经理人员的职能 [M].孙耀君，等译.北京：中国社会科学出版社，1997：67-73.

不是实体，关系决定实体，实体服从关系，关系决定新的游戏规则。"① "众人拾柴火焰高"，网络时代的优势是可以"众包"和"众筹"，一个人的智慧和见解到不了某个阶层的时候，可以通过众智实现智力的飞跃，这个飞跃的过程需要每个网民有一种开放的态度。如同维基百科、百度百科、知乎平台，源源不断的用户在其中提出问题，又有数以万计的用户在其中解答问题，这就是社会智慧的"众筹""众包"。因而，对于儿童网民要勇于通过媒介的互动发起协作的需求，乐于通过协作实现利益或者观点的最佳表达，敢于通过媒介的互动协作创造更多的社会关系，从而实现更多的实体价值提升。

第二，对于社会：营造开放包容社会，推动文明交流互鉴。人类文明的交流互鉴和共生共荣需要一个开放而包容的社会环境，开放包容的社会环境需要传媒作为信息交流和传播的平台，因而孩子从小培养一种媒介互动与协作能力，在全球化日益渗透的国际社会，能够有利于各国各地区各种文明成果之间的交流互鉴。推动文明的交流互鉴是习总书记提出的观点，他说"文明交流互鉴，是推动人类文明进步和世界和平发展的重要动力。""我们应该从不同文明中寻求智慧、汲取营养，为人们提供精神支撑和心灵慰藉，携手解决人类共同面临的各种挑战。""文明是包容的，人类文明因包容才有交流互鉴的动力。"②习总书记的宏大格局指向的是全球各国文明之间的交流互鉴。小到国内各民族、各地区、各文化圈层之间的文明交流互鉴也是此逻辑，需要有个开放包容的姿态和行动，需要借助现在快捷、多元的媒介平台来进行实现。而通过新新媒介来实现信息的交流、意见的传递、商务的谈判乃至实现合作，都是属于媒介互动与协作能力的范畴。

（三）媒介互动与协作能力的培养路径

首先，超越保护主义，鼓励媒介消费。要培养儿童的媒介互动与协作能力首先还是应该大胆放手，跳出保护主义，鼓励孩子们多进行媒介消费，熟悉媒介各平台的特点、功能以及传播效果，从而能够为现实的互动协作能力寻找到匹配的平台、对象。"传统的媒介教育是基于'保护主义'取向的。所谓保护主义，指教育界以系统化的课程培养学生的媒介批判意识，使其能抵御大众媒介的消极影响，它采取的是绝对保护主义方式，即让青少年远离媒介的污染。"③人人都心照不宣地知道媒介是一个中立的事物，用好了会丰满儿童的羽翼，用

---

① 喻国明. 媒介革命：互联网逻辑下传媒业发展的关键与进路 [M]. 北京：人民日报出版社，2015：53.
② 周新民. 深刻理解文明交流互鉴思想 [N]. 光明日报，2017－04－07（11）.
③ 王文燕. 初中生手机媒介素养培养的研究 [D]. 南京：南京师范大学，2014：11.

不好会折断天使的翅膀,因此,许多人谈到现在的网络、手机、智能电视类的新媒体都是讳莫如深。但画地为牢、掩耳盗铃式的封闭限制,只会让孩子们落后于整个时代和同龄人,只会折煞他的自尊与自信。因而,培养儿童媒介互动与协作的能力,第一步就是要给予孩子信任,让他们自由在网络媒介中去寻找、探索、碰壁、尝鲜,让他们了解网络媒介的功能如何实现,从而为自己的现实协作提供基础。

其次,引导发起协作诉求,尝试通过媒介互动实现协作。美国研究出的学习金字塔理论发现,最有效的学习方式就是"教授他人"(Teaching Others)和"实践"(Practice by Doing)。(如下图1-2)因而,要培养儿童媒介互动与协作的能力,就要引导他们在网络媒体上发起协作诉求,发布协作邀请,从而解决现实问题。比如,A小学生不会完成一道应用题,那么引导他请教他通过他常用的社交媒体向周边的师友发起求助,师友可能会留言(留语音)或者视频面对面帮助该小学生,解决该问题。比如,B小学生暑期作业需要完成一份本市城区内的调研报告,家长爱莫能助,那么可以引导他通过网络搜索寻找调研报告的撰写方法,或者说通过在知乎、百度知道等问答软件上发起求助,不久应该就会有热心网友给予帮助。在现实中,儿童遇到知识上的困难和实践上面的难题的时候,应该不少,当不能在身边的师友得到帮助的时候,求助于网络平台就变得很有效了。毕竟,前面提到,这是一个"众包"的时代,互联网的价值意义就在于能够聚集闲散的时间、资源和智慧。

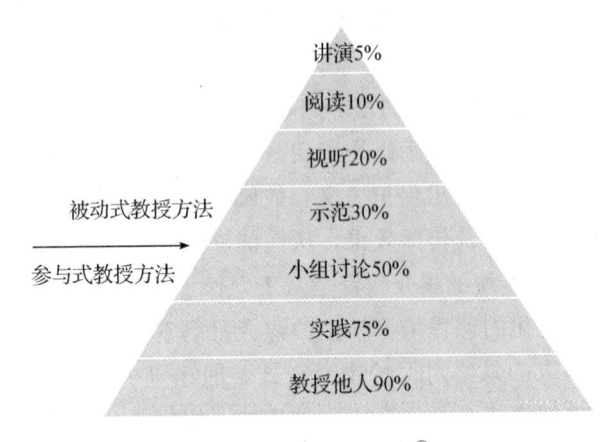

图1-2 学习金字塔[①]

① Letrud, Hernes. Excavating the origins of the learning pyramid myths [J]. Cogent Education, 2018 (1).

四、图像处理和数据分析能力

(一) 图像处理和数据分析能力的界定

图像处理是计算机领域的一个概念，是指"利用计算机相关技术或软件、硬件设备来设计、显示、存储、修改和完善图形图像，其运用的技术主要包括了二维图像处理、三维图像处理两大方面的制作技术。"[1] 在传媒领域最常见的运用就是 PS 技术，更深入的包括比较常用的二维平面软件包括 Photoshop、paintshop、Corel-Draw 等；三维动画建模和渲染工具主要包括 3D MAX、Maya 等。但这些技术对于儿童都过于复杂，还有简单图像处理软件如美图秀秀、玩图、天天P图、照片工坊、相机 360、B612、美颜相机、潮自拍、鲜柚桌面、装B神器和Faceu等；视频处理软件如会声绘影、爱剪辑等。通过简单的图像组合、裁剪，视频的剪切、组合、插入音效等实现图片和音视频信息的编辑加工。数据分析能力有一个上位概念即"数据素质"，学者殷俊老师认为"数据素质的本质是大数据时代公民所应具备的一种生存和发展能力，它的构成是一个完整的链条，即要拥有与大数据相匹配的思维，在合乎伦理和法制的前提下能够通过数据平台实现数据化，并且拥有运用数据去处理和利用所需信息的能力。"[2] 可以说数据处理能力是数据素质的一种能力，它具体指数据收集、数据整理、数据分析和理解的能力。对于儿童而言，其新媒介素养中的数据分析能力要求并不高，只要会通过查阅相应数据、汇总相应数据、如果能够从数据中分析归纳出一些结论当然更好。

(二) 图像处理和数据分析能力的重要性

第一，掌握图像处理能力更好进行媒介表达与互动。这是一个读图时代，网民获取信息的方式、视觉环境都在向图像形式倾斜，如学者周子渊所言"在世界被图像化、视觉因素无处不在的当下，网民的视觉化生活、网络化生存成为必然。"[3] "有图有真相"，图像更具有直观性和冲击力，人们在对图像进行消费使用之时，也会对图像符号进行分析、判断和思考，从而进行符号的解码释义，甚至有的时候图像（包含动图）传递的信息真相远远比文字更具有说服力。因而，不能低估图像的重要性，一方面，互联网的参与和分享特质，只有在一定的媒介技术的发挥下才能够更深入地展现，否则对于互联网空间中媒介

---

[1] 刘红梅. 计算机图形图像处理技术在传媒中的应用 [J]. 计算机产品与流通, 2019 (7).
[2] 殷俊, 魏敏. 数据素质：融媒体时代媒介素养的核心维度 [J]. 中国编辑, 2019 (8)：4—9.
[3] 周子渊. 图像与眼睛：读图时代网民的媒介素养教育研究 [J]. 中国编辑, 2019 (8)：21—26.

的表达、互动和协作都会受到局限。另一方面，从文字到图像的更迭，是媒介符号发展的进步，是媒介融合的更迭，也是视觉文化在社会、文化等层面发生的深刻变革。"如果网民缺失对网络图像信息进行控制、转换和再加工的技术素养，那么所谓的'信息超载'就会成为常态，人们囿于网络图像所形成的景观之中，丧失思想和行动能力。"① 因此，对于儿童的新媒介素养的塑造，从图像处理能力上抓，是极为有必要的。

第二，具备数据分析能力，能够更趋近真相，体察社会现实。掌握了数据采集、数据整理和分析的能力，就可以超越信息表象，更加接近信息传递的深层含义以及价值观，相当于就是更加接近信息背后的现实真相。迈克尔·苏德森（Michael Schudson）在《聚光灯，不是"真相的机器"》中指出："新闻不是'真相的机器'而是李普曼所说的'聚光灯'和'探照灯'。在大数据与信息过剩的风险社会，真正有价值的新闻应当是基于数据分析得出的'预计明天将有暴风雨'式的对公众的忠告、指南、通知、预警。"② 然后，又如学者胡沈明所说"智能时代，各种移动媒体登堂入室，彻底介入人们的各种日常生活场景。人们已经失去区隔能力：无法将自我与媒体区隔，无法将生活与媒体区隔，无法将信息流从实践层面进行区隔，有时甚至无法将自己的各类生活进行区隔"。③ 这种媒介当道的现实，人如果没有足够的定力、理解力、分析力，真的会让人沦为"媒体的延伸"。因为，智能环境下，人类主体拥有数据敏感能力，第一时间洞察问题，了解数据信息呈现的特性、格式、算法以及规律，与已有相关数据信息建立数据认知链接，将能够更好帮助每个用户趋近客观事实真相，体察社会现实，从而掌控自己的生存主权。

（三）图像处理和数据分析能力的培养路径

首先，勤学多练学习图像处理能力。图像处理能力主要是计算机软件操作技能，对于这类技能的习得没有捷径可走，只有勤学多练。但好在这类技能的习得互联网环境中有许多在线视频教程、公开课或者短视频，如果有决心可以不用太费劲儿就可以获取。如前面提到的学习金字塔理论，属于第一梯队的高效学习的方法就是实践训练。当然，除了简单的软件操作外，图像处理能力还有些理论原理，比如色彩搭配规律、构图原则、剪辑逻辑等，这些理论知识，对于儿童来讲，有余力可以多学，如果不感兴趣，问题也不大，培养儿童的新

---

① 周子渊. 图像与眼睛：读图时代网民的媒介素养教育研究 [J]. 中国编辑，2019（8）：21－26.
② 喻国明. 媒介革命：互联网逻辑下传媒业发展的关键与进路 [M]. 北京：人民日报出版社，2015：30.
③ 胡沈明. 全媒体时代媒介素养理念重构探讨 [J]. 中国编辑，2019（8）：10－14.

媒介素养并不是把每个儿童都培养成传媒专业的本科大学生。

其次，从六何分析法入手提升数据分析能力。数据分析能力也是很专业的计算机技能，对于儿童来讲不必掌握过难、过深，可以从六何分析法入手，来提升数据思维。"所谓六何分析法，即使用'5W1H'模式围绕数据分析问题，从对象（What）、原因（Why）、地点（Where）、时间（When）、人员（Who）、方法（How）六个维度进行'画地为牢'式的剖析。"[①] 该方法是学者殷俊等人在研究中所提出的，笔者认为简单易行，儿童在进行数据分析的时候首先理清信息的六个要素，便于掌握信息主体，进而再分析该信息事件带来的影响和产生社会意义等。

同时，通过学习算法和大数据基础知识，了解其规律。数据分析能力的掌握不是一蹴而就的，在六何分析法的基础之上，加深对算法和大数据知识的习得，了解大数据和算法信息运作的规律，是有一定必要性的。不得不承认，目前大部分人们对于大数据和算法的认识都是碎片化的，在这种情况下学有余力的儿童们通过稍微专业系统的学习，将表面的感性认识上升到全面的、系统的理性认识，从而寻找其内在逻辑规律，是很有意义的。当然，这个学习的路径可以通过专业书籍、专家讲座、在线课程等。

第四节 "情感维度"：儿童应塑造的态度与价值观

如上节所言，学者李宝敏认为"儿童的网络素养由'知'、'情'、'意'、'行'等要素构成。'情'指儿童在与网络互动中伴随的情感体验以及彰显的价值意义，儿童伴随网络上实践活动会产生一定的情感体验，并与自身的'认知'与'经验'建立联结，呈现过一定的价值意义，进而反作用于儿童的认识，激励、调节、促进儿童的网络行为。"[②]《心理学大辞典》中认为："情感是人对客观事物是否满足自己的需要而产生的态度体验"。情感包括道德感和价值观两个方面，在此，本书着重从情感态度和价值观两个层面来分析儿童在新媒介素养培养的路径中应该具备的一些要素。

儿童在网络媒介消费中应塑造什么样的态度和价值观呢？学者李宝敏做了系统归纳：

---

① 殷俊，魏敏. 数据素质：融媒体时代媒介素养的核心维度 [J]. 中国编辑，2019（8）：4—9.
② 李宝敏. 儿童网络素养研究 [D]. 上海：华东师范大学，2012：36.

表 1-7　儿童在网络媒介消费中的态度

1	儿童应在网络实践活动中坚持对自己、对他人负责人的态度，即应以负责任的态度参与网络实践活动；
2	儿童应以积极主动的态度参与网络生活创造，提升网络生活的内在价值；
3	儿童应具备善于思考的态度，让理性思考成为推动儿童网络实践活动的内在动力；
4	儿童应具备主动探究的态度，让网络探究成为儿童的基本是生活方式。

表 1-8　儿童在网络媒介消费中的价值观

从自我发展层面看儿童的价值观内容	第一，在与网络世界的交往中，认识自我独特的价值，建立理性的主体价值观
	第二，追求高质量的网络生活，能够不断超越自我、完善自我
	第三，获得自由，解放自我
从关系伦理层面看儿童的价值观内容	第一，尊重他人
	第二，分享与合作
	第三，道德与责任

上述归纳很细致，但通过仔细分析发现，其更多的还是从儿童这个主体为中心进行的总结。但如果把作为个体的人放到现在技术层出不穷的新闻传播的大数据时代和智能时代来看，麦肯锡全球研究院在2017年发布的《人工智能的未来之路》中指出，当前许多国家正面临生产力成长率疲弱不振、人口结构老化等问题，机器人、机器学习、人工智能的推广普及将振兴全球经济，至2035年，全球板书现有工作可被机器人替代。[①] 如今，Google开发的AlphaGo每天自我对弈100万盘围棋；Tesla（特斯拉）电动汽车公司研发的新型汽车每天从上百万辆车的行驶路线中学习驾驶经验；IBM Watson（沃森）研创的系统每天从数十万张医疗影像大数据中深度学习。[②] 截至2019年6月，新华社与中国搜狗公司合同已经研发了3位虚拟新闻主持人，即用汉语播报新闻的"新小浩""新小萌"和用俄语播报新闻的"丽莎"（Lisa）。腾讯机器人Dreamwriter自2015年上线两年，每天写超过2500篇稿件，写作速度和效率秒杀专业记者。据第44次中国互联网络发展状况统计报告显示，截至2019年6月，以即时通信为代表的社交用用软件的使用率高达96.5%；以微信和支付宝为代表的网络支付使用率达74.8%。当今，每个人面临的传媒环境，尤其是技术推动下的媒介技术环境变得越来越复杂和微妙，人类使用新的媒介技

---

① 李广宇. 人工智能的未来之路 [M]. 上海：上海交通大学出版社，2017：25.
② 田倩飞，张志强. 人工智能2.0时代的知识分析变革研究 [J]. 图书与情报，2018（2）：33-42.

术，但新的媒介技术在某种程度上会替代或者介绍人类的现有社会分工，这是一场人与技术之间的博弈。在这场博弈中，不管是儿童还是成年网民在就进行态度和价值观建设的时候都逃脱不了要重新审视和透析现在的个人与个人的关系、个人与社会的关系以及个人与技术的关系。

一、人与人：协作与共享

（一）解构：人与人共享和协作被瓦解

移动互联网、社交媒体的迅猛发展和泛在为人与人的沟通合作带来了巨大冲击和变革。"人与人面对面的交流沟通越来越少，人与人的来往联系日益疏远，传统社会氛围瓦解，新型生活模式建立。"[1] 网络段子"世界上最遥远的距离不是生与死，而是我站在你面前，你却在低头玩手机！"虽然有点戏谑，但却是写出了移动手机、移动网络等新兴技术手段给人们的人际沟通带来了莫大颠覆。互联网社会，"宅男""宅女"越来越多，依靠互联网上的链接，越来越多的人际交流被侵蚀和淹没，在网络上能够满足一切生活需求和心灵慰藉，线下的人与人的沟通协作反倒变得苍白无力、不堪一击、效率低下，现实人与人的协作沟通甚至被认为是不必要、羁绊和多余的"低效行为"。人对于新媒介和新技术的兴趣越来越浓，渐渐将失去对身边人的兴趣与好奇，长此以往社会交际陷入深度异化与反转颠覆，社会人际的网络与功效将大大降低，人与人的信息共享、资源共享变得空洞，人与人衍生着无用关系与零价值网络。当越来越多的人通过网络交流，取得沟通、共享和协作，那现实中的人与人沟通、共享和协作就渐渐被瓦解。

（二）建构：人与人共享和协作的重塑

正因为人们的沟通、共享与协作都从现实转移到了网络，所以，我们需要呼吁并提倡全体网民们要拾起强关系的沟通、共享与协作，让强弱关系中的互动都同样建构起来。互联网发展的逻辑不是摧毁原有的社交关系、亲友关系，而是为其便利互动提供桥梁。

社交媒体赋权的现实，人们更加追逐的是与网络世界的"陌生人"之间的"弱关系"，而暂时疏远与自己有着稳定社会关系的"强关系"。强弱关系论是1973年美国社会学家马克·格兰诺维特（Mark Granovetter）首次提出，强关系通常是指同时、互动较多的朋友、合作密切的客户和亲戚等；弱关系通常是

---

[1] 刘盾，刘健，等. 风险预测与忧患深思：人工智能对教育发展的冲击与变革——哲学与伦理的思考 [J]. 高教探索，2019（7）.

指互动较少的同学、亲友或伙伴。随着社交媒体交流的频繁，弱关系还包括现实交流甚少网上交流较多的人。而从价值意义的角度来看，"强关系形成功能、创造价值；而弱关系建立认知，成为强关系匹配的'资源'或'底座'"。① 据第 44 次中国互联网络发展状况统计报告显示，截至 2019 年 6 月，我国网民规模高达 8.54 亿，以即时通信为代表的社交应用软件的使用率高达 96.5%；而微信 2018 年的用户规模就已经超过 10 亿。社交媒介让人类的交往呈现这样的趋势："不断地突破时间和空间的限制，形成一种以媒介技术为中介的互动行为。"② 所以，不管是儿童还是成年网民加强新媒介素养建设的路途中，通过媒介技术为中介实现强弱关系社会网络的互动、共享与协作都极为紧迫和必要。

二、人与社会：道德与责任

（一）网络赋权导致行为失范

一直以来，我们都深信的传统社会关系是费孝通老先生所说的"差序格局"，人的社会关系网络"以'己'为中心，像石子一般投入社会中，和别人所联系成的社会关系，不像团体中的分子一般大家立在一个平面上，而是像水的波纹一般，一圈圈推出去，愈推愈远，也愈推愈薄。"③ 在这样的社会关系下，人与社会的交往接触都是按照约定俗成的伦理道德和责任划分来行使。但是网络带来的社交关系结构了传统的"差序格局"，人的社会关系网络中有许多中心，每个人都是一个网络节点，而"每个节点成为一个传播中心"④，所有个体都处在一个水平面上，都可以成为传播者，这样当每个个体都拥有了至高无上的话语权的时候，人的行为开始失范了，道德与责任被抛到了脑后。网络暴力以人肉搜索和语言为武器，对个人进行人身攻击，侵犯别人的人身自由，比如"四川德阳女医生自杀事件"；网络诈骗以虚假信息未诱饵，骗财骗色，侵犯别人的生命财产权，比如"大学生徐某被电信诈骗案"；网络审判打着申诉正义的幌子，进行网络炮轰，亦是不负责任的野蛮行为，比如"江歌案"，这些血淋淋的例子造成的后果无法挽回。

（二）网络空间更需强化道德与责任感

正因如此，网络社会中的行为更需要强化道德与责任感。互联网发现到今

---

① 喻国明，朱烨枢等. 网络交往中的弱关系研究：控制模式与路径效能——以陌生人社交 APP 的考察与探究为例 [J]. 西南民族大学学报（人文社科版），2019，40（9）：141-146.
② 涂涛. 新媒体通论 [M]. 北京：高等教育出版社，2017：45.
③ 费孝通. 乡土中国 [M]. 北京：北京出版社，2005：33.
④ 彭兰. 网络传播概论（第四版）[M]. 北京：中国人民大学出版社，2017：21.

日，已经进入了"后真相"(post-truth)时代，即"诉诸情感及个人信念，较陈述客观事实更能影响舆论的情况"(《牛津词典》解释)。在"后真相"时代，"社会传播圈子化，信息传播过程中真相有时变得不重要了，重要的是情感和立场"。[①] 在网络空间中，真相被缩小，情绪横冲直撞，如果没有道德与责任作为行为准绳，网络空间更容易被别有用心之人煽风点火，引发不可收拾的网络舆情。

同时，网络空间被普遍认为是"公共领域"，即一个国家和社会之间的公共空间，市民们假定可以在这个空间中自由言论，不受国家的干涉。这种认知"使得公领域与私领域相互交错，打破了物理上的划分界限，使其隔离功能也容许个人以化名的方式出现在众人的面前，隐匿了其在真实世界的部分或全部身份，进而在网络上重新塑造自己的私领域。"网络空间具有了公私交叠的特性，这就更加要求网络空间的行动需要受到公共责任和私人责任的约束。埃瑟·戴森说过："网络像任何一个家一样，它有自己的规矩，但也有一定的准则。……网络给我们提供了一个掌握自身命运，在地方社区和全球社会中重新定义公民身份的机会。它也把自我治理、自我思考、教育后代、诚实经商以及同其他公民一起设计我们身份中所应遵循的规范的责任交给了我们。"[②]

网络环境是一个虚拟与真实结合的"人人为我，我为人人"的共同体。在这个共同体的建构与成长中，只有每个个体能够恪守伦理规范，强化社会责任感，宣扬正能量，抵制网络暴力、警惕网络诈骗、理性发表言论、远离垃圾信息，才会营造清净健康有益的网络空间。

三、人与技术：相互建构

（一）技术对人的冲击

新的媒介技术日益更迭、应接不暇，VR、AR、3D、AI、无人机航拍、机器人写作、AI主播、大数据、算法、人机接口……这些新的技术引领着人类的进步，也给人类的生活造成了颠覆性的改变。海德格尔在《存在与时间》中谈道："现代技术业已不是中性中立的，它架构式地渗透、弥散、影响，甚至操控人的现代生活，赋予人新的生命与发展轨迹。"[③] 因而，现在有许多技术悲观主义是反对过度技术化，反对让自己的生活接入互联网。

[①] 李彪. 后真相时代网络舆论场的话语空间与治理范式新转向 [J]. 新闻记者, 2018 (5)：28—34.
[②] 彭跃辉. 网络发展与精神文明 [D]. 北京：中共中央党校, 2005：5.
[③] 马丁·海德格尔. 存在与时间 [M]. 陈嘉映, 等译. 上海：生活·读书·新知三联书店, 2014：295.

一位知名科幻作家曾经指出,"人工智能对我们的最大威胁在于:当我们过于依赖智能系统后,我们自身会变得懒于思考、懈于探索、怠于努力,这才是对人类的最大威胁。想象一下人工智能普及之后人类的家庭生活:推开家门,空调早已打开,温度、湿度、灯光都已调至最佳;孩子和宠物由机器人照看,智能厨师已烹饪好可口的饭菜;唯一需做的就是窝在沙发里尽情享用,并使用手机操作电视机、微波炉、洗衣机等所有家用电器;有客人来访时,也无须起身,智能门锁会在识别身份后自动打开……"① 虽然这个作家指代的不仅仅是媒介技术,但这种担忧是有必要的,当人类被技术绑架的时候,应该意识到是技术在创造社会还是人的智慧与劳动在创造社会。

技术在给予人类便利的同时,也在摧残人类的勤奋、智慧,让人越来越懒惰,越来越不善于思考和求索,这样只会让人类主动更早退化。钱穆先生在《文化与教育》中指出:"所谓如何做人,并不是指做一个自然人,而是指如何做一个'文化人'。人生自始只是一个自然人,必待人文教育之陶冶,而始成为一个文化人。学术、政治、宗教、军事、外交种种植物、种种活动,在其外形上,似乎各个分离,互不相关,但在其背后,有一个共同深厚的文化领域。"② 一个文化人的塑造需要与技术的侵略进行博弈,在博弈的过程中,人用思想、文化去填补技术忽视的盲区,去抹平技术造成的不公平鸿沟,去制止技术给伦理道德到来摧残的可能性。

(二)人与技术的共生共荣

"阿西莫夫在《我,机器人》这一经典著作中提出了机器人的三大原则:第一,机器人不得伤害人类个体,或目睹人类个体遭受危险而不顾;第二,机器人必须服从人的命令,当该命令与第一原则冲突时除外;第三,机器人在不违反第一和第二定律时,尽量保护自身的安全。"③ 阿西莫夫是从人类的角度为机器人提出了几点要求,这几点要求,其实也是对人使用机器人实践活动应该遵循的准则和定律。前面说到技术悲观主义者们害怕人类被机器所奴役,而技术乐观主义者们则相信人类有能力创造机器人就有能力解散他们,乐观主义态度也是许多好莱坞科幻片倡导的价值取向。苹果公司 CEO 蒂姆·库克 2017年6月在麻省理工学院毕业典礼上演讲时称:"我不担心人工智能能够让计算

---

① 郝景芳:人工智能最大的威胁可能是让人类懒于思考[EB/OL]. 新浪科技,2017(11). https://tech.sina.com.cn/i/2017-11-05/doc-ifynnnsc6529608.Shtml.
② 刘盾,刘健,徐东波. 风险预测与忧患深思:人工智能对教育发展的冲击与变革——哲学与伦理的思考[J]. 高教探索,2019(7):18—23.
③ 阿西莫夫. 我,机器人[M]. 叶李华,译. 南京:江苏文艺出版社,2013:268.

机像人类一样思考,我更担心人类像计算机一样思考——没有价值观,没有怜悯心,全然不顾后果——而这些也正是我需要你们去捍卫的东西。"以上所讲的都是人们对于人工智能技术发展到超越人类的能力时的正反态度,这种态度可以折射到所有新兴技术上去。

人类和技术的关系不是此消彼长,而是共生共荣,人类在面对各种新兴技术的席卷而来之际,一方面不需要故步自封、画地为牢,让自己与新技术绝缘,另一方面也不必唯技术而马首是瞻,处处依赖技术来指导自己的行动与思想。对于新技术的态度最好是"驾驭",即让技术臣服于人类,为人类的便利而不断研发升级,但同时新技术不能逾越于伦理之上,比如不能克隆、不能重新编组基因等这类违背人类正常繁育规律的界限。

回归到少年儿童,未来他们是新兴技术的研发者、开拓者和使用者,他们在理性看待新兴技术给人类生活带来的变革的同时,更应该学会善用技术,驾驭技术去实现人类文明的进步与飞跃。唯有此,才是不辜负研发技术的先驱们作出的卓越贡献。

第二章　实然·应然：儿童新媒介技术应用的现状分析

第一节　当代儿童媒介建构的多维度分析

一、当代儿童媒介构建形式——儿童媒介现实

在了解媒介构建之前，我们需要先了解一个概念，什么是媒介构建？它由那些方面所构成，基于此，才能为当代儿童媒介构建的特性勾勒出大致的轮廓。早在1992年沃尔特，立普曼对媒介构建提出一个观点，媒介构建了一个带有"虚拟"特质的现实，媒介所构建的现实并不只是单一的重现现实世界，而是利用媒介重塑甚至创造了人对于现实世界的认知。根据沃尔特的学术理论，媒介构建了一个媒介世界，确切地讲媒介帮助人们构建了一个带有虚拟性，映射性的，内在的认知世界。传统意义上而言，媒介主要载体是纸质媒体，如报纸，杂志，书籍等，它形式单一，传播的速度和信息量的承载能力有一定的局限性。随着媒介的形式迅速发展和多样化，电影、电视等视听媒体称为新型的信息载体。它极具加速了媒介现实的构建速度更极大丰富了媒介现实的内容上的丰富性。对于当代青少年儿童来说更是如此。媒介现实构建的形式会深入的影响儿童思维和行为习惯，以及后天能力养成。在当代社会，除传统的文字阅读以外，视听媒介更是成为儿童媒介构建中的一个主流。

以我国4到14岁为例，儿童主流媒介大致可分为四类，电视，电脑，纸媒，广播。根据相关数据显示，全国百分之百的地级电视台开办少儿频道，其覆盖量之广，其中动画片播出比重为64.2%左右，收视比重高达76.14%。根据最新的人口普查报告，我国4—14岁人口占全国总人口16.9%，约2.2亿，此类人群应当是儿童媒介的核心人群，以此可见儿童新媒介的基础受众是相当庞大。

基于沃尔特，立普曼所提出媒介现实理论，在儿童媒介的创作过程中，创

作者会有意识地将现实隐喻和教育思维融合到儿童媒介之中。从而影响儿童的心理与行为，以此构建儿童认知世界中的"媒介现实"。它是整个社会意识形态在儿童媒介中的缩影，而这样的缩影将会潜移默化的主导儿童媒介内容创作的意识导向。动画片中每一个角色，道具，场景，以及故事内核，它们不仅仅是文化符号，更是创作者影响儿童潜意识的工具。以符号学范式理论作为基础，媒介从业人员借助一系列的图形，文字，声音等符号假以广告，新闻，电影，节目，纸媒形式呈现。

对于儿童来说，无论是书本、视听作为媒介技术来说，它们所要传达的信息在帮助儿童构建媒介现实的层面上都显得单一甚至低效，每一个创作者或者团队在儿童媒介现实构建过程中拥有"绝对话语权"。儿童无法与之互动，更无法与之证伪，甚至是失去了再媒介构建中的参与感。在这种情况下，每个儿童媒介的构建以及媒介现实形成都是同化且积极类似的。然而随着互联网技术由移动互联网技术的完美过度，自媒体的井喷式现象以及 AI、VR、AR 的等新兴科技的迅速崛起，传统电视媒介已然无法应对大量的儿童媒体需求。在儿童媒介现实的构建过程中这种拥有"绝对话语权"的媒介优势逐渐消失，每一次媒介构建的活动中，儿童的参与感和自主感逐步提成。

表层上，传统电视媒介在面临超负荷需求，影视内容匮乏，形态单一等问题，而新兴的互联网媒体恰好弥补了传统电视媒介的不足，它以碎片化，灵活性，针对性等特点，在为儿童提供了全新的浏览和观看方式同时，为儿童提供了更多的媒介构建的途径。而内在的，儿童在与媒介互通的同时自身也成为媒介内容生产的一部分。因此当代的儿童媒介的构建区别于传统儿童媒介的内容创作，在互联网，大数据，AI 的背景下，内容的映射会更加具体，更加多元，更加复杂。在共享信息的时代中，每一个儿童媒介现实以及构架都是独立的，难以复制的存在，它所形成的时间更短，其内容更加的反复，并且保有高度的唯一性。

美国儿童学（American Academy of Pediatrics）曾发表过一篇名为《媒体与儿童沟通的工具包》(Media and Children Communication Toolkit)。相关学者在文中指出，在当代社会中，媒介无处不在，尤其在儿童成长的阶段，新媒介技术的发展和内容的创新强有力地影响了儿童的认知以及认知水平。同时该文也强调和肯定了当代媒介技术对儿童后天潜力的开发以及身心健康的积极作用。根据资料显示，平均二十四个月的孩子开始接触触摸屏的电子设备，并且开始用于学习或者娱乐甚至的家庭沟通。比如在交互式触摸界面中进行单词的学习交流。再比如很多希望家庭会利用 Skype, Face Time 等实时视频通信软件与自己的孩子进行远程视频通话等等。诸如此类的例子举不胜举，无疑当代的媒介手段正在逐渐的影响甚至是改变儿童的心智发育，接受当代媒介技术的人群也正在逐步低龄化。

但是值得注意的是，媒介技术作为新兴技术或者说产业，当儿童独自接触和使用的时候是缺失自控能力与判断能力的。根据《中国青少年、儿童互联网用户行为报告》所指出，互联网媒介正在逐步低龄化.76%的青少年儿童会使用手机从事网上活动，其中71%观看视频，65%则是玩游戏。而报告也同时指出，98%的家长会对青少年儿童接触网络媒介的实践进行限制或是监管。对于适龄儿童而言，网络媒介的内容传播相比传统媒介更迅速，更高效，它的发展将会为儿童媒介创新带来无限的可能性。然而即使是结合了大数据和AI分析，儿童媒介的内容也互联网时代却难以找到一条"准绳"。许多暴力，负面的网络媒介内容逐渐倾向于儿童媒介范畴。因此根据上述的数据，我们可以看出，青少年在从事网络活动的过程中，需要大量的监管和引导。

根据上述的内容，我们基本可以感知到当代儿童媒介构建当中的几个特点，第一，当代媒介技术和媒介生产产业正处于传统媒介和新型媒介的阶段，传统媒介将"阅读"这个概念上升到了一个可互动且延续性关联性更强的一种成长行为。以此，传统媒介与新型媒介在共同存续发展的前提下，有可能会出现一个新的平衡点，以此让整个媒介产业得以平稳的发展，这也将有可能是一场关乎儿童媒介技术的一场革命。第二，新型媒介技术的应用于推广使得儿童基于媒介构建所建立起来的媒介现实正处于去单一化，可再生化的一个不可逆的发展趋势，每个儿童通过媒介构建所建立的媒介现实都是独一无二、不可复制的，它打破了单个创作者在同一题材，同一媒介内容的绝对话语权，从这一点看，新型媒介的发展有利于儿童个性化的成长与发展，同时由于新型媒介技术具有实时性和互动性两大特征，儿童本身也成为媒介内容创作者之一，以此让儿童在自我构建媒介现实的过程中获得更多的自主权和话语权。第三，当代儿童媒介构建的过程，对于每个儿童具有极大的不确定性，儿童需要有一定的判断能力和会选择的能力，而显然在当下，无论西方还是东方，绝大部分的适龄儿童是无法做到这一点的，因此在当代儿童媒介的构建中，父母以及学校的合理争取引导显得格外重要，甚至应当占据主导地位。第四，由于大量新媒介在家庭和教学环境的渗透，儿童媒介构建也越发的迅速和全面。

二、当代儿童媒介时间维度的构建——碎片化式阅读

以往的传统媒介是通过构建一个完整的故事线向儿童传达媒介，故事中的

符号，角色，情节都是为一个既定的主题服务。通过这种主题的传达实现儿童媒介构架。在这样的情况下，媒介场景的时间被限定。故事线的完整必须在一个特定的时间点才能被表述完整。如教学场景，家庭场景和娱乐场景。特定的主题，特定的内容。更为值得注意的是，传统媒介仅仅停留在视听的观感，对于儿童来说这是单向的输出。儿童媒介对于儿童媒介构架而言是单一，闭塞的。反观当代儿童媒介，将儿童的阅读升级到体验和感知的范畴，所谓的沉浸式阅读，是通过多媒体，AI以及大数据的应用调动儿童所有的感知器官去理解和体验一个媒介内容，从而调动儿童的理解能力，而如此的对媒体内容的传达和感知，随着移动互联网技术的发展，打破的时间的限制，儿童可以随时的，去主题的化的认知媒介内容。不需要一个完整的故事线和时间线就可以实现实时的媒体信息获取。整个媒介内容信息的过程中，单一角色，符号，独立的内容就是一个碎片化的时间段了被接受到。

如果说传统的阅读方式，要求儿童的媒介构架需要如一台电脑一般，必须先建立的一个完整的，程式化的基础系统才可以运行和扩展其他的软件，那么当代儿童媒介则是要求儿童从小以为移动储存设备的方式来构架所谓的"媒介现实"。对信息文件信息进行碎片的搜集，以及随机化的使用，没有特定主题，主体，没有特定时间限制。

更有甚之，由于时间界限的打破，儿童在阅读和感知媒介内容的时候可以实时的与媒介作者，以及其他的阅读者进行分享和互动。信息的相互反馈，和信息共享，让原本单一的媒介内容可以被进行扩展和延伸。更深入地讲，在如此的情况下，一个儿童既是媒介内容的阅读者，更是媒介内容的延伸者，所有的信息不一定完全依赖于故事。这样的信息传递通过AI与大数据的算法可以根据儿童在网络设备上的阅读习惯和喜好进行前期预判，对儿童媒介受众进行点对点的投放，免去了故事的主题性和对一个故事核心的铺陈。这样互动让媒介内容富有了繁衍和自我纠错的能力，每一个媒介内容可以如同一个细胞一样进行分裂，甚至是本质上的裂变。

简而言之，当代儿童媒介的阅读时间被打碎，没有以往的程式化，这种时间线的被打破，让儿童媒介对当代儿童所构建的"媒介现实"变得异常多元和复杂，但它却为儿童的"媒介现实"的构建带来了极大的不确定性。首先，是时间的不确定性，由于媒介打破了时间界限，媒介内容的制造者可以实时的，任意的，大面积的传播儿童媒介内容。部分儿童媒介内容会在无意识的被接受到。从而潜在的，长期的影响儿童"媒介现实"的构建。

从信息量的获取的角度而言，新媒介给儿童所带来的碎片化阅读，为儿童的"媒介现实"的构建提供了宽度,它可跨界,可延展。无疑这拓宽了儿童的认知的"面"。这样的阅读方式更具包容性和兼容性。原本它可以有效地服务于到教学场景和启蒙性教育的领域中。这为未来的儿童心智发展有着良好的作用,尤其对于很多基础性质的信息传播,如公共常识,人文文化,基础科学等等,理论上,新型媒体的推广有利于儿童发展,但这种打破时间界限的碎片阅读却让儿童逐渐缺失两种能力,其一便是深度阅读能力和独立思考的能力。

上述中,我们把碎片化阅读情景下的儿童媒介现实比喻成一个移动储存设备,即查即拔,任意存储,随机使用。那么在这样的大趋势下,儿童锁获取的信息其实是一种浅显的,快餐式的媒体内容,这些信息对于儿童而言可以即可使用,这只是一种简单信息转换或者说是"信息变现",可以即时的变现的信息让儿童天然缺失了深度阅读的能力。类别很多学术类的信息,儿童会规避反复推演和二次甚至多次消化信息和内容的能力这便是我们所提倡的深度阅读的一个重要特性。其实在古代,教学者们便对阅读有一个基本的要求,幼学之年求以"诵",即零到十岁学生需要有最基本的背诵和阅读。豆蔻之年求以"悟",即十岁至二十岁需要学生具备"悟"的能力,能理解文章中深层次的含义。再次,弱冠之年求以"用"二十岁之后,要求学生能够"用",也就是能把所学会的知识在适当的场景的灵活运用。根据古人的要求可以看到,这种深度的阅读习惯周期可以长达二十年,这样的深度阅读可以起到在"诵"和"用"之间的承上启下的作用。而古人所说的用,除应用层面的意思之外,更有创新之意。那么显然当代新型媒介所导致的"碎片化"阅读与我们传统所提倡的深度阅读有着一定的冲突。

再次,在独立思考的能力上,碎片化的阅读所倡导的阅读方式注重"短""平""快"。由于儿童在缺失深度阅读能力的前提下,儿童无法去验证或者推论碎片化阅读的内容的潜在逻辑和可证伪性。所谓科学的重要特征便是可证伪,由于碎片化媒介内容的夸张,吸人眼球的形式,让儿童天然地忽略了去认识媒介内容的可证伪空间,从而失去判断和分辨媒介内容的能力,久而久之,儿童逐步缺失独立思考的能力。事实上,在儿童面对媒介现实的时候,他们的心智发育正是靠一次又一次地对媒介内容进行怀疑,然后求证,最后到得住新的结论。这一个过程的基础和前提就是儿童独立思考的能力。从应用的角度而言,碎片化的阅读可以让儿童高效,快速地获取既得的基础知识。但这个过程中,儿童并不能通过碎片的化阅读从而提升素质。

三、当代儿童媒介空间维度的构建——带有社交属性的第三空间

由于媒体充斥着各种繁杂的媒介内容，儿童在这样的环境下成长发育应当培养在媒介环境中的生存能力和适应能力。根据《中国教育报》所得出的数据显示，1000余名3至6岁城乡儿童中，93%的儿童平均每天收看电视90分钟，27%的儿童平均每天使用电脑玩50分钟游戏。

2017年世界儿童报告显示，世界总人口中的上网人口比例已高达48%，而全世界互联网用户中，约1/3为18岁以下的儿童青少年。最新发布的《中国互联网络发展状况统计报告》显示，我国网民规模已超过8亿，普及率为57.7%，其中10岁以下网民占总体网民的3.6%，10至19岁网民占总体的比例为18.2%。数字媒体则影响了年龄更小的儿童。美国儿科协会2016年发布的《儿童青少年与数字媒体》报告指出，20世纪70年代的儿童4岁才开始定期观看电视，而现今的儿童从4个月起就开始与数字媒体互动。

从当下的媒介产业来看，新型媒介与传统媒介并存融合形成了一股新的媒介力量。2015年《中国教育报》提出了一个概念，互联网媒介在儿童发展中形成了一个区别去家庭学校的第三空间，如网络社区，游戏集群等。在这个空间之中，青少年儿童思维方式进一步的数字化，并且形成了拥有自身交流的体统的集散地。同时，信息网络的共享促使这个空间具有高私密度的，休闲个人兴趣的开放之地。在每个第三空间里，信息不光被共享，更被精分，然后在重新重合，形成了只属于儿童成长群落的"社交货币"。所谓的社交货币可以被浅显的理解谈资，如大家都看过一部电影，然后对其品头论足，在这样的情况下，这一部分电影就充当了社交货币的角色。又再如，行业间的专业术语，两个第一个见面的同行业者能够通过这些专业术语建立起良好的沟通基础，在这种情况下，这种行业间的专业术语也是我们所称呼的社交货币。

在儿童媒介的第三空间里，每个人儿童都享受且建立属于自身的第三空间，而由于互联网信息分享的特性，每个独立的第三空间是可以相互沟通和交流的，从而这个所谓"第三空间"是由每个儿童自己的小的"第三空间"所组成建立起来的。在这种情况之下，社交货币就成为组建每个第三空间的重要基础。而"社交货币"在儿童媒介空间中本身具有繁衍发散的能力，因此社交货币会自身剧本"增量"和"存量"两个特质，也正是因为这两个特质，第三空间可以如现实的空间一样具有进化的属性。更需要值得注意的是，由于社交货币的演化方式是通过接受，重组，消化，再发散的过程，这种信息的交互到导致的群落形成使得第三空间具有了"社会化"的特征。

羊和灰太狼》和《小猪佩奇》，是因为儿童选择所以父母才与之选择，但事实上，无论是《小猪佩奇》还是《喜羊羊与灰太狼》这个样的儿童IP首先需要做到的一点是必须要在家长可接受的范围之内，必须受到父母的认可他才可以在儿童市场上顺利的流通。

反之，某些网络游戏，含有暴力，血腥等内容的游戏在最起初就无法得到家长的认同，这样的媒介内容在家长，这一潜在受众面前是被抵触的。它无法在家长和儿童之间进行很好的流通，然而造成沟通隔阂的增大，因此在这类媒介在受众的获取上成为一个反面教材。也许有人会提出疑问，绝大多数的父母都是反对的游戏的，也由于近些年媒体频频曝光因游戏而严重恶劣影响儿童身心发育的负面案例层出不穷，游戏已经在很多父母的心中被打上了"禁止"的标签。但是这一现象似乎在我国尤为突出，在很多西方国家却恰恰相反，根据数据显示，很多希望家庭都会配备电视游戏机，如XBOX，PS4或者任天堂之类。而无论这些游戏机如何变化，在西方的游戏文化中总有两个大类是必不可少的，其一是益智类，其二是家庭类。益智类的游戏主要针对开发和引导儿童的心智发育，它主要以解密探索类的风格而见长，儿童在探索解密的过程中获得知识和媒体信息，其内容大都健康益智，在很多西方国家是被接受和认可的。第二类是家庭类游戏，它通常需要儿童在父母的配合下或者互动的情况下才能完成，此类游戏更类似是亲子游戏，它可以增进家庭成员之间的感情的培养，无论是家长还是儿童，都尤为受欢迎。以上的两个案例中，我们似乎可以隐约发现，当代儿童媒介在受众构建上有一个重要的考虑，如上文所提到的平衡点，媒介制造商如何捕捉到这个可变化的平衡点呢？根据刚才的两个案例，在结合之前提到的"社交货币"不难得出一个结论，也就是一个成功的儿童媒介受众的构建，必须考虑到该媒介内容能否成为家长和儿童之间的可流通的"社交货币"，且如何降低流通成本，这就是当代而透明媒介受众构建中所需要捕捉和重视的一个平衡点。无论是一个动画IP还是游戏IP想要取得商业上或者艺术上的成就，就必须要紧紧抓住这个平衡点。尤为值得注意的是，在以往的儿童媒介的市场一个IP的形成和存续时间可以非常漫长，且具有一定的耐久力，如上世纪的我国上海美术电影制片厂所制作的《大闹天宫》，《哪吒闹海》等等这类IP的存续时间可以长达几十年。而由于互联网加速了儿童甚至是家长的认识成长，当代儿童媒介的IP建立需要对市场做出极快的反映和调整，市场的需求也在反复的自我更替，因此当代儿童媒介的IP更新的速度远远快于以往的IP，同时其存续的时间也在慢慢缩短。就这个问题而言，日本主题动漫中就有一些很好的案例，比如常说的三大动漫《名侦探柯南》《海贼王》《火影忍者》其内容上，主题上本质是有利于儿童身心发育的，它所传达的大都是正能量，其播出的周期最长的可达二十年，他不仅仅成为家长和子女之间一个良性的社交货币，同时其自身的延续力和存活力持久，日本的动画制造上通常会在一个热门 IP 下不断地适应市场的需求，不断地调整故事内容和主题走向。而反观国内，很少可以见到一个儿童 IP，尤其是动画形象可以持续到二十年之久。需要提醒一下的是，这里的存续并不是指这个 IP 留存在大众记忆里的时间，而是一个 IP 可以持续活跃在儿童媒介构建中的能力。

第二节　新媒介技术在儿童发展领域的应用现状分析

一、高纬度运算法则——人工智能及相关技术的应用

20 世纪 60 年代初，人工智能概念提出后，一些科学家投入到人工智能的研究中，也相继取得了一定的成果，直到 20 世纪末，随着人工智能的应用规模不断扩大，诸多问题逐渐暴露出来，人工智能的发展进入低迷期。但是，这些困难并没有彻底湮灭人们对这一领域的憧憬。到了 21 世纪，人工智能研究的重大突破开始不断涌现，应用领域也开始初现端倪，人们对人工智能的认识和期望也逐渐变得更现实、更科学。在儿童发展领域，AI 以及相关技术可以通过高效的计算为每一个儿童精细的筛选信息内容以及体验方式，这是一种全新的信息处理方式，更是主流的趋势。人工智能及其相关技术在儿童发展方面主要应用于教育等领域。

（一）教育领域的应用[1][2][3]

工业和信息化部副部长陈肇雄以及教育部科技司司长雷朝滋等政府部门领导在"人工智能与教育大数据峰会·2019"中先后表示，新一代人工智能产业正在加速发展，准确把握新一代人工智能发展规律，推动人工智能与教育深度融合，已经被写入国家战略。AI 时代，学习不再局限于书本和课堂，"孩子如何学习、有效学习、趣味学习"成为教育关注的重点。

---

[1] 胡珉. 人工智能在教育领域的五大应用，看这些外国企业是怎么做的？［EB/OL］.（2018-03-29）. http://mini.eastday.com/a/180329190209526—5.html.
[2] 陈伊莉. AI 在教育领域的六大应用｜"AI+传统行业"全盘点［EB/OL］.（2017-03-17）. 雷锋网 http://news.zol.com.cn/631/6315925.html.
[3] 中萃教育［EB/OL］.（2019-01-11）. https://baijiahao.baidu.com/s?id=1622242675400873894&wfr=spider&for=pc.

用,将更加直观地呈现原有的知识体系,增强儿童多维度的感官,从而达到对知识的 T 度吸收(是指知识的广度与深度)。

现阶段,具备 AR－VR 的儿童图书基本是在保持传统图书的基础上进行附加阅读功能的延伸。换言之,此类书既可以独立为传统的阅读又可以体验虚拟化的互动和游戏,互动性游戏不仅有利于寓教于乐,也可增进亲子共享阅读的乐趣。另外,AR 图书也可分年龄段反复阅读,随着年龄和认知思维的逐步提高,基于云端大数据平台可持续更新读本内容,使得儿童阅读中"温故而知新"。如乐高玩具公司推出的虚拟技术儿童图书,能让二维图书上的卡通场景人物在移动设备 App 中实现 3D 动画成像。央数文化推出的"小熊尼奥"增强现实(Augmented Reality,下称 AR)玩具,能让二维绘本上的卡通图案在移动设备 App 中实现 3D 动画成像。

科技日新月异,在 AR－VR 方兴未艾的今天,由 Magic Leap 为代表的 MR(混合现实)技术亦在风生水起,其最终的特点是让虚拟现实技术更加真实化和贴近生活化。可以想象未来脱离纸媒和外置设备的阅读将是随时随地进行,可以存在于任何真实的空间中不受时域的限制,并将知识自由化且更加具备可塑性。在人工智能的支持下,我们完全可以相信未来的儿童读物是可以自行线上编程内容来逐步完善读本(AR 书本的开源性),例如一个故事读本的开放性可以编成千变万化的结局;读本也可以具备智能良好的互动性和逐步自学性,懂得读者的阅读喜好和习惯;同时具备"互联网 ＋"的读本也可以成为儿童社交的媒介,可以更直接地分享自己的阅读心得和笔记,可实时在线和好友同步阅读书本或参与互动游戏。这是一种多媒体的书本趋势,更是一种全息维度的阅读认知体验,由此构架出符合 T 度的儿童认知体系。

(二)场景式教育

将虚拟现实(VR)和增强现实(AR)运用在教育中,创建三维虚拟环境,想象空间是不可估量的,课堂不再局限于小小的教室、白板和 PPT。例如,位于爱尔兰的"Immersive VR Education"就是一家专注于开发 VR/AR 教学内容的公司,他们的旗舰产品之一是"阿波罗 11 号 VR",用户只要带上 VR 眼镜,就可以"亲身"体验阿波罗 11 号登月的整个过程。不难想象,这样的体验远比传统课堂效果好。因此,2016 年(在被称为是 AR 与 VR 技术的元年),新增 VR/AR 教育企业 36 家,各类玩家带着原有业务的基因入局 VR 教育。而四年后的 2019 年,新增企业数量骤减至 1,目前主要经营 VR/AR 教育企业数量也不多,如讯飞幻境、格如灵、微视酷、萌科和黑金等几家。

但在实际运用中,教学效果并不理想。北京师范大学蔡苏等人自主设计开发了一个跨平台的三维虚拟学习环境平台 i3DVLE，并在中小学中开展准实验研究，旨在分析和评估三维虚拟学习环境下教学的有效性、学生的学习动机和参与度。针对中小学的学科教学对于三维虚拟学习环境的潜在需求，i3DVLE 中设计了若干教育案例，如太阳系行星运动规律、牛顿运动规律、虚拟大讲堂等。i3DVLE 被运用到中小学的实际教学中，研究团队通过面对面的交流和网络答疑等方式对学习过程进行协助，了解到了教师和学生的实际应用状况。但是，部分学生的学习成效并不如预期那样好，他们在正式的课堂中能够较好掌握的一些概念，在三维虚拟学习环境中的学习效果却不甚理想。

虚拟的毕竟都是虚拟的，而我们的学习活动还都是发生在真实物理世界里，"增强现实"能使学习者进行学习活动时有更好的体验，应该在教育领域更加普及该种技术。维也纳理工大学研究人员就曾做过专门的力学教学展示，通过 AR 物理引擎模拟力学领域的物理实验，分析物体质量、受力、运动路径等参数。但利用该系统教学需要配置较昂贵的头盔、立体眼镜等设备。北京师范大学蔡苏团队研发的基于 AR 的凸透镜成像实验通过实证探索了 AR 技术对八年级学生物理学习效果以及深层次认知方面的影响。实验结果表明 AR 对成绩较落后的学生具有更大的影响。

VR 目前阶段在儿童教育领域的应用比较匮乏，因为 VR 需要佩戴头显设备，而设备沉重、线路过多是一方面原因，长时间佩戴头显设备会不会对儿童身体健康产生影响，比如：对视力会不会有影响、对脖颈的损耗等等也是需要我们考虑的因素。各种条件的限制还是使得 VR 在儿童教育路上行走的比较缓慢。

（三）安全教育

用 VR 进行安全教育，可以将多个自然现象一致同步到各个区域，如飓风或地震等。在用户进行模拟的过程中，VR 可以将传统的教学元素如幻灯片的图形和数据嵌入在虚拟环境中，进行实时教育；另一个显著优点就是更加逼真的进行视听刺激，提高用户的重视程度[1]。虚拟现实技术可以用少的设备和内容成本，达到更好的效果，而且可以重复的进行模拟，不存在设备损坏现象。同时，在 VR 安全教育的场景中，根据不同用户特点（如儿童、中小学学生、消防人员等），灾害的类型和强弱程度，做出独特的处理，并在教学任务的培训中提供即时的反馈。

虚拟现实技术在安全教育方面已有比较广泛的应用。在日本，311 大地震 5 周年时，爱知县用 Oculus Rift 进行灾害预防模拟。纽约应急管理办公室使

---

[1] VR 开创安全教育新模式先看看国外是怎么做的 [J]. 安全生产与监督，2016 (12)：34-36.

用高级灾害管理模拟器（ADMS）进行培训。在虚拟现实技术以及科技创新突飞猛进的今天，新技术大范围的在儿童发展领域的应用已经既成事实，尤其对于好奇心强、容易接受新生事物的儿童而言，新技术的吸引力是无疑的。现阶段，"3R"技术在儿童发展领域还处于初级阶段，产品可能并没有达到大多数人在儿童教育方面的期待，但是随着科技的发展，相信虚拟现实技术将会在儿童教育领域内大展拳脚。

三、5G赋能新媒介技术的发展

5G是继4G、3G之后的第五代移动通信技术，如果说2017年被称为人工智能年，那么，2019年势必会以5G年载入史册。相比较而言，5G在传输速度、时延、移动性、频谱效率和连接密度上均优越于4G，具有高速率、低延迟、高容量等显著特点。

新一代5G凭借100Mbps高速移动网络、小于5ms延迟等特性，将助力人工智能、混合现实、云技术、物联网等智能技术与混合学习、移动学习、项目学习、创客学习等新学习样态进行深度融合，促进其他新媒介技术的应用。为教育的沉浸式教学场景提供有力支撑，有效避免以往因时延带来的眩晕感。具体而言，结合超高清影像，掌门沉浸式教学可在移动终端设备中营造诗情画意，帮助孩子理解文本语境；结合云计算技术，可实现云端内容渲染，本地VR/AR终端呈现，通过5G网络传输，可实现教学内容无间断输送、个性化推荐，加快形成"千人千面"的教学模式。

掌门教育联合创始人兼首席战略官吴佳峻在2019全国中小学校长论坛上提道：之所以说"5G是教育行业发展的新契机"离不开三点原因：一是社会资源在5G落地前将加大对终端企业及其研发力量支持，"智能教育"作为5G技术首批示例载体，已具备先发优势；二是5G超越光纤宽带的通信速度，拓展了连接效能，以高清画面、语音交互和优质教育资源拉近学生和老师距离，并有效服务三四线城市；三是教育中所使用的AI技术运用到5G连接场景，将进一步激发AI潜力，形成"智慧5G＋教育"。

第三节　儿童新媒介技术应用的困境与突破

一、困境——儿童新媒介应用的影响因素

（一）价格因素

智能技术的进步，已经推动着儿童市场，在儿童这个充满好奇的年纪里，

普通玩教具已不能满足于他们,智能化的玩教具价格普遍过高。例如,悟空机器人售价三千多元,而阿里的儿童智能音箱价格才 199 元,相比较于儿童智能音箱整整贵了 3 千多,从软件功能层面对比两者都差不多,机器人只是多出了形态功能,即使内容齐全,但是价格对普通人而言,却是望而却步。VR 设备的价格也不便宜,一个头盔式显示器加上主机的成本动辄上万元。

因此,价格这一方面对大多数用户来讲很难接受,使儿童应用缺少,新媒介技术在儿童市场发展缓慢。

(二) 儿童喜新厌旧的特点

根据欧睿信息咨询公司(Euromonitor International)报告显示,我国 87.5%有低龄儿童的家庭,年均玩具消费 300 元以上,其中 95.3%的儿童对同一玩具的新鲜感不超过 6 天。所以很多的智能玩具都只有一定的周期性,并不能长久的给儿童带来乐趣。

(三) 产品同质化现象突出

如何在娱乐性与教育性之间求得平衡是儿童智能产品面临的另一难题。以 2016 年至 2017 年获得融资的 AR 内容类早幼教公司为例,约半数以上的公司都主推 AR 绘本或 AR 图书作为核心产品。一些产品仅从交通工具、动物、植物等大类别上对内容作划分,尚且缺乏更细致的内容架构,在教育属性上并不能达到很多家长的期待。

(四) 家长对新媒体与新技术的了解有限[①]

陈倩文等通过对上海 30 个家庭的儿童与父母访谈发现,无论家长对子女使用新媒体的态度如何,他们对子女多是强调使用新媒体的风险,鲜少提及新媒体带来的机会;且在风险方面只有提及视力问题。Livingstone 等人归纳出互联网的四个风险与三大机会,风险包括人际交流的接触风险(contact risks)、网络霸凌等行为风险(conduct risks)、色情暴力等内容风险(content risks),还有潜藏着各种购买引诱的消费风险(commercial risks);机会则有学习创造与自我表达的机会、家族朋友情感联系的机会、公共参与协助他人的机会等。她们强调,父母对新媒体的掌握能力影响他们对子女的介入方式,如果父母不充分了解使用新媒体的各种风险与机会,他们必然无法引导子女对新媒体有更全面的认识。

---

① 陈青文. 新媒体儿童与忧虑的父母——上海儿童的新媒体使用与家长介入访谈报告[J]. 新闻记者,2019(8):15—25.

二、突破 ——可驯化的智能媒介未来可期

心理学家霍尔顿．唐纳德在 1956 年提出"拟社会关系"的概念（para－social relationship）它泛指人类在媒体角色所形成的类真实社会关系的一中人际关系，且具备虚拟，即时等特征。在这样的拟社会关系中，最需要依赖的就是拟社会互动（para－social relationship），在儿童媒介技术范畴中，这种拟社会互动是指儿童是体验，使用媒介内容时候对媒介角色或者对象作出的反映。

当代儿童媒介技术在结合视听语言的同时，融合互动性这一特质，极大地提升了儿童媒介的拟社会关系和拟社会互动。儿童容易对某一个特定的媒体角色产生情感的依赖，然而在过去的媒介时代这种拟社会关系和互动都是单向的。以往的媒体内容创作者会将每一个儿童媒体角色定位为可以使得儿童产生安全和依赖感的形象，利用这些形象建立起与儿童交流是的"通感"。所以在儿童媒介角色的形象设计上大量采用拟人化的手法进行设计。而当代儿童媒介技术将互动性应用到媒介产品的开发之中，这极大地提升了儿童对媒介角色的情感交流和依赖感，这使得儿童媒介中的拟社会关系和拟社会社交拥有更强的持续性。当代的儿童媒介角色很大程度上已经成为儿童成长过程中的重要伙伴，开始被赋予一定的生命力。而基于此，儿童长期处于这种你社会关系和拟社会社交也逐渐变化和融入为真实的社会关系和社会社交，在媒体信息爆炸的时代，儿童媒介角色类似是一个孵化器，让儿童逐渐融入和适应一个更成熟的媒介世界和媒介现实。

而近几年，儿童媒介技术领域中有一个更为重大的突破，智能媒介。这一新型媒介技术的诞生依赖于 AI，大数据，以及仿生芯片等前沿科技的发展。2017 年 9 月 15 日，苹果公司发布了 iPhone 8，这款智能手机的问世伴随着全球第一款仿生芯片 A11 bionic 的技术完备应运而生，从此智能设备进入"可学习"的生态链，该系列的智能设备可以通过使用者的数据采集学习和捕捉甚至使用者的思维模式和行为习惯，从而提供针对性极强的数据和应用服务。紧随其后，苹果公司 A12，麒麟 980 相继制造出 7nm 的仿生芯片，使得智能设备有着更为深度的学习能力。

不仅如此，大数据的全面普及和应用使得仿生芯片的学习能力能够更实时与高效。以 2017 年为一个时间节点，人类的智能设备开始具备的思考能力和进化能力，通过云计算处理，仿生芯片具备一定的自我修正功能，而这种功能的进步使得智能芯片如同人类一样让每一台智能设备带有一定的自我意识，而

这样的自我意识是每一个使用者思维模式和行为习惯的折射。同时，这样的学习和模仿能力也会随着每个具体用户的转变而转变。

应用到儿童媒介领域中，新一代的儿童智能媒介横空出世。我国传媒学者何煜雪曾经针对新型智能媒介对儿童媒介社会化的影响作出研究。她在学术文章中表明，智能媒介角色将成为儿童成长过程中的可以实行社会化互动，以及建立社会化关系的虚拟数字伙伴，同时可以根据每个不同儿童喜好，性格等特点进行更具有针对性的沟通与交流。而在大数据的支持下，智能设备不仅可以为每个儿童媒介需求提供更具有个性化的数据服务和数据分析。

而在当代儿童智能媒介的语境下，智能媒介角色不仅仅是一个好的玩伴，它更是一个可以被驯化的媒介。当代智能媒介基于大数据的算法是记录和分析每一个儿童观看和查阅的网络信息，并且对此进行标签化分类，比如某一个儿童在单一时间段内不断观看和查阅天文方面的知识，那么智能设备和大数据就会初步判定该儿童属于天文爱好者，其后，将该用户与其他天文爱好者归为一类，并且用户数据发送给相关的媒体制造商从而进行二次分析，根据数据采样，交叉分析精准定位该用户的性别，年纪，家庭背景，生活的城市，甚至用户所关注天文领域中的具体门类，以此不断推送天文方面的广告信息甚至周边产品的信息。那么在这样环境下，所谓的智能媒介角色就很有可能支配甚至完全掌控儿童的媒介导向，读取什么信息，什么时候读取信息都将会被智能媒介角色所掌控。听起来，儿童的媒介现实极有可能被人工智能锁绑架，甚至有某些负面的不利于儿童身心健康发展的信息也会由于数据的误算和错漏不断推送给儿童，并且进行互动，从而造成恶性媒介信息传播的循环，进一步的导致一个不良的儿童媒介现实的形成。上述现象可以被理解为媒介技术对人类认知的"异化"作用，在这种语境下，所谓的"异化"更是是媒介技术对社会的反作用力。2017年，英国著名科学家出席里斯本年度网络峰会开幕仪式上曾表达对人工智能的态度，他说"人工智能的崛起可能成为人类历史最糟糕的事情，也有可能成为人类历史上最好的事情"这一席的言论，体现出霍金对人工智能憧憬和忧思。同样的人工智能技术与媒介技术的紧密结合，也让相关的传播学者对智能媒介未来表示忧心忡忡，上述中由于不良媒介信息的所形成的"异化"的儿童媒介现实，就是智能媒介的"负效应"。学界在起初为智能媒介兴起而喝彩之后，就其媒介伦理又开始新的一轮讨论和深思。

但是事实上，无论纸媒时代还是当代智能媒介时代，人类意识都应当发挥绝对的自主性和能动性，这样的自主性和能动性将会是人类生存与智能媒介时代保持清醒和独立思考能力最根本源头。从这两者出发，相关的学者们开始对

"智能媒介"产生"冷思考",进而提对智能媒介进行"反向驯化"的概念。简单而言,就是充分利用人类的主观能动性自律的,有目的调教智能媒介信息推送和互动,从而使得智能媒介能够按照个人意愿提供媒介服务。在儿童智能媒介的领域中,这种反向驯化的能力尤为重要。在当代智能媒介环境中,"反向驯化"智能媒介的能力能够提高儿童对媒介内容区分能力,以及在媒介现实中对信息取舍的自律能力。比如,儿童智能设备上浏览媒体内容时候,自律的,自觉地规避一下不必要的信息,在单一网络平台上之选取一种媒体内容,那么 AI 和大数据的运算所得结果就是,只为该儿童推送这一类单一的媒介内容。同样的,儿童在与智能媒介互动时候,儿童有意识地将自己某一方面的性格或者爱好突出展示,让智能媒介将其进行判定,那么智能媒介也会就格外针对该儿童的这一特性进行互动。久而久之,通过儿童长期的"反向驯化",智能媒介就会逐渐失去在构建媒介现实过程中的主导地位,从而以"儿童发展"为核心有利工具。

从起初的智能媒介兴起可以被理解为媒介技术领域的重大突破,但同时它给人类的媒介未来带来担忧和不确定性。而"反向驯化"概念则是在人类智能媒介领域层面上的认知突破。它充分利用了智能媒介的优势,并且可有机的融合到儿童媒介发展中,无论教育,家庭娱乐等场景下,"反向驯化"让儿童媒介重新赢得话语权和主导权。表层上看,"反向驯化"的思考是基于对智能媒介技术悲观态度,但也恰恰是人类对智能媒介担忧导致了这一层认知壁垒被打破。这一层认知壁垒的突破极大提升了儿童在智能媒介世界中的独立思考能力和生存能力,为未来儿童在应对智能媒介信息时指明了方向。

三、应然——儿童新媒介运用的发展趋势

当下的儿童媒介正处于新媒介和传统型媒介更替与并存的时代,传统媒介利用视听手段突破以往纸媒所无法建立的视觉形象化技术瓶颈,使得儿童媒介觉得更富有形象感,而结合到最新的媒介技术前沿,如 AI,大数据,沉浸式媒体等,智能型儿童媒介的问世让媒介以及媒介角色能与儿童心智发育共同推进。在这些新型媒介普及和推广之下,儿童媒介的媒介现实以及媒介构建都发生了翻天覆地的变化,无论从阅读方式,空间感的建立都与以往的媒介不同。的确,新媒介的应用会为儿童媒介构建提供无限的可能性。新型媒介技术的与儿童媒介的碰撞应当是更具有爆发力的,尤其在对于儿童媒介现实引导层面,从电视台儿童节目的大范围覆盖到智能媒介的逐步渗透,可以明显地察觉的新媒介技术对儿童认知世界,解释世界甚至构建学习框架都是有极大助力作用

的。尤其在新型智能儿童媒介领域，儿童本应该在新型媒介生态中享受更高的参与度和自由度，这是一个相对理想状态。然而事实上，由于适龄儿童的自律能力和判断能力的匮乏，基于大数据，互联网生态的儿童媒介拥有了一定的自我意识，因此智能媒介的兴起对于儿童来说，更是一场锻炼和掌控自我意识的拉锯战。儿童需要与智能媒介进行"反向驯化"从而获得更高话语权，从而不被新型媒介所绑架。更值得注意的是，原本新型儿童媒介的诞生，在大众意识范畴中，仅仅是一种先进的媒介载体，它所承载的媒介信息更为丰富，信息更多元，同时具有互动性，这不仅导致了儿童媒介现实去同质化，从而就了更具个性化的，不可复制的儿童媒介现实。但是更为值得关注的是，由于新型媒介智能化，拟人化，以及社会各界的大力推广，当代儿童对新型的智能媒介产生了更强的情感依赖。而基于儿童新型媒介所建立的"第三空间"开始具备社会化的社交属性，无疑的，这种社会化的社交会越发提前的进入儿童发育阶段，这种提前甚至超前，对于儿童的心理健康是否是良性的，又或者弊大于利，仍然值得探讨。也由于新型儿童媒介的高效，儿童媒介 IP 的存活时间也势必将会缩短，信息爆炸会加速儿童媒介 IP 新陈代谢的速度，如何运营建立一个可以良好适应当下儿童媒介环境和市场的 IP 是每一个儿童媒介制造商需要思考和未雨绸缪的问题。可以预见的是，未来的儿童媒介 IP 有极大的可能性会与智能媒介相结合，具有定制性的媒介产品，儿童媒介 IP 会迅速推广深入到每个家庭中，长而远的影响儿童的心智发育。而在这样的语境下，当代儿童媒介的构建的承担者也不再是一个具体的人，它更是结合了人类社会意识形态，与新型智能媒介数据分析与人工智能判定的一个总合成，一个更清晰的，更宏观的社会意识形态对每一个具体儿童的直接影响。显然的，这样的新型儿童媒介技术能承担相应的教学任务。但同时，对于新媒介内容的系统性的，持续性的，高维度的判断，选择和控制会成为教学活动中最重要的工作内容之一。更为确切地讲，新型智能媒介讲教育场景，生活场景，家庭场景，甚至是娱乐场景都归纳融到同一人认知平面上，其间的每一个场景之中的壁垒和隔阂都在逐渐的消融磨合。这也将会是未来儿童媒介发展的必然趋势。

第三章　根本·认同：儿童新媒介技术运用的文化浸润

社会是由个体组成的，但是社会被形塑成不同的社会群体和范畴。人们观察问题的视角、生活惯习、社会实践等都从他们所归属的群体中获得。不同的群体成员认可不同的价值观、以不同的方式生存、说不同的语言、遵循不同的文化习俗。一些群体历久弥坚，另一些群体则昙花一现；一些群体规模逐渐日渐庞大，成员甚多，另一些群体则结构松散，成员变少；一些群体名气颇大，被人广受推崇，另一些群体则备受诟病。人是社会性动物，社会属性把我们划分到不同群体。无论我们是被分配到一个群体，还是自己选择到一个群体，所归属的这个群体对于我们的人生体验都具有重要意义。

归属于一个群体就会获得一种社会认同、群体认同、文化认同，或者说是共享一种集体表征，它关乎的是"你是谁"，"你应该如何行事才是合乎规范的"，"你应该认同什么样的理念和文化"。与认同相关联的，是心理过程与行为过程。本章我们首先从社会认同理论出发，分析理论背景及相关问题，再从儿童心理与行为分析，儿童新媒介技术运用的主体、时空与技术维度多重关系，进而探讨儿童文化浸润的媒介途径和现实意义。

第一节　社会认同理论与文化价值发挥

认同，尤其是社会认同，和群体是不可分割的。之所以这样说，是因为人们对于"我是谁"的概念或定义在很大程度上是由自我与归属群体相互联系在一起的。社会认同路径作为社会心理学领域的先锋逐渐发展起来，它最初关注群际关系，经过几年发展，涵盖范围更广的群体现象。

"文化"不仅仅是抽象的符号，它已化为人的存在的一部分，化为他的生活方式、行为模式、价值观念、思维方式、情感表达方式等，其心理和精神上的意义已变成他的"自我"。文化认同与社会认同相比，更具"自我认同"的特征。

"文化认同"是人们在一个民族共同体中长期共同生活所形成的对本民族最有意义的事物的肯定性体认,其核心是对一个民族的基本价值的认同;是凝聚这个民族共同体的精神纽带,是这个民族共同体生命延续的精神基础。因而,文化认同是民族认同、国家认同的重要基础,而且是最深层的基础。在当今经济全球化的时代,作为民族的认同和国家的认同的重要基础的文化认同、价值认同不仅没有失去意义,而且成为综合国力竞争中最重要的"软实力"。我们首先厘清社会认同与文化认同的关系,再去理解文化价值发挥与浸润。

一、理论溯源：社会认同理论及其路径基础

社会认同是一种视角和方法,因为它是一种独特的理论类型,一种接近社会心理的独特方式。同时,它也是一种理论,因为它包含一系列相关联的命题。

社会认同被定义为："个体知晓他/她归属于特定的社会群体,而且他/她所获得的群体资格（groupmembership）会赋予其某种情感和价值意义。"(Tajfel, 1972a: 31) 在这里,社会群体是指："两个或更多个体,这些人有共享的社会认同,或者换句话说,他们感知到他们这些人属于同一个社会范畴。"(Turmer1982: 15) 这些引述表达了社会认同路径的一些基本向度。

社会认同路径建立在特定假设基础之上,这些假设涉及人类和社会的本质以及它们之间的相互关系。具体说来,社会认同路径主张,社会是由社会范畴组成的,这些范畴在权力和地位关系上彼此相关。

社会范畴的本质和它们之间的关系让一个社会拥有独特的社会结构,这个结构先于人类个体而存在。个体诞生于一个特定的社会当中,因而与个体相比,社会范畴在很大程度上是先在的。但是,社会结构并不是一个稳定不变、单一庞大的实体。相反,受经济和历史的影响,社会是不断流动、不断改变的。一个范畴与其他范畴的关系也是不断变化的（如代际关系）等等。

社会认同视角与所有的理论或方法,以及与它的理论先驱和理智渊源,都有协调一致的一面。社会认同论用社会范畴来表明社会的结构性特征,这一点与社会学中的结构主义视角有相同之处。但另一方面,社会群体承受着一定的驱动力和压力,它们使一个社会群体将自身与其他群体区分开来,而不是寻找彼此间的共同性。在这种对驱动力和压力的强调中,我们会发现社会认同论从重视"冲突"的理论家如马克思和韦伯,而不是从强调"共识"的理论家如孔德（1877）、斯宾塞（1896）和默顿（1951）那里借鉴了更多的理智资源。这

并不是说，社会认同观念中没有任何体现"共识"的主题，而仅仅是说，它对冲突的强调相对更多一些。

强调共识的结构主义者倾向于将社会视为一个结构化的整体，在这个整体当中，虽然群体之间有角色的差异，但是没有深层次的意识形态上的分化。在社会中对"游戏规则"是什么，什么能被社会接纳，什么不被社会接纳的问题存在着广泛共识。秩序与稳定是事件的常态，那些不认同社会价值或者不适应社会角色的人被看作是偏差行为者。偏差行为者不仅仅是异于他人的，而且是违反常态的，在他们身上，将社会价值传授给孩子的社会化过程失去了效用。进一步说，将社会比喻为"有机体"的结构功能主义视偏差行为者为反功能的（dysfunctiona），就像是某种疾病或者生病的器官也许会杀死有机体一样。[①]

结构主义社会学家涂尔干认为，社会通过产生集体意识而影响个体，集体意识通过共有的行事方式表达出来，它是种施加于行为之上的道德约束。以同样的方式，麦独孤引入了他的"群体心智"的概念。但是这些研究并没有确切地回答社会或群体通过什么样的心理过程、以怎样的方式将自身植根于个体的心智之中，并进而形塑了他们的行为。我们还应该了解个体心智怎样以及如何形成了集体意识和群体思维。

弗洛伊德为了解决这个问题，集中关注孩子本能的性冲动，这种性冲动使孩子与同性别的父/母发生矛盾（Freud，1922），两人都希望在性上占有父/母中异性别的一方。他认为危机是这样解决的：孩子内化（或者在象征意义上成为）同性别的父/母，同时接纳了所有的社会价值和规范。通过这样的过程，个人被群体所影响和塑造。弗洛伊德的方法对帕森斯的社会学和关注小群体动力机制的许多当代社会心理学都产生了影响。

符号互动论采取了一种完全不同的方法：社会对个体的影响受自我概念的调节，"自我"本身产生于生活中个体间的互动，并在这种互动中不断调整。互动在很大程度上是符号性的，因为行为不仅仅是实用的，它更是表达的。更重要的是，象征符号是在成员之间达成共识的或者是共享的（为了实现交流的功能，它们必须这样），因而通过以和他人相同的方式将自身符号化，或者通过扮演他人的角色，我们将自身建构为社会之物（social objects），或者是我们所生存的这个社会的一个缩影。这种方法赋予语言以异常重要的地位，因为语言是符号互动最出色的媒介。也有学者使用符号互动论来研究孩童语言习得

[①] 迈克尔·A·豪格，多米尼克·阿布拉姆斯. 社会认同过程［M］. 高明华，译. 北京：中国人民大学出版社，2011：15—16.

(Lock，1978)，以及在"标签理论"这个宽泛的标题下考察产生"偏差者"身份。

马克思对自我或认同的强调有些许的不同。他认为，统计学或人口学范畴与社会阶级存在着差异。社会范畴本质上是统计实体，而人类群体是心理实体，在有了对共同苦难的认识之后，社会范畴才转化为人类群体。正是基于这种认同，社会行动才得以产生。社会认同视角也强调了这种区分。社会认同概念直接处理的就是这种心理过程，该过程将社会范畴转化为人类群体，从社会现实中生产出心理现实。社会认同路径被认为与社会学视角的关系更近。而社会认同路径将传统的社会心理学路径倒置过来，考察个体中的群体。它重新定义了社会心理学中的基本问题，正是通过这种方式，它将社会心理学"社会化"了（或者说重新社会化了）。

社会认同路径认为，认同与自我定义在作为统计或历史实体的社会范畴和个体行为之间起到了中介作用。作为一种社会心理学方法，社会认同论探求将社会范畴转化为人类群体的心理过程。这些过程创造了认同并产生了具有独特形式的群体行为。

在我们、我群或内群与他们、他群或外群之间存在着分别。我群内部人之间的关系是和平、有序、规范、治理和互相帮助的。内群成员与所有外人或他群的关系是斗争或掠夺的，只有双方达成共识，状况才会发生改变。

(Sumner，1906：12)

社会认同路径提出，社会群体是不可避免要出现的，因为它们是有功能的，它们满足了个体和社会对于秩序、结构、简洁和可预测性等的需求。但所有这些都必须融入一种历史的分析，仅仅诉诸心理过程不可能预测或解释内容或文化。心理过程只能解释群体的出现，但是不能直接控制出现群体的类型，它们所具有的特征，或者它们怎样与其他群体发生关联。这种类型的功能主义与社会人类学中的功能主义关系更密切。[1]

因为认同，我们才建构出了独特性和个体性。在社会认同与文化认同的过程中，我们需要寻找个体差异与群体共性，求同存异，在这个基础上构建认同路径。

二、过程分析：社会认同的增强效应与自我建构

(一) 范畴化与增强效应

雨后，当你仰望空中的彩虹，你可以看见一条七彩带，不同颜色相对独

---

[1] 迈克尔·A·豪格，多米尼克·阿布拉姆斯. 社会认同过程［M］. 高明华，译. 北京：中国人民大学出版社，2011：18.

立，但实际情况是，不同波长的光是连续分布的。你的认知器官自动地将这个续谱划分为七个在感知上不同的颜色范畴，每一个范畴包括了一系列不同的波长。这个范畴化（categorization）的认知过程使感知简化了。而人类具有适应性，将可能无限多样的刺激组织成几个在数目上更易管理的不同范畴。将模糊的世界明晰化，方式是在同一个范畴内增强/夸大事物之间的相似性，同时增强/夸大不同范畴刺激间的差异，也就是说，范畴化产生了一种增强效应。

这方面的一个经典实验是由泰弗尔和威克斯（Tajfel 和 Wikels，1963）完成的。在该实验中有一系列长短不等的线，其中四条稍短的线被标为"A"，四条稍长的线被标为"B"。实验者要求被试判断这一系列线中每一条线的长度。两位学者发现，A 类型的线和 B 类型的线两者之间的差异被明显地增强/夸大了。被试者也倾向于过高地估计同一类型的线之间长度的相似性。如果标签 A 或 B 与线段的长度没有关系，则没有增强效应出现。泰弗尔证明，范畴化所具有的增强效应仅仅是一种更普遍的效应的特例，这种普遍效应之所以出现，是因为当人们对一个核心维度进行判断时，如果他们认为某个边缘维度与他们正判断的核心维度有关联，他们在判断时就会依赖于这个边缘维度。

这种增强效应同样也发生在对社会刺激的判断中。例如，Secord、Bevan 和 Katz（1956）以及 Secord（1959）给他们的被试呈现一系列的面部图片，这些图片是一个续谱，从纯种的白人到纯种的黑人。他们要求被试对每张脸在面容和心理上似黑人的程度进行排序。结果发现，被试者会生成他们自己的边缘二分法——黑人—白人，在范畴内部增强/夸大相似性，而对于落入两个不同范畴的图片则增强/夸大它们之间的差异。

态度表达也是社会刺激，Eriser 和他的同事在与态度相关的领域探究了范畴化产生增强效应的方式。无论是对物理刺激的感知还是对社会刺激的感知，范畴化似乎都会产生同样类型的认知曲解。

但只有在那些被认为与范畴化有联系（或相关）的感知维度上，范畴化才会产生增强效应。范晰化过程会产生刻板化的感知，即某一社会范畴或群体的所有成员均被感知或判断为拥有某些共同的特征，正是这些特征将他们与其他人或联系或区分开来。

关于增强效应需要说明的一点是，当范畴对于个体来说是重要的、显著的、密切相关的、关乎个人价值时，增强效应会更加明显。

关于社会范畴，有大量的证据表明，那些认为某一特定范畴更加重要的人往往比其他人更加刻板化——我们也可以说这些人是"有偏见的"。

对人的范畴化，即社会范畴化，对自我有着重大的价值和意义。因为对他人的范畴化或多或少地说明了自我和他人的范畴关系是怎样的。人们倾向于根据他人与自我的相同与相异来对其他人进行分类；人们不断地将其他人或者感知为与自我是同一范畴的成员（内群成员），或者感知为与自我是不同范畴的成员（外群成员）。而自我卷入社会范畴当中，何以能够解释增强效应或刻板化在程度上的不同？要回答这个问题，我们必须引入第二个过程：社会比较。

（二）社会比较进行确认

一个人到底优秀与否，要视把这个人和谁进行比较，也即采用的主观参照框架是什么而定。主观参照框架指的是，可以用于比较的他人的组合，这些人对于正在做判断的个体来说是主观上可获得的，主观参照框架会影响个体所做出的判断。虽然社会整体，或者至少某人在社会中的一系列体验，都是主观参照框架，但是人们通常选择有限数量的比较对象，这使他们能够对比较过程实施某种程度的控制。

社会认同视角认为，所有的知识都是通过社会比较而社会性地获得的，这其中包括关于客观世界的知识。共识的建立增强了某人对于其观点真实性的信心。客观事实之所以是不容置疑的、毫无疑问的，是因为人们对于客观事实有着广泛而坚定的共识，它可以确保我们很少遭遇任何挑战我们观点的意见分歧。这不是说真实不存在，而是说我们对于真实的感知是社会性地建构的。

通过社会比较，我们了解了自己，获得了关于信念真实性和有用性的信心。也就是说，我们做社会比较的动机是为了要确认我们对于自身、他人和整个世界的感知是正确的。但是，我们也会有这样的感觉：根植于一种共识的我们的感知比根植于另外一种共识的其他人的感知更合适、更正确。如果我们认为不同的共识界定了不同群体的范围，那么我们就会发现：人们力争坚持他们自己群体的观点，并且以跟其他内群成员相同的方式看待这个世界；内群感知被积极地评价，因为它们提供了"真实的"理解。事实上，我们可以进一步揭示出，人们通常倾向于积极评价内群的所有刻板化特质，因为这些特质将一个人所赞同的共识与他所不赞同的共识区别开来。

当进行群际社会比较的时候，即在作为内群成员的自己和作为外群成员的他者之间进行比较的时候，有将群际特异性最大化的趋势，即在尽可能多的维度上在群体之间做出尽可能多的区分。不过，这种自动增强效应受一种重要的动机考虑的影响，即获得积极自我评价的动机。因为社会比较的维度具有极强的评价性，所以强调群际差异是很重要的，尤其是在内群有积极表现的那些维度上的群际差异。通过在内群表现良好的维度上区分内群和外群，内群获得了积极特异性，因而也就得到了对于外群的积极的社会认网。既然自我是依据内群而被定义的（自我和内群是相似的），这种有选择的区分（即在内群表现良好的维度上区分内群和外群）带来了一种相对积极的自我评价，这种评价同时也提升了自我价值与自尊。

社会认同理论认为，个体有一种获得自尊的基本动机，这种动机的满足是通过在群际背景下、在那些内群有积极表现的维度上，将内外群之间的差异最大化而实现的。

（三）积极构建自我形象

"主我"是认知过程，"客我"是以自我概念形式表现出来的认知结构。在"主我"和"客我"之间存在着紧张的或者是辩证的关系，其原因在于，虽然"主我"对建构"客我"负责，但是"主我"在完成这一任务的过程中，受到它已经建构起来的"客我"的具体内容的规制和影响。一种自我认同很有可能包含一些相互矛盾的自我描述，和一些与自我认同的自我描述相一致的描述。

相互矛盾的自我描述之所以可能共存，是因为主观上人们并不是全面地认识自我，人们体验到的是具体的自我形象。自我形象取决于"情境"，不同的时间、地点和情景会使自我形象成为当下的自我认同。因而，自我既是持久、稳定的，同时也是对情景或外在因素敏感的。

自我认同可以被划分成两个相对独立的有关自我概念的亚系统：社会身份或个人身份。社会身份包括社会认同：与身份致的自我描述，这种自我描述来自社会范畴中的成员资格（国家、性别、种族、职业、体育队和更加短暂的群体资格）。个人身份包括个人认同：这时的自我描述在性质上是更加个人的。

社会认同路径更加关注的是社会认同，而不是自我认同。既然社会的自我认同本质上是社会的自我范畴化，那么总结出一个影响它们显著性的原则并不困难。在任何给定的社会参照框架之中，符合下面条件的社会范畴将会成为显著的范畴，即那些与个体可获得的相关信息最"吻合"的社会范畴。

例如，如果你正与其他三个人进行一场讨论，有一个人同意你的看法，而另外两个人彼此同意对方的观点，却不同意你和你的支持者的观点。如果你和你的支持者都是男性，而另外两个人是女性，这时性别范畴也许会成为显著的，自我概念可能会因性别范畴资格而产生。

个体有能力在主观上重新定义背景或者是通过行动协商出一种为所有人可见的新背景。个体正是凭借这种能力，在特定动机的驱使之下，可以采用某种自我范畴化方式而规避其他自我范畴化方式，个体在自我范畴化上的选择性给这个本来有些机械的过程增添了能动力。个人会努力选择一个不同的主观参照框架。上面四个人组成的讨论群体中,最初,"同意"和"不同意"使性别说时成为显著的,不过,也许其中的一个女生并不想要这种依性别而定的自我范畴化。为了避免这种认同,她也许会以一种特殊的方式呈现证据和观点,并以这种方式行为。她这么做的目的是要表明"同意"或"不同意"不能以性别来解释。

三、文化认同:文化价值发挥与文化力浸润

文化认同与社会认同相比,更具"自我认同"的特征。认同是一种意向性反应。如果一个人置身于某种文化情境中,却并不完全融入,可能不会产生认同的需要或冲动。也就是说,认同发生在不同的文化接触、碰撞和相互比较的场域中,是个体(群体)面对另一种异于自身存在的东西时,所产生的一种保持自我同一性的反应。来自两个国家的人互相谈论对方的文化,这个时候,双方都有自己的文化认同,他们都没有进入对方的存在内核;而如果一个人放弃自己的文化认同,认同对方的文化,则无论如何他内心中都有焦虑,并且会隐隐感觉到即使他和对方有文化上的共同认同,在精神上他还是不能和对方对等。这说明,"文化"不仅仅是抽象的符号,它已化为人的存在的一部分,化为他的生活方式、行为模式、价值观念、思维方式、情感表达方式等,其心理和精神上的意义已变成他的"自我"。就此而言,认同虽然是"有意识"地按文化的逻辑保持与它的同构的联系,但文化更多是内化的,甚至是无意识的。

要实现文化认同,更重要的是要发挥文化力的作用。而文化作用力的产生需要附着在一定的物化形态上,在文化传播中,文化力以作品为载体,实现精神文化对消费文化的引领。文化作品或产品将民族世界观、价值观以"快乐文化"的方式,潜移默化地传输给受众,并使受众在快乐接受的同时产生文化认同,以柔性文化力量改变人们的思维方式和行为方式,对受众起到精神引领与文化认同作用。

(一)文化力及其特点

在自然世界里,万物之间存在着引力场:一个物体对另一个物体的作用力与另一个物体对它施加的反作用力大小相等,方向相反。在人文世界里,经济因素、政治因素、军事因素都会相互作用,从而产生"力"——经济力量、政治力量、军事力量。文化作为与上述因素相对应的一种独立因素存在,主要通过文化要素、文化因子之间的流动,相互影响、相互作用,正向叠加后产生了更大的"合力",我们将这种合力称为文化力量或文化力。如图所示:

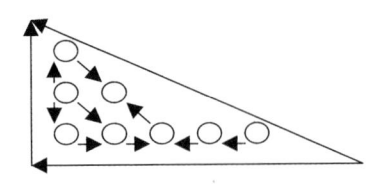

图 3-1 文化元素作用产生合力

文化力（Power of Culture）主要是指文化、艺术、出版、文物保护、群众文化、新闻等与广播、电视、动漫、电影业等文艺部门创造的文化艺术产品在传播过程中产生的精神内涵和内在张力对人类自身、社会生产（物质生产和精神生产）和人类社会的作用力[1]。它包括文化艺术产品的创造能力和文化艺术产品对人类社会的作用力和助推力。

文化力主要有以下几个特点：

恒久可流传：文化力作为一个明确的概念，是近年来随着文化作用的突显而逐渐被认知的。但从历史的角度来分析，文化力其实自古有之。人类社会的每一点进步，都离不开人类改造世界的追求以及对满足自身需求的追求。文化是这个追求过程的产物，随着这个过程发展演化，并支配和影响着这个追求过程。

表现延迟化：文化力究其本质，它不是一种直接作用力，其显现及发挥要通过一定物化或精神化的载体或媒介。要么附着于人们的思想观念或是精神理念上，要么物化在一定的物质产品或精神产品上。只有通过精神的或者物质的载体，文化力才有了真实的存在。文化力须经过精神感受之后，才能释放力量，发挥作用，其作用的发挥在时间上有一个延迟的过程。

特殊作用力：文化是人类活动的产物，它广泛影响着人类的精神世界、物质世界以及自然界，渗透并作用于人们的行为中。文化蕴涵着巨大的力，这种"力"并不同于物理学上的"力"。（从本质上说，物理的"力"，是人类对自然界客观规律的理解；而文化的"力"，是人类建构自身和环境及二者之间的沟通交流。）文化力的特殊性，在于它潜移默化、润物无声、引人入胜的特点。即文化力具有较强的渗透力和超越性，它的作用机制是靠对心灵的吸引和对精神的感召。

渐进柔性力：文化是渐进形成的一种柔性力量。不同的国家或地域形成不同的文化意识和社会生活方式，拥有不同的文化空间，文化的渗透力、影响力

---

[1] http://www.citysuc.com/wzny.asp?id=1611.

等是在长期积淀下形成的软性力量,这种软性力量的作用方式是渐进的,通过时间上的延展性和空间上的广阔性,在社会生活的各个层面逐渐彰显出来。

(二)文化力的界定与发展脉络

1. 文化力的界定

文化产品凝聚了丰富的想象力,对优秀文化也给予更好地传承和展示,传播优势相对比较明显。比如动漫人物夸张、诙谐的风格较大程度上彰显了娱乐精神;漫画、动画及衍生品覆盖了社会生活的各个层次,在国际文化贸易中占据了优势地位;文化集中在精神层面发挥作用,对于国家文化安全的意义自不待言……在构建国家文化"软实力"的诸多文化类型中,文化产业成为造就高强度文化影响力的核心产业之一。文化产品及其传播过程中承载的文化产生了"无形"而具影响力的柔性文化力量。这种由文化传播对其受众心灵和精神所产生的柔性的作用方式,我们将其称为文化产品文化力。

文化力实质是在产业中文化资源的动态结构中,通过对文化资源的组合、排列、调配等,使文化内在结构和要素构成比例上日趋科学合理,以形成更大的精神动力和文化张力,对社会发展产生积极的推动作用。

2. 文化产业文化力发展脉络

文化作品大都具有丰富的文化内涵,很多作品是文化作用的结果。许多儿童作品对文化资源的开掘很深入,由此产生的文化作用方式及影响心灵的效果很强大。文化要素的流动形成童话故事,而童话作品不同的叙事结构方式也是多种文化要素排列、组合、再分配后有机联结而成。儿童作品在将丰富的民族元素、异域元素、古今元素等文化资源用多种手法予以展示的同时,也为各民族文化的传承和发展提供了助推力。不同国家的儿童作品在人物塑造、叙事风格、制作手法上都有较大差异,这在一定程度上折射出各国不同的文化底蕴和民族风格。从时间、空间、文化内在差异的三个层面上,对文化产业文化力的发展脉络进行简要梳理。

(1)以时间为轴,古为今用:文化作品古今文化要素交融使用

以儿童动漫为例。动漫产业起源于美国。1896 年理查德·奥卡尔特的漫画作品《黄衣小子》问世,此后,漫画逐渐成为美国的热销书种。1907 年,美国人布莱克顿拍摄完成第一部电影动画片《一张滑稽面孔的幽默姿态》,电影动画的历史就此开始。这个时期动漫产业历史上第一个有个性魅力的动画人物"菲利斯猫"由美国动画先驱苏利文创作出来[1]。迪士尼公司在美国动漫产

---

[1] 殷俊,谭玲. 动漫产业 [M]. 成都:四川大学出版社,2009:19.

业领域具有开拓之功，它制作的《三只小猪》《白雪公主和七个小矮人》等39部动画电影作品，标志着美国动漫产业蓬勃发展。

早期的文化作品中，古今文化元素的搭配组合已较为常见。迪士尼公司出品的《白雪公主和七个小矮人》作为世界电影史上第一部长动画片，根据格林童话改编。它的叙事空间主要集中在森林和女王的城堡里，白雪公主、王子、皇后以古代宫廷贵族的形象出现，故事情节的展开辅以现代手法的布景、音响、动画、配乐和色彩搭配，让观众身临其境地进入到白雪公主的奇遇中去。多层式摄影机赋予画面鲜明的透视关系、景深感和构思层次。古代载体、现代表现方式在作品中得以共存，古今文化元素在动人的叙事情节中和谐融合。

古今文化要素的搭配在我国早期文化作品中同样体现得淋漓尽致。中国动画电影从1926年万氏兄弟的《大闹画室》开始，1941年我国推出亚洲第一部动画长片——《铁扇公主》，风靡亚洲。其后《大闹天宫》《九色鹿》《哪吒闹海》等在国际电影节上大放异彩，诞生于1959年的《小蝌蚪找妈妈》等水墨动画片，受到了世界的赞叹，被誉为国宝。在这些作品中，文化的古今层次结合得很巧妙，但这些层次大多归属于完全不同的时代，足见到国家五千年文明史形成的丰厚文化底蕴。《大闹天宫》《哪吒闹海》《天书奇谭》等传统动画片借鉴的是我国古代寺观壁画；《山水情》《小蝌蚪找妈妈》等水墨动画片脱胎于国画中的写意花鸟和写意山水；《渔童》《金色的海螺》《牛冤》等剪纸动画片吸取的是皮影和民间剪纸的外观形式；《南郭先生》《火童》融合了汉代画像石和画像砖的刚健风格；《三个和尚》《骄傲的将军》《医生与皇帝》则吸取了戏曲文化的元素。

古今文化元素在国内外文化作品中的的融合，使文化作品向历史文化资源的内向型纵深开掘，实现了文化要素跨越古今的对话，让受众能感受心灵的震撼。同时文化作品在世界舞台上进行传播，几千年文化的积淀也使作品素材选择有了文化源泉，为文化产业提供向前发展的原动力。

（2）空间位移，异域文化穿插：中外文化要素在文化产业中的组合

随着世界政治、经济、文化一体化的发展，加上市场准入的对等原则，各种资源在世界范围内都得以共享，由于精神传播的无空间性，文化资源是能够实现全球共享的资源门类。影视媒介将各个国家和各个民族的文化符号引入到地球村落中交叉传播。在文化资源跨越国界方面，文化产业对文化资源的整合能力是很强的，如前所述，它是可以从纵向时间轴、横向空间轴立体覆盖世界范围的；文化内容产业在自身的构思创作和传播中得以不断寻求超越性的目标，以赢得文化感受力越来越高的受众的心；文化衍生产品在营销和市场环节

的喜好层次是具有世界通行性的，好的文化形象的衍生品开发层次可以相当多元，受众由喜爱而产生的购买行为往往具有累进性；文化产业由于对文化资源的多元运用，符合文化运行的内在规律，其表现形式日益丰富，其在受众心灵和精神层面的作用力往往更加深远和直接，更由于文化，尤其是动画往往从孩提时期就开始伴随人的生命历程，而儿童少年观看时又大都有家长的陪伴与解读，它往往会带动家庭和个体对一生最美时期的回忆，对人生命价值和意义的形成具有不可替代的作用，所以文化比其他艺术的表现形式更具优势。

以日本和美国为例。日本是一个善于拿来主义的民族，日本动画的诞生，除了借用欧美技术外，更从中国文化里吸取了很多成分。二战后，日本制作了第一部根据中国故事题材改编的彩色动画电影《白蛇传》。日本动画作品《龙珠》不仅使用中国文化元素，更让这部片子打入了美国市场，在美国实现本土化，成立了专门的公司。日本《龙珠》中的孙悟空源出我国《西游记》，但是却脱离了文化原型，将孙悟空从外形和性格上都进行了颠覆性创作，《龙珠》中的孙悟空和《西游记》中的齐天大圣在不同的地域中物化为两个性格完全不同的人物形象：前者头发竖起，机灵古怪，更突出动作上的夸张与变化，后者则更多体现人物七十二般武艺，将铿锵有力的锣鼓点与打斗场面结合，充满中国传统文化的特色。借助相同的文化因子，融入不同的民族创意，文化作品使不同民族之间有了对话的契机，不仅开拓了文化视野，也为跨文化交流开辟出更多的对话空间。

美国动画电影《功夫熊猫》中，国宝大熊猫被塑造成了一个笨拙、贪吃、善良却又富有进取心和正义感的形象。影片创造性地将熊猫与功夫这两大中国元素结合起来，将中国的哲学思想、美术、音乐、烹调、书法等元素融入其中，再加入美国式的幽默，情节生动有趣，放大细节，动作处理细腻。影片迎合观众的思路，抒发观众的情感，引起观众的共鸣。

中外文化要素在文化作品中的组合，促进了文化的对话，帮助了先进文化的传播，有利于一种文化形态吸纳更多更优秀的文化元素来充实本身，提高文化自身的魅力和内在结构的张力。在探索文化的交流与融合中，我们不能因为自己暂时缺乏发扬它的思路或技术就将之长久尘封于历史。虽然我国文化产业可以从拥有持久魅力的中华文化中挖掘很多故事题材、角色形象、场景及音乐，但是到目前为止，罕有此类优秀文化作品在国际舞台上闪耀。恰恰相反，在文化共享平台上，国外通过挖掘能震撼视听的中国元素，生产出了获取高额经济回报且"中国味"十足的文化作品，中国元素也藉此契机得到广泛传播。

(3) 以文化内在差异为轴：文化产业文化力与同、异质文化要素的配比与动态结构

全球化是当今时代的特质，它带来更加开放和自由的观念。由于国家或地域文化之间存在着差异，促使人们相互之间文化交流愿望的增加以至于交流活动的频繁，但在取得某些文化的认同或趋同之后，也引发了各种异质文化的冲突。文化作品具有丰富的文化内涵，不同国家的文化作品往往在主题选择、角色塑造、动作安排方面存在较大差异，这折射出各国不同的文化底蕴和价值追求。有着"快乐文化"表象的文化符号包蕴着独特的话语解读体系，它是各种文化特质的综合体现，这不仅体现为文化的"美国风格"或"日本风格"，也体现为潜在的意识形态差异。国外文化作品在吸取中国一些文化要素的同时，将部分文化符号进行了异化。一方面，这种异化是通过相异的表现方式，如夸张的角色造型、肢体语言等来表现主题，这是文化表现在思维意识上的异化；另一种异化则是在民族符号当中加入它域的思想情感，以期在潜移默化中达到所谓的"文化殖民"的目的。

美国动画片《花木兰》中，滑稽可爱的木须龙帮木兰学做男人、花家的祖先为木兰出走进行辩论、皇帝是个威严和蔼的小老头、奶奶则是奔放开放的老顽童……这些都让人忍俊不禁。但花木兰身上更多的吸取了美国主流文化的个人主义、女性主义精神。美国式的花木兰将一个忠孝、勇敢的女英雄解构为自我实现的个人主义者。该动画将美国的现代理念融入中国的古老传说中。但是如果把这些放在中国木兰从军的故事框架中，却是割裂了外在符号与内在精神的联系，是对中国传统文化的误读。这种误读虽然吸引了观众的眼球，创下高票房，但是却可能使其他民族文化体系的人们，对中国传统文化产生误解与冲击，抹杀中国文化的独特性。这部以木兰从军作为叙事蓝本的文化作品，文化的多元张力展现得比较充分，不同话语体系的解读造成中外观众异质文化的冲突，动漫形象迪士尼"花木兰"实际上成为西方价值观的载体。这也是在国外大为叫座的花木兰为何在中国票房不佳、反响平平的原因之一。当代修辞学在研究"说服"活动时发现：成功地说服与交流并没有创造出与人们的现实世界不同的东西，"而只是在表达听众早已知道或感觉到并接受的东西"。[①] 这一发现同样适用于人类的文化文本，尤其是大众文化文本。文化作品中异质文化要

[①] 殷俊. 美国动画片缘何在中国受欢迎？——对动画电影《功夫熊猫》的符号学与传播学解读[J]. 装饰, 2008 (12): 98—99, 转引自：大卫·宁. 当代西方修辞学：批评模式与方法 [M]. 北京：中国社会科学出版社. 1998: 78—93.

素的配比应控制在受众接受心理和文化心理挑战之间，调整异质文化要素对受众心理的过硬冲击。

（三）文化力与文化软实力价值内核的形成

1. 文化力之于文化产业的价值分析

文化作品是以人物形象为基础、以现代传媒为传播渠道的大众文化代表类型。它构成一种与音乐类似的世界通行的文化语言，有着超越国籍、种族的力量，是一种先天具有强大全球渗透力的世界共享文化。文化产业通过对文化资源的不同排列、组合、调配，使文化在内在结构和要素构成比例上形成精神动力和文化张力，二者合力积淀之后形成文化产业文化力。文化力以柔性传播方式将丰富的文化资源供文化产业发展使用，并将各民族文化元素构成文化产业精神的内核。

（1）文化力以文化产业为载体，实现文化传播

文化作用力的产生需要附着在一定的物化形态上，文化产业文化力以文化产业为载体，实现精神文化和消费文化。首先，文化属于精神层面，文化作品及其衍生产品作为一种视觉符号，跨越了语言文字的传播障碍，在数字媒体环境下快速流行于本国和异域他国，在受众消费精神与物质产品的同时，也将文化作品形象及作品中所承载的文化主动植入内心。文创作品将民族世界观、价值观以"快乐文化"的方式，潜移默化地灌输给每一个受众，并使受众在快乐接受的同时产生文化认同，以无形而具影响力的柔性文化力量改变人们的思维方式和行为方式，对受众起到精神引领作用。其次，文化作品属于消费文化，消费文化的产生和发生，需要依托于一定的载体。文化作品的核心载体是人物形象，通过形象与形象之间合乎规律的对话与运动来构成叙事，对受众的精神形成感召和影响。

动漫产业是文化产业的重要组成部分，也是陪伴儿童成长的重要同年伙伴。许多动漫作品形象通常以书刊、光碟、电视栏目、电影、文具等为传播载体，比如为了切身感受或"亲密接触"动漫形象，动漫爱好者通常购买带有动漫形象的物质载体（产品），或购买接近带有这种动漫形象的权利，如买电影票、为动漫电视节目付费等等。动漫作品在展示和传播的过程中悄然营造着动漫产业的市场氛围，不断培育和壮大着动漫产业链及各产业环节的消费群体，扩大了消费市场，拉动动漫产业经济的发展，形成动漫消费文化。但是文化作品主要以精神引领作用为首，在顺利实现精神价值后，才会有消费文化的产生，消费文化服从并服务于精神文化。

1）动漫主题公园使想象空间化为物质世界，完善文化产业链

动漫是文化产业的瑰宝。很多动漫形象是吸引儿童的核心，它不仅是一部

动漫作品的风格标识，也是动漫产业这种视觉文化最重要的载体。动漫角色的成功设计，不但意味着整部动漫作品成功后带来的巨大市场空间、持续盈利的后续空间，还意味着由动漫角色形象衍生出来的产品上可以蕴藏文化价值。动漫主题公园囊括了动漫形象、动漫作品、动漫衍生品等等，在产业链上是一个处于下游的产业。文化内涵的拉动作用对主题公园的长远发展至关重要。动漫主题公园突出娱乐性、参与性、体验性，使文化创意由虚拟转为实体，它将优秀的动漫作品和可爱的动漫形象具体物化，将作品中一个个虚拟的想象空间转化为具体的物质世界。受众可以由联想空间进入到现实存在的主题公园中，真切感受凝结在其中的快乐文化。动漫主题公园往往可以拉动数百亿元以上的投资，带动城市化的发展，形成区域竞争力，实现城市发展新的经济增长点。在文化转化为资本的同时，也是动漫主题公园从下游对动漫产业链发展进行完善的过程。

2) 以动漫文化运行体系为逻辑，实现文化资源向文化资本的高效率转换

在文化力的产生与发展过程中，古今文化、异域文化、同异质文化要素和文化因子在创意这根"魔棍"的指挥下巧妙组合。文化要素和文化因子之间的流动，相互影响、相互作用，正向叠加后产生了更大的"文化合力"，既体现着文化的广度，也体现着文化的深度与历史的厚度。但是文化发展自成体系，对文化要素的组合和配比应以动漫文化运行体系为逻辑。

遵循文化运行体系，依托对文化要素的深度开发，融入高层次、高水平、高智力的文化创意，可以创作出更优秀的动漫作品，提高受众心灵感受度，唤起其对美好时光和美好事物的记忆，进而培养起忠实受众群，拉动动漫影视作品、衍生品的开发和消费，在扩大文化产业经济本身，提升产业经济实力，从而有效提升文化资源向文化资本的转化。

2. 文化力对文化产业的作用

(1) 对文化发展起普及作用

动漫产业作为文化产业的重要组成部分和新知识型经济形态的代表，它的创作是基于民族传统文化和价值观念而进行的。动漫作品在传播过程中，不断进行动漫文化的积累和渗透，使受众得以感受民族文化发展的脉搏，动漫作品承载的尊老爱幼、从善行德等传统美德在受众心中打下烙印，并潜移默化地作用于受众的日常行为、生活中，这种柔性影响力不断扩大，为核心价值观的形成做了铺垫。我们现在提出的"和谐社会""和谐世界"的理念和主张，就是中华民族在优秀的传统文化基础上，结合世界文化发展潮流进行的文化力再创造的结果，是对当代中华民族文化的核心价值的追求。而4岁—14岁的儿童

是动漫影视作品收视、动漫衍生品消费的一个较大群体,动漫作品在给低龄受众带来快乐的同时,也对文化发展起到一定的普及作用,有利于全民素质的提高。如《蓝猫淘气3000问》透过主角"蓝猫"和伙伴们的历险过程,利用其遇到的问题,向小朋友提供了宇宙星空、生态环境、人文历史、生物百观等方面的知识,简直成了一部"儿童百科全书"。

(2) 建构文化世界的美好图景

通过丰富的想象力,动漫作品对文化要素、文化创意进行组合搭配,以巧妙构思将生动、形象的故事予以展示,进而给受众建构了一个充满童趣、快乐的美好世界。动漫影视作品大都在小孩成长时期开始导入,很多人得以在孩提时代感知蜡笔小新的可爱、白雪公主的善良、狼外婆的诡计、花仙子的美丽、威廉城堡的神秘、阿拉神灯的魔力……生动、鲜活的动漫形象在儿童心理留下美好回忆,儿童开始区分善恶、美丑,并潜意识开始主动向真、善、美靠近,通过想象,儿童自觉、不自觉地开始构建自己美好的童话王国,这也是他们构建文化世界美好图景的一个小缩影。

(3) 引领文化产业的良好发展

文化产业是国民经济的支柱性产业,近年来正呈现良好的发展态势,它成为经济发展新的增长点,在提高国际文化软实力方面发挥着举足轻重的作用。《文化产业振兴规划》中,提到的加快发展的重点文化产业包括:文化创意、影视制作、出版发行、广告、文化会展、数字内容和动漫等[①]。在这些新兴的文化产业中,动漫产业是创新性很强、对日常生活渗透很直接、对意识形态传播更深刻、对相关产业带动性很广、增长快、发展潜力大的产业类型之一。它是文化产业的重要组成部分和新知识型经济形态的代表,是构建国家文化软实力、造就高强度文化影响力的核心产业之一。动漫产业包容性高,既有硬实体,如主题公园、旅游业、玩具、图书等,又兼"无形"而具影响力的软性文化传播,在构建文化"软实力"的诸多文化产业形态中,动漫产业具有领跑者的姿态,引领文化产业的良好发展。

3. 文化力成为构建国家文化软实力价值内核的主体

约瑟夫·奈认为,文化软实力是指一个国家维护和实现国家利益的决策和行动的能力,其力量源泉是基于该国在国际社会的文化认同感而产生的亲和

---

① http://www.gov.cn/ldhd/2009-07/22/content_1371926.htm.

力、吸引力、影响力和凝聚力[1]。硬实力（经济、军事）通常依靠"施压"迫使他国非自愿接受，是直接的、即时的、集中的、显性的；文化软实力则通常依靠"吸引"得到他国自愿认同，是间接的、历时的、弥散的、隐性的。文化"软实力"往往从人的感性入手，逐渐向人的理性渗透，在长期的影响下形成对人的思想观念、价值标准的有力感召和再次塑造[2]。文化软实力的价值内核主体即是一个国家的主流价值观，这种非强制的精神牵引力量所造成的巨大文化向心力，能够强化国民的文化认同，增强民族凝聚力；也能够将他国国民争取为本国的精神追随者，使之成为现实的国际支持力量。文化产业文化力是国家软实力价值内核主体，主要体现在三个层次：

（1）先进文化中凝结着国家的核心价值观

核心价值观简单来说就是某一社会群体判断社会事务时依据的是非标准，遵循的行为准则。社会主义核心价值观就是以人民为主体，以人民的利益为标准，在全社会实现和谐、仁爱、平等、公平、正义的价值观。先进文化作品的创作基于民族传统文化和价值观念而形成。文化作品通过生动鲜活的动漫形象、丰富的背景元素、多元的地域文化、紧凑的动画节奏、别出心裁的叙事架构体系，将和谐、仁爱、共享、发展等文化理念融入其中，"润物细无声"地作用于受众的心理行为中，通过不断积累和沉淀，这种作用力和影响力不断扩大，为核心价值观的形成做了铺垫。我们现在提出的"和谐社会"、"和谐世界"的理念和主张，在很多动画作品中都有所体现，如《秦时明月》国产武侠动漫宣扬的侠义精神、《晶莹小子》中正义必定战胜邪恶的故事、《功夫熊猫》中龟仙人所说的There is a saying, Yesterday is history, Tomorrow is a mystery, But today is a gift, That is why it's called the present (the gift) 等。

（2）先进文化维系着主流文化的传承与发扬

大部分儿童文化作品是通过将主人公设定为与受众年龄相仿，且处境相近的状态，并通过主人公不懈的努力而获得成功，这种自身情节发展和商业化的需要在潜移默化中将励志的世界观、主流文化、民族文化以深入浅出的方式传达出来，使受众在欣赏作品的同时，受到感染，并获得乐观向上的人生观，巩固、加强民族认同感。主流文化、民族文化是把国民凝聚在一起的无形的纽带，一脉相承的华夏文明是中华民族之所以历经数千年仍然具有强大凝聚力的

---

[1] Joseph S. Nye, Jr, Bound to Lead: The Changing Nature of American Power, New York: Basic Books, 1990.

[2] Nye, Bound to Lead, p. 31. 转引自李希光，周庆安. 软力量与全球传播 [M]. 北京：清华大学出版社，2005：26.

文化因素,文化认同推进着民族认同,文化身份成为民族身份的重要标志。文化产业对主流文化和民族文化的大力弘扬,能够不断巩固和强化民族意识,维系文化的传承与发扬,进一步塑造中华民族精神,推动国家文化不断发展。

(3) 先进文化对个体心理具有较强的塑造力

一部真正优秀的儿童文化作品,能以情动人,以理服人。其故事内容关注的核心是人性中最美好的情感。人世间的真善美,人与人之间的亲情、友情、爱情,以及诚实、勇敢、自信、拼搏等人类宝贵的品质,都通过人物幽默夸张的表现手法得以展现,并以儿童的视觉和认知习惯进行表述,在使儿童感受到童真与快乐的同时,也感染着他们幼小而纯洁的心灵,引领他们感悟真情,体味人生。其次,优秀的儿童作品能准确地把握儿童的审美心理,充分发挥作品的独特审美特性,以优秀的动画形象承载精彩的故事情节,表达美好的情感,营造少年儿童的纯真空间;同时又以丰富的想象潜移默化地诠释人生的哲理,达到与儿童的审美心理最大程度的契合,对儿童个体心理形成较强的塑造力,进而伴随少年儿童健康快乐成长。

第二节　儿童新媒介技术运用的文化维度分析

新媒介的技术优势与强大的传播功能,使媒介接触过程更人性化,更能贴近用户所需。若能在儿童使用过程中充分得到发挥和利用,则毋庸置疑地能够提高儿童信息接触成效,促进儿童文化生长。从社会角度来审视,其具有更深层的文化意蕴。本章节中我们将从文化维度分析新媒介技术带给儿童成长的深层转变和内在要求。

一、主体维度:个性彰显、社群分享互动中的多重身份转换

(一) 零门槛的准入机制驱动,儿童个性与能动性得到彰显

法国社会学家皮埃尔·布尔迪厄(Pierre Bourdieu)最早提出"场域"的概念。他认为场域是一个包含不同利益主体及相对关系位置的客观关系系统,是社会成员按照特定逻辑共同创建的时空环境,在这个相对自由的环境中社会成员获得参与讨论社会事务的机会。从这个角度看,媒介也是场域的一种。它是信息产生、传播的时空环境,是多种力量为了争夺内容生产、信息传播而展开斗争的领域。人是媒介场域及整个文化系统的主角,尤其在今天,对新媒介及其内容生产、文化传播起着绝对主导性作用。在新媒介使用过程中,人的主动介入和深度解读,能够使新媒介所承载的符号和文本意义得以重新建构,并

进行深层次的意义输出。人们依赖媒介及技术来建构主体性，媒介技术的更新和发展有助于人们主体身份的生成和个性化的发挥。儿童在与媒介的交互作用中，儿童的个性以及主体能动性发挥的程度，也就成为我们考量媒介使用效能的首要标准。

新媒体时代的孩童媒介接触几乎"无师自通"。传统媒体时代，杂志图书报纸等纸质媒介主要以文字作为信息载体，这就对儿童媒介接触的文化水平进行了条件限制，儿童必须要具备对文字符号的解码能力。从这个意义上来说，纸质媒介将低龄儿童与成人的媒介接触世界进行了区隔。但是，数字技术的快速发展进入所谓读图时代，数字媒介时代，信息解读呈现一种开放姿态，更多信息以影像、图片、声音等多种形式面向用户，造成媒介接触的低门槛、跨媒体、普遍流通性的特点，一定程度上消除了儿童进入网络世界的诸多障碍。

随着信息技术的普及和发展，移动互联网和智能手机的突进式发展，使得儿童信息获取的行为和渠道更为便捷。手机已经发展成为人们社会生活寸步不离的基本工具，集信息传播、交流、搜索、获取、游戏、娱乐等功能为一体。如今，人手一部手机早已经成为社会现实。今天的儿童，打从记事起，就从父母、长辈那里，拥有了接触手机、平板的机会，也是如此，他们已经或潜在地构成了新媒介技术的用户群。甚至很多儿童早教课程，已经通过线上授课的方式，让儿童主动参与信息获取的过程。在这样的数字媒介环境中，媒介接触对个人知识水平和理解能力的要求已经大大降低，即使识字量很少的儿童，也可以获得大量信息资源。因此，数字媒介几乎零门槛的准入标准，为广大儿童群体进入网络世界提供了途径，使得广义上的媒介接触在儿童群体普遍开展起来，每一个儿童，不管他的生长环境和个性特征，媒介接触都成为他们的一种便捷的日常生活行为方式，从而使得参与传播的儿童在"量"上得以获得自由发展。

（二）超文本叙事方式调动了儿童参与的积极性

儿童在非线性超文本的接触过程中，其自身的主动性、能动性也得到了发挥。非线性超文本话语表达改变了书面文字所遵循的围绕具体主题延续展开与逻辑论证的线性特征。超文本否定了终极解释的必要，它为所有不同的解释创造了生存的话语空间与意义价值。尽管基于身份的阶层分化在网络世界里并未完全消失，但区别于建立在物理身份之上的现实世界，网络创造了新方式进行身份识别与权威赋予，人们依据他人在网络空间里使用超文本话语、符号的能力与媒介应用技巧，以及所传递资讯的重要性、解读信息的深度性来进行网络世界中的话语权力建构与身份赋予，而这些与他人在现实社会里的性别、所属阶层、职业、社会地位等并不产生直接关联。

美国社会心理学家乔治·赫伯特·米德认为，个人的自我并不是与生俱来的，而是在社会实践的过程中逐渐产生、发展和充实起来的，它作为个体是在与整体社会发生关系，并且在这一关系过程中，与其他社会个体建立关系、发生结果，从而发展起来的。[①] 脱离了现实生活的藩篱，儿童的主体性和身份建构需要借助自己的行为及其与社会的关系来完成。而媒介的隐喻功能、身份赋予功能正是使人对世界有所认识，对自身身份有所认同。

在网络世界中，用户通过自身的主动性的发挥，选择和确认和自身进行交互的文本内容，这样被选择的文化符号就具有了用户个体的独特性，彰显着其自身的主体身份。如果说传统纸质媒介形式下的阅读还由于文本资源的限制而使用户受到文本选择的约束的话，那么，数字媒介海量的信息资源以及非线性超文本的资源存储方式，就极大地保障了用户阅读的个性化选择。数字化阅读视听带来了前所未有的自由性，儿童完全可以凭借自己的经验、兴趣、情感和想象力等个体性因素对数字内容做出特定选择，可以完全随性阅听，随时参与，儿童的主体地位、主观能动性得到了彰显。

建构主义学派认为无论是社会结构、发生的社会事件这些"外在世界"还是价值观、本能、意识等"内在世界"，都不是一种既定的存在，而是由相关行动者借助于特定的语言符号、话语、文本、理论建构起来的社会世界。信息爆炸带来的信息呈几何层数递增，儿童在媒介使用过程中自觉或不自觉地进行了查找或浏览。透过诠释来掌控这些破碎化的信息来形成整合性的知识，通过一个线索便捷地联结到另一个线索，从而获得更有效或更深入的信息，在这个过程中，儿童不仅仅只是接受信息，而是在搜寻和整合相关的信息来形成一个整体的阅听体验，这个过程体现着儿童个性与主观能动性的发挥。

对于儿童而言，徜徉在数字化媒介信息中，自身也得到了酣畅淋漓的释放和满足。他可以随心所欲地点开自己感兴趣的数字化内容，获得自己想要获得的信息，并通过自己的理解将之统整在自身的认知结构当中。同时，在线查找行为，也使得儿童在阅听时发挥着自己的能动性，用一种探索发现的方式，改变着传统纸质阅读直线前进的阅读形态，彰显着数字化媒介接触过程中儿童作为主体的角色与中心位置。

这里以很多儿童在社交软件中喜欢传播的表情包为例。制图技术的进步和网络文化的繁荣对促进表情包的发展提供了大力的支持。1982年9月19日，

---

① 乔治·赫伯特·米德.心灵、自我与社会[M].赵月琴，译.上海：上海译文出版社.2005：17.

美国斯科特·法尔曼教授，用 ASCII 字符："：一)"来表示微笑，由此诞生了首次电脑笑脸。1994 年出现了 Unicode 字符，颜文字的创作和传播开始盛行，也获得社会广泛接受。小黄脸式图像符号逐渐取代了由字符组成的表情符号，这也是图像的胜利，1999 年的美国 Emoji 表情符号仍活跃在各社交平台，再是如今大行其道由网友自创的原生态"meme"表情包。表情符号形式随着网络技术的发展快速更迭，2004 年以兔斯基、阿狸等迅速蹿红的表情包开创了自制的先河，同时，静态表情图集也逐渐满足不了网民强烈的表达需求，flash 等动画制图软件制作而成的 GIF 格式表情包，是目前使用最多类型的表情包。

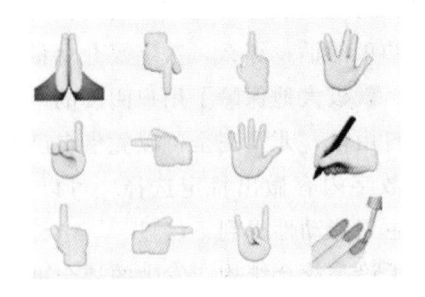

图 3-2　部分 emoji 表情

图 3-3　Line Sticker 贴图表情

相对比文字信息，表情包是集叙事性和视觉性一体的网络亚文化代表，以各种影视作品、明星表情、综艺节目作为网络表情包的来源，这些表情包在社交平台得到广泛传播，同时各种表情包制作 APP 诸如"表情工厂""斗图神器"等也应运而生，这便促成了"天可不聊，图不可输"的社交方式。对于儿童来讲，社交传播中表情包的使用更契合童心，也更简单。表情包制作通常由流行元素图像和文字组合而成，一定程度上能减少纯文字交流的枯燥和单调，同时也弥补"不在场"的情感、态度和表情等方面的交流。图像式的交流直观表达出儿童的态度和情感，大大降低了理解文字和语音的难度。

多样性的素材，可以针对同样的事件内容，生产出各式各样的表情包用来表达自己的调侃与戏谑。表情包形式简单，主要是纯文字、纯图片或者图文结合的静态或者动态图，但就是通过对这些简单的符号编码往往更能传递出更加丰富且准确的信息，使儿童可以准确地解码和接受。

根据施拉姆的媒介或然率公式指出人们倾向于选择自身容易获得或使用便捷的媒介产品。表情包集搞笑、夸张、象征、映射等修辞手法于一身，在表达用户，尤其儿童自身情感的释放时吻合"快乐原则"。

（三）圈层化互动中潜在的情感建构与身份认同

随着信息技术的快速发展，以移动互联网为依托的即时通信迅速崛起，其低门槛、开放便捷、虚拟性等特征激发了人们自由表达情绪与言论的欲望，信息传播范围向纵深延展。以微博、微信、微视频和客户端为代表的"三微一端"社交媒体兴起，进一步激活了以个人为基本单位的社会化传播，个体拥有了更多的社会话语权，改变了以往以机构为基本单位的社会传播格局，取而代之的是以个人为基本单位的社会传播，信息传播格局正在发生深刻变化。

当下社交媒体的较高普及率与频繁使用率，促使信息生产与传播的圈层化，人们逐渐形成依赖圈层化的渠道获取信息的惯习。人际关系发展过程中出现了一个个隐形的"信息茧房"。"茧房"里面的人们往价值观相似，兴趣相投，感性冲动，对信息的解读很多时候经过情感过滤与立场筛选后，形成表面上的合理性与认知上的正当性。

在这个过程中，数字化媒介时代的儿童有的在四五岁就开始有自己的QQ、微信号，或者学会用家人的社交软件查看、收发信息。社交软件强大的交互性使得儿童的阅听行为不单纯表现为单向度的私人化行为，不仅仅是个人观看和思考的个体化动作，而是一种集"搜索、阅读、评论、分享"为一体的社会性行为；社交阅听不仅仅是与他人的社会情境互动，还是与文本内容情境的互动。这个过程中所体现出的信息分享、情感联络与互动、新型网络人际形成等都源自儿童在圈层化传播中自发的传播需要。

数字媒介网络化发展已经成为现实。凭借技术手段，儿童在线上的交往对象和交往空间都得到了巨大的拓展，不仅丰富了信息获得的手段，更重要的是逐步建立起一个突破物理空间限制的虚拟世界。在这个虚拟世界里，高龄儿童能依据自己的兴趣和需要，搜索并参与某一个网络交互社区，并热衷于在其中

113

交流意见等。在一些儿童网络社区里我们可以看到,许多孩子在其中表现非常活跃,已然成为虚拟圈子里的核心人物。尽管现实中他们并不相识,隔着遥远的空间距离,但通过数字媒介,他们形成了共同的数字化阅听社区和用户群,这样的数字化文化已然成为儿童与他人交往的一种方式和渠道。

作为成长中的儿童群体,他们在虚拟世界的这种线上分享与互动活动不容小觑,这是他们对世界的表达诉求,也是他们主体价值的展示。在数字化媒介使用中,每一个儿童的个性化言论和行动都在向其他人展示"我"的存在,是个体追求身份建构和身份认同的过程。费斯克认为,不同社会的意义生产与流通,除了建立在文本提供的意义框架之上,更依赖于读者的参与和创造。儿童在网络社区里通过留言板、论坛、聊天社区、微信、QQ群、微博或博客等主动表达意见,并与其他用户进行互动交流,不仅仅是他们对信息的处理过程,更是儿童作为社会独立个体的主体性多向度的方式自我呈现,不仅使其可以获得因不同身份的角色扮演所带来的不同身份体验,更使其可通过自身的交往意念和行为逻辑来形成与他人和社会的互动式影响,以实现各种形式的自我认同感,进而在这一过程中形成了一个个的"自我为中心"的主体世界,不断充实建构自身的主体意识和价值观念,促进对自身身份的认同。事实上,真正令儿童感到满足和愉悦的不是内容本身,而是在这一生产和掌控的过程里,他们的主观能动性得到充分的释放和发挥,是他们在实现自身的表现欲时,在与其他主体展开互动对话时所产生的满足感。因此,可以说,数字化媒介使用的开放性和自由性,使得信息获取变成了一个可以释放自己内心想法和情感的主动的体验过程。儿童在这个虚拟世界里积极地与他人或自我互动,从而积极地进行自我构建,这是他们数字化生存状态的真实写照。

此外,除了社群性的参与之外,还有另一种可能的参与方式则是儿童与文本之间的参与性。对纸本的故事书来说,其故事的发展是线性的,儿童随著作者所设计的故事线前进,自身并不能改变故事的发展脉络。然而,当数字化之后,则有可能透过儿童担任不同的角色扮演,采用不同的决策,或输入不同的行为选项而改变故事发展的脉络,甚至影响故事的结局。当电子书采用这样的设计时,将有可能让儿童更加投入在此阅读经验中,并且感受到对于阅读经验的控制感。目前大多数游戏的设计都容许使用者自行选择其偏好的角色,并且依照其游戏行为来决定后续的变化。而倘若这样的设计又再加上其他使用者的扮演,那么整个游戏的进行的可能性就更为丰富了。目前许多儿童数字读物已然朝着这个方向前进,儿童会越来越适应并习惯在与文本内容的互动中建构自身。

（四）在线交往与内容解读中多重身份的转换

信息、传播技术的发展，使得人类的交往有脱离身体的可能性。移动网络与虚拟现实技术以及人工智能技术，以两种殊途同归的方式突出了身体的重要性：移动网络使得人们可以随时随地实现远程在场，"在场"与"身体"史无前例地分离了，虚拟的身体被制造出来，主体在场的方式也彻底更新了；而人工智能，则是以技术与身体的直接融合，创造了新的身体，甚至是与肉身无关的仿真身体。这两种方式极端地突显了身体的变革，并进一步引发了主体在场方式的颠覆性变化，改变了人与世界的关系。

VR技术以图像符号和沉浸式的表达方式，取代了传统的文字与视觉符号的思维方式，它创造的是一个虚拟与现实合成的世界。可能会进一步削弱用户对VR信息的理解能力。VR信息貌似客观和真实的技术呈现背后，存在着巨大可操控性和人为建构的可能性。

现在的儿童，在其成长过程中伴随有大量接触新媒介的机会、大量沉浸式体验的情境。

随着儿童年龄的增长和身体机能的成熟，他们的自我意识、自我评价等概念逐渐发展完善，更是在新媒介使用中形成自己独特的世界观、人生观和价值观，他们对于自己所接触的内容有不同的观点，也有选择主动表达看法的主体权。儿童通过使用新媒介了解和掌握各类内容，对于某些引起自己共鸣的信息会产生一种自我表达的冲动，他们利用新媒介主动地表达自己的思想、通过新媒介与他人进行实时互动、在与他人探讨辩证的过程中，发展自己的思维力和提高自己的表达能力。

角色被动——角色主动。凭借数字媒介强大的信息融合量和交互作用，传统的被动的用户身份发生着本质性的变化，以往简单的信息接收者身份依然存在，这是人们媒介接触的基本需求。但是信息获取从原来的被动转为主动。

信息接收——信息传受。新媒体时代，信息接收是双向乃是多向的、互动式的，可以选择点对点，点对面或面对面等方式，此时用户不再是单向传播中被动接受信息的一方，而转而可以主动搜索、整合和阅读信息，并可以按自己意愿对文本进行发表评论、打分、排名、分享经验、或贴上标签等，他发表的内容将可能成为其他用户阅读的对象，用他自己的语言和主动行动去影响其他读者对该文本的感知体验，甚至与整个网络世界里任何有共同兴趣的人一起讨论，从而让信息接收与社交不断延伸下去。儿童混迹在网络化数字平台中，也不再仅仅是传统意义上的接收者，尽管他们由于信息资源的匮乏导致身为信息接收者的身份依然重要，但不能忽视的是，儿童也可以发挥主动性，在网上检索感兴趣的信息,浏览阅读内容,还可通过微信、微博、博客等网络自媒体进行自我表达、传播观点、发布信息,与其他用户共享信息、分享经验、交流体会。这样,儿童就与互联网络上的其他人和信息形成了文化共同体,自身也产生了多重复杂的身份,如信息的评判者、信息的创造者、信息的传播者等。

一些由儿童创造的媒介微内容,文本形式短小精炼,甚至延伸至现实的日常生活:大到百科类(如维基百科、百度百科等)、原创类(如网络文学、网络歌曲、微视频等)、消息类(如博客、微博、微信等),小到购物商城对一件商品做出的几句话评论,网络日志、博客等内容的更新,包括儿童在内的人们可以用自己的切实体验和话语权表达,表明了自己的立场和观点。这些微内容放在整个网络当中可能看似毫无逻辑和体系可言,然而对于这些微内容的作者,也即儿童自身而言,却意义重大,因为这些内容代表着每个孩子的身份及其存在价值,凸显着儿童作为人之本身的独特和自由。

二、时空维度:随时随地的媒介接触与沉浸式跨屏感受

Wavemaker2019 年发布的《数字时代的中国孩童白皮书》显示,中国 6—15 岁孩童的数量高达 1.6 亿,他们已经成为高度数字化的一代:开始使用电脑的平均年龄为 7.8 岁,开始使用智能手机的平均年龄为 7.3 岁,大部分在 9 岁以前都已接触各种智能设备、电子游戏和社交媒体。手机、平板电脑等可以联网的新媒体设备伴随着新一代儿童成长,成为他们的"身体器官",因此他们也被称为"新媒体儿童"。[1]

通过对 30 个家庭的面对面访谈,同济大学艺术与传媒学院副教授陈青文发现其中 1/3 的孩子拥有自己的新媒体设备,2/3 的孩子与父母共用。比起小学组,幼儿园组拥有自己新媒体设备的比例更高,这说明新媒体使用呈现低龄化。据统计,一半以上的孩子使用新媒体的时间较长,尤其在周末,几乎一天都超过 2 个小时。而且孩子越大,对自己的新媒体使用时间越不满足,小学组的受访者多数觉得自己的使用时间不足,"即使一天 2 个小时仍觉得短"。

而中国青少年宫协会儿童媒介素养教育研究中心历时 1 年,对 18 个中心城市的 3 万多名儿童(3 岁至 14 岁)及其家长进行了调研。调研显示:幼儿园时期(3 岁至 6 岁),44.1% 的孩子开始玩网游;小学中年级(9 岁至 10 岁)时,儿童周末玩电子媒介的平均时长达 63.57 分钟;初中(13 岁至 14 岁)时,

---

[1] 儿童使用新媒体出现低龄化倾向 如何保护"未成年的你"[EB/OL]. http://edu.sina.com.cn/zxx/2019-11-01/doc-iicezuev6394441.shtml.

91.8%的儿童使用QQ，其中33.7%的孩子有陌生网友。

本课题组通过问卷调查的方式，随机选择了重庆市几个主城区的儿童进行媒介接触情况调研：

（一）儿童使用数字媒介终端情况

表3-1 儿童数字终端使用情况

数字媒介终端	所占百分比
手机	57.14%
平板电脑	48.57%
数字电视	44.76%
kindle，汉王	11.43%
从未使用过	7.29%

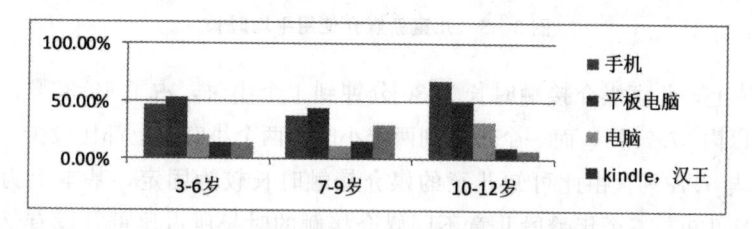

图3-4 不同年龄段儿童新媒介终端使用情况

从表3-1可知大部分儿童都已经接触过数字媒介设备，从未使用过的仅占7.29%，其次大部分儿童经常接触的设备为手机与平板电脑，数字电视次之，最不经常使用的是kindle等电子阅读器。电子阅读器尽管相对来说具有护眼功能，这可能是因为一方面是由于电子阅读器其本身的普及率低，另一方面是其阅读方式的单一性不符合儿童的阅读习惯。选择两种及两种媒介接触方式的人占了85%，说明儿童倾向于多种方式进行媒介接触。

从图3-4可知不同年龄段儿童对于终端设备使用情况虽有差别但是手机、平板电脑仍然是主要方式，尤其是手机。随着年龄的提高，手机、平板电脑在儿童接触的媒介中的占比也开始上升。与前两个年龄段不同，10-12岁，手机、平板电脑、电脑三足鼎立的形式，也就是说儿童的媒介接触的形式随着年龄增长而越来越丰富。

（二）儿童数字阅读频率与时长

1. 儿童数字阅读频率

总体上在儿童进行新媒介接触频率中每天数次所占比重最高为53.48%，每天一次的为20.43%，接下来是2-3天一次，占19.57%，而三天以上一次的最少，仅占 6.52%。说明儿童进行媒介接触的频率很高而且较为稳定，大部分儿童每天几乎数次进行数字阅读、娱乐等。

调查显示，10—12 岁儿童每天数次的比重猛增，以及最后三天以上一次的在三个年龄段呈现出下降的趋势，说明随着年龄的增加，儿童会有更多的机会接触到新媒介。

2. 儿童平均每次接触时长

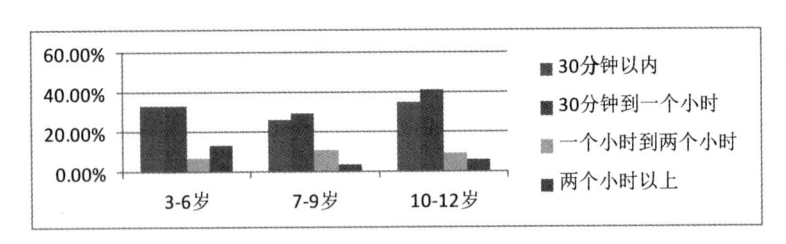

图 3-5　儿童新媒介使用平均时长

总体上，儿童媒介接触时长为 30 分钟到 1 个小时，占了 43.33%；其次为 30 分钟以内 37.78%，而一个小时到两个小时，两个小时以上都比较少，分别占 11.11% 与 7.78%。由此可知儿童的媒介接触时长较为固定，基本上为 1 个小时。由图可知，三个年龄段儿童不同媒介接触的时长所占比重并没有呈现出特别明显的变化，30 分钟以内与 30 分钟到一个小时的所占比重最多，并且随着年龄的增长，两个小时以上的所占比重有所下降，说明儿童媒介接触的总体趋势是以一个小时以及一个小时以内为主，而 3-6 岁儿童才更有可能进行一个小时以上的阅读时长或在线学习等。

(三) 儿童媒介接触的地点多元

任何时间节点，只要儿童有新媒介接触的意愿，数字媒介都可以提供他想要的资源和信息，对于具有空闲时间的孩子而言，这种随时随地可以进行的媒介接触迎合了儿童的需求。近年来，随着 5G 的到来、资费的下调以及手持移动设备计算性能与存储能力的增强，儿童口袋中的手机、掌上电脑和 IPDA 等手持式移动设备可以让孩子们在任何时间或地点获取、处理和发送信息，使交流无处不在、信息无处不在，也为儿童依托手持式移动设备和无线网络开展媒介接触活动、传递信息提供了可能。

(四) 移动跨屏普遍存在

随着移动互联网技术的快速发展，用户可以根据不同生活场景选择不同的信息接收终端。很多人每天从上班到回家，都会变换使用电脑、手机、平板等多种设备。跨屏穿越功能通过统一账号绑定进行 PC 和移动终端之间的跨平台同步，直接穿越到其他移动设备上，增强了用户的阅读衔接性，有效地串联了用户的碎片时间，完整了用户的阅读体验，给用户一个快、简、阅的全面体验。跨屏阅读的存在，让儿童新媒介使用不再局限于某一个设备之上，一篇内容在同一账号的支持下实现不同设备上的同步阅读，这也使得手机、平板电脑等移动终端能够让儿童享受更好的新媒介使用体验。目前来看手机与平板电脑是最主要的设备，并且随着年龄的增长手机、平板电脑以及电脑的比例都呈现出上升趋势，这与手机日益成为个人必备移动终端以及电脑广泛进入家庭是分不开的。

（五）沉浸式体验让儿童新媒介使用更有动力

虚拟现实带来的深度参与性取代了以往传统的、程式化的教育模式，这个时代，我们更加注重参与者的感受与个体差异，以期达到最好的体验感受，孩子和家长的兴趣被激活，在寓教于乐中感官被调动，完成对世界的探索、知识的获取与情感的赋予。课堂学习之外的非正式学习甚至超出正规学习成为最重要的学习方式。比如生活中的司空见惯的，通过媒介接触轻易地获取、存储、生产和流通信息，并在愉悦的心态中获得一种轻快的乃至附有一定娱乐性的阅读和学习体验。新媒介丰富的内容与呈现形式吸引了儿童，AR、VR、MR等高新技术的快速发展，实现了线上线下的交流和互动、沉浸式体验带来了身临其境的场景感受、多媒体的交互效果促使儿童持续性、继发性接触新媒介，以满足儿童获取新知、学习、娱乐等多种需求。

三、技术维度：技术属性、教育、人文关怀的逻辑关系

（一）对技术的过度推崇超越了儿童正常的生长曲线

当下媒介技术已然深刻融入儿童生活学习中。媒介技术的介入先行扩展了儿童的智力空间，提升了儿童的自主性与独立性；但是另一方面，技术的过度使用存在着让儿童过早地从自我存在的自然状态中拔离出来的危险。

当数字媒介提供的技术优势、信息资源与儿童所处的身心状态产生距离，儿童凭借自身原初性获得大量不适宜自身身心状态获得的信息符号时，儿童的潜力因额外的任务而被开发得太早，出现信息过量和过度，问题就出现了。这种情形正如早开花的树反而凋谢得快，而晚一点开花的树却得到较大的力量和耐久性；早熟的果子只能当天有用，却不易保存，而晚熟的果子却可以常年保存。当孩子未长牙的时候，却任由他"咀嚼"坚果，自然就获得不了所需的营养。

新媒介技术若能够在尊重儿童先天生理和心理特点以及生命成长规律的基

础上，给予适合儿童需要的文化营养，则儿童将蒙受其利；反之，若把握不好各种分寸，只是一味地以技术彰显优势，忽略内心深处的关怀，则儿童也将蒙受其害。皮亚杰也认为，若利用外在力量强行推动儿童超越其自然的水平，不仅对儿童的正常成长并无益处，反而可能导致长期发展中的阻滞。"我们可以设想，儿童发展的较慢速度也许有利于最后更大的进展。"

费歇尔等人提出了"成长与发展的非线性动态模式"，不仅证实了皮亚杰的有关思想的正确性，而且进一步揭示，在某种行为上的不当刺激所导致的短期变化，会对人的整体成长系统产生弥散性的影响，使整体发展脱离平衡状态，并且在接受不当的催早熟刺激的那个领域，产生较为低下的发展水平。费歇尔等人指出，当成长速率过于高涨时，可能导致系统成长的紊乱无序。在这个意义上可以说，为了导致稳定地平衡地系统地发展，应保持比较平衡的成长速率，使得成长过程呈相对平衡的趋势。

（二）文化内核是儿童教育应有的价值遵循

当下我们提倡儿童智慧教育，儿童智慧教育在科学技术的基础上发展起来，技术确实在儿童教育实践中产生显著的改变。教育资源的数字化存在样态是智慧教育区别于传统教育的最大特征。但是透视目前的儿童教育，显现出过度依赖技术的趋势，我们需要警惕儿童智慧教育技术决定论倾向给儿童教育带来的负面影响。

儿童智慧教育是技术与儿童教育的结合，既有技术因素又有儿童教育属性。技术性过度张扬而教育性式微，是喧宾夺主。理性视域下智慧教育的发展，应彰显儿童的主体地位，凸显人文价值观照，以技术、价值、教育三个维度的融合为契机推动教育变革，如技术维度提供儿童智慧教育所需要的信息技术知识；教育维度提供儿童智慧教育所需要的核心素养能力；价值维度提供儿童智慧教育贯通终身需要的情感与价值观，打造"三位一体"儿童教育实践路径。

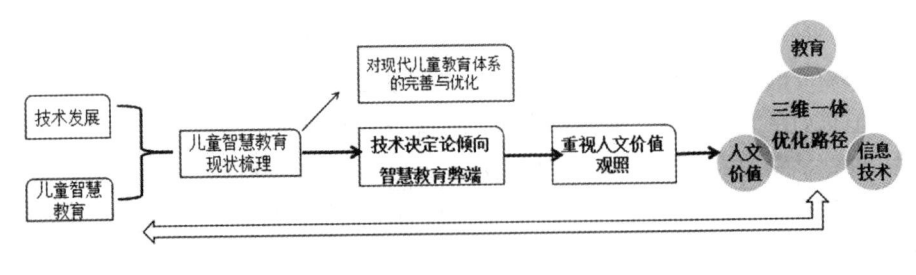

图 3-6 构建"技术""人文价值""教育"三维一体融合发展路径

我们需要在积极融入为信息技术所敞开的现代生活的同时，充分理解、接纳优秀文化的当下意义，由此而寻求一种置身现代性背景中个体生命秩序的合理建构。在社会生活中，我们需要着力引导儿童重视实际生活，以文化为内核，增进人与人之间的交往，加强儿童与自然的深度联系，以富于爱心的生活与交往为基础而合理地利用媒介技术，尊重儿童天性与原初性，由此而切实地引领儿童生命世界的逐步展开。

第三节　儿童新媒介技术运用的文化认同构建

文化是一个国家、一个民族的灵魂，文化兴国运兴，文化强民族强。中华优秀传统文化博大精深、源远流长；中华民族文化丰富多彩、博大精深；中华共性文化求同存异、大放光彩。文化是中华民族不断发展壮大的精神命脉，是我们最深厚的文化软实力，是中国特色社会主义植根的沃土，更是我们在世界文化激荡中站稳脚跟的根基。当前，中华民族伟大复兴呈现出光明的前景，我们比历史上任何时期都更接近、更有信心和能力实现中华民族伟大复兴的目标。传承和弘扬中华优秀文化，是中华民族伟大复兴的应有之义，也是伟大复兴的精神动力和精神支撑。儿童是祖国的未来，关系着国家明天的繁荣富强，通过新媒介接触，进行传统优秀文化、民族文化与中华共性文化的浸润，有助于从小强化身份认同，传播核心价值观，为其健康成长提供丰厚滋养，激发正能量，从"根"和"魂"上牢固构建文化认同感与民族使命感。

一、传统优秀文化的传承

探讨传统文化的传承问题，首先要弄清楚什么是传统文化。其实并不是所有过去存在过的文化都能称为"传统文化"，我们讲的"传统文化"，应该是过去的主流文化，它长期存在，得到大多数人认同，并且发挥主要作用，这里我们称为优秀传统文化。作为中华民族的突出优势和最深厚的文化软实力，中华优秀传统文化蕴含的思想观念、人文精神、道德规范等文化精髓至今依然历久而弥新，闪耀着恒久的思想光芒。

当代孩童处在一个"信息爆炸"、媒介多样化的传播时代，数字教育建设的需求不断刺激着大众传媒通过媒介技术与儿童教育的深度融合与二次创新，而媒介技术凭借信息广泛互通的特点与自身诸多的社会功能正在不断影响着儿童教育发展。各种影像、图书、APP通过视觉、听觉、触觉三位一体的多感官路径，为儿童教育提供了多元化、交互式学习优秀传统文化的空间。一些优秀的文化作品也利用新媒介技术传达视觉语言与听觉语言，丰富大家感知优秀传统文化的感官体验。

动漫电影《哪吒之魔童降世》中，制作方不仅用哪吒"顽童"形象，调皮爱捣乱的性格特征，随时随地手揣兜的细节动作，拉近与儿童交流的互动空间和形象认同，通过对哪吒情感线索的梳理与转化，以哪吒对爹娘情感的不断转化，表现了中国传统家庭伦理观与血缘羁绊，加以对哪吒"抗击命运，扭转结局"精致的特效场景制作，给予儿童视觉冲击与满足，配以"我命由我不由天"等台词，将顽强不屈、抗争到底的民族精神与儿童教育潜移默化地结合，从声、光、色多维技术唤醒儿童的文化根源脉络。新媒介技术运用使得影像资料故事渲染、情节表达都更生动，故事内容对儿童世界观、人生观、价值观的形成有着强力的作用力，通过快乐文化的方式激发了儿童潜意识中对传统文化精髓的认同。

再者营造出富有文化年龄共通基础的文化形象，传递"家和"与"友爱"。如动画片《小猪佩奇》中佩奇阳光积极纯真呆萌的形象，不断将佩奇与整个佩奇的家庭生活联络起来，激发属于儿童的家庭认同感和同伴友爱和睦的后续想象空间。动画在拉近了儿童心理距离的同时，也能够使他们通过生动的形象、铺垫的故事情节更好地去理解内容，深受启发与引导。尽管佩奇来自英国动画，但是家庭和睦与友爱，在世界范围来讲，都是共通的情感语言。

（一）利用传统文化的承载符号，为儿童教育提供生活道具

中国优秀的传统文化符号，是基于中国传统文化影响下，经历时间沉浸后的自然精华，是五千年历史的发展过程中默认的集体契约。从传播学的角度出发，中国传统文化符号多为象征符号，不仅囊括了人类社会创造的人工符号，更有历经王朝更替与民族融合下的较为稳定的文化思想体系。在器物上表现为书画、中国结、瓷器、茶等，而在观念思想上表现为儒、释、道文化等。在这些传统文化符号中，蕴含了中华民族鲜活的生命力，这些符号不仅见证着古代社会历史的发展和民族进步的历程，同时其文化内涵引人向善，对于价值观形成与媒介接触初期的少年儿童具有重要意义。儿童教育时期是培养自我认同，探索本我同一性的特殊时期，日常生活中，通过传统文化符号载体，不仅能够提升文化自信和认知安全，满足儿童个性化的需要，更能在生活中找到文化归属感。传统文化符号以暗示、感染的方式在生活中，潜意识进行灌输。在儿童图书、儿童娱乐、儿童衍生品中，时时处处灌输，不知不觉成为儿童成长浸润的环境。生活中传统文化符号为儿童教育提供了历史的连续认知，过年时传统节日的由来、中国结的象征、大红灯笼的寓意等等，家长都可以结合适当情境进行意义诠释。

（二）以时间为轴，贯穿古今，把优异文化理念古为今用

利用传统文化资源是文化产业发达国家开创品牌的常用途径。为了便于受众接受，迪斯尼早期的电影动画大多从欧美传统文化中取材，如《白雪公主》《罗宾汉》等。尽管后来由于电视媒体的宣传推广，迪斯尼动画的取材范围日渐广泛，但其产品的传统文化特色仍然十分显著，只不过其传统文化外延已经充分扩大到世界全球，如取材于中国传统文化的《花木兰》、取材于伊斯兰传统文化的《阿拉丁》等。

中国是历史悠久、文化深厚的文明古国，对于中国动漫业界来讲，利用好丰富的传统文化资源既有可能性，更有必要性。在这方面，我国已经有一些有益的实践，如《三个和尚》《西游记》《哪吒传奇》。但主要引起我们注意的是，利用本国传统文化资源不等于直接照搬历史故事、寓言故事、神话故事，毕竟，太熟悉的内容对儿童的吸引力是很有限的。我们应突破这个思维定式，以传统历史、文化为背景，进行新的创作，国产动画片《围棋少年》就是一个很好的例子。其故事虽是虚构，但传统文化特色仍然十分突出。围棋本身就带着浓厚的中国传统文化色彩，而故事所设定的时空背景（明末清初倭寇横行的江南沿海地区）、人物身份（调查倭寇实践的朝廷大员、将军、和尚、乞丐等）又有着历史的本质的真实。事实证明，这样的选题策略对于打动儿童内心、激发情感产生是大获裨益的。

（三）利用新媒介技术优势，跨越时空讲好传统文化故事

在科学技术突飞猛进的今天，新技术应用于媒介并且大范围影响儿童教育已成事实，而从媒介技术层面看传统文化传承在儿童中获得较好效果，可以从再现性传承，创新性传承以批判式传承三方面去体现。

1. 再现性传承

在国家不断提倡数字化教育的基础上，我们可以发现媒介与文化符号不断交融发展的趋势：以"数字敦煌"为例，通过VR技术，对敦煌壁画进行数字化复原重建，并投放在网络平台上以供了解学习，儿童与其他用户通过本地网络端口进入其官网，能够在移动设备上看见"移动的敦煌莫高窟"，手机不同方位的旋转也就能带动视野在不同洞窟内来回游览。通过智能终端设备，借助沉浸式虚拟技术，传递莫高窟的全貌，实现再现性传播；"数字故宫"则将一部分文物用数字技术建构文物模型，再用程序渲染出真实色调，通过AR虚拟仿真技术增强现实画面感，儿童及用户能够通过手指滑动模型观察文物全貌，达到交互式体验。因此，用户通过手机便可以看到形形色色的瓷器字画。不难

123

看出，儿童新媒介技术下的传统文化符号传承具有跨有时空的特点，通过数字信息技术再现器物，将实实在在的传统文化符号以信息集成图像动画的方式传承符号本身"样式"，提高儿童的直接学习兴趣，达到传承的目的

2. 创新性传承

儿童对传统文化的吸收，还可以通过故事创新，赋予新的内涵。在《大圣归来》中我们可以发现，其中的"孙大圣"不同于传统西游记中"孙悟空"斩妖除魔，临危不惧的形象，而是由遭受挫折，承受打击萎靡不振的形象开头，经身边小和尚不断地鼓励与帮助，重振信心，从一只普普通通的小妖精恢复一身绝技，破除传统《西游记》中孙悟空神化的形象，更融入了现代情愫，承受失败再次抗击命运的人文情怀，使得新版"孙悟空"这一形象在儿童面前显得更"有血有肉"。传统文化各类优秀元素在新的时代背景下，可以创造性的加工生产，赋予现代文化意义，从儿童的心理角度出发，不断贴近儿童真实生活，将传统文化的精神内核用儿童理解的语言传达。传播传统文化元素时，我们依然要考虑到儿童的现实需求，不断契合儿童生活，符合儿童心理，通过儿童媒介技术用儿童能够理解的方式讲好传统文化，而不是一味"之乎者也"，完全照搬成人圣贤立场，忽视儿童的经验价值。

3. 批判性反思

短视频门户网站也将这些儿童的"小大人"行为记录并进行传播，得到众多网络用户的关注和议论。但同时，我们也能发现在这些短视频中，孩子们所说的话成熟度已经超越了他们年龄阶层，就如同"姐姐教训弟弟"短视频中，因为弟弟不听话姐姐像孩子母亲一般用教训的口吻斥骂弟弟，还有类似于孩子向爸爸诉苦"你该换老婆了！"等等场景让人哭笑不得。但同时我们必须在娱乐观赏后的反思里想到儿童过早接触新媒介带来的负面影响

一方面，孩童生理心理早熟。比如12岁的男孩现在会穿着三件套的套装去参加生日聚会，十岁的女孩子穿高跟鞋；在校园里，踢毽子、跳绳、打沙包等儿童游戏越来越少有人玩，网络游戏渐渐成为儿童游戏的主要形式，并且占据了儿童课余生活的大部分时间。在网络游戏中，成人与儿童共同自由地参与，儿童成人化现象明显。在网络的文化消费行为之下，传统的文化空间格局被打破，儿童的信息空间往往受到外来文化层次领域的渗入，而儿童作为主体同时吸纳了斑驳杂乱的文化信息，因此，这些跨年龄的信息掺杂着或多或少的"成人法则"与信息。这种超年龄阶层的信息准入将拉大儿童在生理成长与心理成长的匹配度，使得儿童出现生理或者心理上的早熟状态，阻碍儿童的良性发展。

另一方面，媒介技术"绑架"与学习素养弱化。针对儿童使用新媒体产品，有学者明确提出"减少课内课外相关教学网络产品的使用"，正是对当代儿童过度使用网络媒介的现状而担忧，青少年在使用网络媒介的过程中，往往会出现自制力匮乏，媒介批判意识不足。在2018年CNNIC互联网数据调研中，39%的孩子在11.4岁时经拥有自己的社交媒体账户，11%的孩子在不到10岁时就已经拥有自己的社交媒体账户，儿童初次使用智能手机平均为10岁，这无疑说明儿童新媒介的接触年龄阶层在不断下移。而在媒介教育过程中如不加以重视或采取有效的控制，儿童媒介教育反而会适得其反，走向媒介技术"绑架"与信息"捆绑"，致使可能导致儿童学习能力固化。没有视觉体验的传统式学习也许是枯燥的，需要儿童自我约束和管控，在不断磨砺耐性的基础上进行记忆力，创作力等提高。但是儿童新媒介的出现虽然提高了儿童的学习效率，但是却忽略了传统学习本质上对儿童心性，品性上的培养。减少了短期的时间，用灵动的视觉动画代替了脑中的性状蓝图，何尝不是用长远的思考能力换来短途的一时之便。

尼尔波兹曼在《娱乐至死》中写到"媒介的形式偏好某些特殊的内容，从而让最终能够控制文化。"儿童媒介消费的同时需要具备一定的媒介素养。在儿童新媒介使用中，一些"伪语境"需要儿童学会甄别。儿童处于成长期，自我意识还不够完善，行为能力还不够全面。他们心中正在建立的价值观体系与思想建设深度还不能有效地与媒介使用组合，无法承载起自我媒介教育的"重任"。当下媒介权力在市场营销作用下不断放大，各种非主流意识形态的传播内容通过不同介质，不同载体潜移默化地输入儿童教育中。以好莱坞动画《花木兰》为例，影片取材于中国古代经典《木兰词》，并且保留了大量中国元素和故事情节，但却在"木兰"本身进行了改写，在其中注入了美国文化内核，并使其在全球范围内推广。由此观之，在儿童新媒介的使用中，我们需要警惕儿童媒介使用权力的膨胀，容易扭曲正确的儿童思考方式和价值观念，失去独立思考的能力，沦为信息接收的"奴隶"。

二、民族文化的依存认同

民族文化作为各民族在其历史发展过程中创造和发展起来的具有本民族特点的文化，包含着语言、历史、文学、衣食工具等特色文化。而民族文化的表现方式常常以民歌、民族服饰、民族英雄人物形象等深入人心。而随着儿童新媒介技术的发展下，这些民族文化形象不再仅仅承载在物质器具上，而是通过网络散播在信息空间中。民歌的"声音"不仅仅徘徊在某一群体身上，更有可能如同《茉莉花》的音乐一样活跃在各个儿童影视作品之中。又更如《阿凡提》一般,不仅让儿童感受到西域的人文风情,更有来自更为古老的智慧认知。这样的民族文化不仅是民族精神突破器物的传播,更是对民族文化内核进一步的丰富。

文化资源的丰富程度与质量高低直接对文化的传播与发展产生多重影响。中国文化发展有得天独厚的资源优势,既有丰富的传统文化资源作坚强后盾,又有深厚的民族文化资源作价值积淀。在激烈的文化市场上,中国民族文化必须要在先天优势的基础上,通过后天努力,对文化资源进行协调组合与布局,以民族文化资源为轴心,以多民族文化资源为半径而画圆,提升民族文化的辐射范围,进而提高我国文化的传播力与影响力。

在儿童新媒介接触的文化产品中,民族文化常以民族文学数字化、动画化的方式呈现。每个儿童在成长过程中愿意积极主动接触、在成长中影响很深的文化,也是动漫作品。

这里我们就以动漫为例,谈民族文化的传播。对动漫产品而言,把握儿童的文化心理是关键。中国动漫受众从小浸润在中华民族文化的氛围中,其社会价值观、伦理道德观、文化审美观的形成受到几千年来积淀的中华民族文化的影响。动漫产品要得到这些受众的认可,必须迎合他们的文化趣味和社会心理。加上"全龄动漫"的观念成为国内外业界的共识,好的动漫作品,首先要善于利用民族文化资源,在动漫产品中融入中国精神、中国元素、中国气派。此外,动漫文化的魅力在于其多样性、时尚性和个别性。我国动漫在发展过程中,从广度和深度上挖掘了多样地域文化元素和多民族文化资源,形成富于我们民族文化风采的动漫风格,推动动漫地域化特征的彰显,丰富当代中国动漫的文化内涵,为国产动漫发展注入活力因子。如我国3D动画《彩云南》以云南本土的多民族文化为主要创作题材,融入云南独具民族特色的民间传说、服饰、旅游名胜、节庆等素材,以新颖的童话故事展示和践行友谊、真诚、团结、坚持、坚强等人性最宝贵的价值理念①。

"民族的就是世界的",人们虽一定程度上对异域文化存在隔膜,对异质文化有所抵触,但同时又会心生好奇,甚至还会有所期待。从美、日、韩动漫在世界范围内的风靡流行可以看出,文化吸引力更易开拓广阔的国际市场空间。美、日、韩不少成功的动画作品中都可以看到中国民族文化元素,这充分说明中国民族文化在世界范围内有吸引力,其世界市场也很有潜力。我国的文化作

---

① http://games.sina.com.cn/n/2010-08-26/0943430843.shtml.

品、文化产品在具备了充分的民族文化特征后，对开拓海外市场也有举足轻重的作用。

文化作品、产品与民族文化的结合是保障国家文化安全的需要，也是增强民族自信心的需要。不论是单一民族国家还是多民族国际，都是由民族文化结成的共同体。要维护一个国家的安定团结和主权独立，必须保证国家文化的相对纯洁性，即维护国家的文化安全。文化产业的发展不仅涉及国家的经济安全，更涉及国家的政治安全，文化安全。伴随着各国在国际市场话语权的竞争，文化领域的较量也日趋激烈。当文化影响力超过正常国际文化交流限度后，文化产业贸易就会给国家文化安全造成威胁。所以，我们在发展与传播文化时，将其与中华民族文化紧密结合，可以有力维护我国的文化主权，保障国家意识形态的统治地位。

三、地域文化的活力因子

方言在儿童的语言教育体系中有着不可磨灭的影响。在昆明五华区，当地幼儿园启动了"幼儿园昆明方言童谣、民间游戏实验项目"，全区所有公办幼儿园，每天方言教学时段不低于十五分钟，一方水土养一方人，听到乡音，会更有归属感，讲起方言，会更了解这座城市的历史。方言作为地方历史文化的一部分，在我们的生活中有着难以言说的影响。民族文化的传承，能让儿童教育在不断地发展与扩大中，让每个孩子深切地体会到，看清明日的去路，不忘昨日的来处。通过文化的认同，儿童教育才会扎根于实际的"土壤"，从最基本的身边环境入手，提高儿童的艺术价值审美，培养性格独立能力，儿童教育才能走得"实在"，看得"更远"。

儿童文化的魅力在于其多样性、时尚性和个别性。过去追求趋同会导致儿童成长个性的丧失与沦落，"大一统"也必将使旺盛的孩童失去天真烂漫。中国是历史悠久、文化深厚的文明古国，利用丰富的传统文化资源既有可能性，更有必要性。中国文化要走向世界，应从广度和深度上挖掘多样的地域文化元素，并将区域性文化体纳入全球性文化语境的大圈，作为它文化的公共财富和共享资源，从中提炼反映各地人民的审美情趣和价值祈求的文化元素，通过整合、归纳、提炼、升华，形成富于我们民族文化风采的文化作品风格，推动文化作品中地域化特征的彰显，丰富当代儿童作品的文化内涵，为儿童文化发展注入活力因子。

文化主要有外显和内隐两个层次，这两个层次的元素风格与文化张力紧密相连。儿童文化元素外显层次的表达主要是通过角色造型、角色服饰、画面色彩、故事情节等可见形式来表达整部作品的文化思想内涵。内隐层次则主要运用新技术、新材料和高科技特效来促进、加强文化承传的表达机会与能力。在儿童读物创作过程中，应从角色造型、服饰、画面色彩等多个外显层次上将民族民间的文化符号元素贯穿其中，以服饰为例，如款式中的上衣下裳和衣裳连续制、以及大襟和对襟的形式，面料和色彩上追求天然和装饰手法上的寓意性，从整体上把握儿童服饰艺术的民族性元素与现代时尚元素的结合点。在用地地道道的中国视觉元素成功塑造人物角色后，再将有代表性的文化价值观和伦理观穿插到故事情节中，赋予人物形象以新内涵，使儿童作品走出国门之前，首先让其生动、鲜活、有血有肉的形象和符合地域色彩的特质吸引本土大批受众，扩大区域文化影响力。中国儿童作品、动漫卡通等只有在本土获得真正的成功后，才有可能进一步将其承载的文化传播到世界上的其他角落。

四、共性文化的深度挖掘

中华文化不仅仅是各民族文化的统称，也有着一体性的内容，这就是覆盖中国各民族的共性文化。共性文化的认同事关中华民族存在的根本，可以称得上是中华文化的大认同。我们需要尊重56个民族各自的小认同，更要强调中华文化共性层面的大认同。比如我们中国历史上的儒学理论、注重忠孝节义的社会伦理、各地同一的节庆礼仪，以及当今各族共享的汉字、普通话和中国特色社会主义理论体系等等。都属于各民族的共性文化。此外，世界范围内，也有一些文化具有兼容性与共通性。比如真善美、正直、勇敢、坚韧、奋斗拼搏等。在儿童接触的文化作品中，可以以整合为目的，把有利于跨文化传播、有利于国家振兴、民族发展的世界文化资源巧妙点缀到文化作品中，以开放包容的姿态挖掘文化共性。

不同文化圈在解读文化作品时，会有不同文化视角的解读。过于本土化与国际化的文化信息编码都不利于文化作品在全球化语境下的传播。为了更好开拓国际市场，也为了给国产儿童作品注入新鲜元素，我们需要把本土化与全球化的文化资源进行整合，一方面把本土文化以能够最大程度让儿童接受的普适性表现方式进行宣传，另一方面巧妙吸收海外文化资源，让其在成为国产儿童作品点缀的同时，引起海外受众的共鸣，让其产生熟悉的陌生感。

近几十年，国内优秀儿童作品中不乏浓烈的民族文化和传统文化，这深刻展示了绵延数千年的中华文化，但却忽略了国际化的外形塑造和海外文化的点缀。中国文化产品的制作与传播要找到传统、民族文化与超越地域性的客观观念进行完美结合的契合点，这是跨文化语境下发展儿童文化产业的出路。

日本动画《幽灵公主》可谓是本土化与国际化结合的成功案例。片中的音乐背景、建筑风格、人物服饰都是日本民俗的典型代表，但因为作品表达的是人与自然的关系，这就是全球的历史进程中共同遇到的问题，即如何在保证自身发展的同时，与自然和睦相处，这一点是能够引起受众共鸣的地方。美国动漫《花木兰》取材于中国南北朝时期木兰从军的故事，影片中虽有大量中国文化符号做点缀，但是因为对核心人物花木兰进行了重新建构，花木兰身上凝结的是美利坚合众国浓郁的女性主义色彩和个人英雄主义色彩，从而达成了美国的话语意图。

优秀的儿童作品具有融汇古今文化、民族文化、世界文化的优势。如何将文化深植于作品中，提高作品或产品被大众、市场接受的程度，使作品情感感召力、文化辐射力、精神影响力扩散到世界各国，这需要我们制定相关的文化策略去提升儿童作品的精神内涵和内在张力。

五、身份情感的唤醒认同

每一个社会成员自出生以后都被嵌于社会之中，置身于社会网络，尤其是置身于以国别、民族、阶层、性别、家族基础之上的社会网络之中，每个人都有"渴望归属于某个群体的心理偏好"。这就是集体身份认同感形成的心理动因。

身份认同感是从成员的共同背景、成长经历、体验和团结中演化而来的群体共享情绪。背景相同、经历相似的人，同质性很强，在这个集体身份认同感创造的共享情境里，人们对身份的共同性有了更深刻的认识，容易产生情感与特殊情境下情绪的"共同化"，彼此结为"命运共同体"，或想象的"命运共同体"，以由此显示出和其他群体身份的差异，"我们"和"他们"的界限亦由此划分出来。从国与国的层面上讲，身份认同的唤醒尤其重要。

在数字化新媒体时代，随着媒介技术的逐步发展，用户与媒介的双向互动已是常态。儿童教育中通过儿童新媒介的互动性，儿童能够与媒介环境、社会环境建立起一定联系。在这样一种联系之中儿童能从周围环境的反馈中达到自我认知的提高和身份情感的明确。在唤醒孩子的身份情感认同时，我们更要着重考虑的是对于孩子朋友角色身份的认同以及孩子自我在群体角色身份的认同。温特指出：集体身份形成的核心变量是朋友角色身份认同。在儿童教育中，集体身份认同的形成是行为主体之间的互动是足够充分的，同时，群体成员身份的获得意味着个体的认识、思维和行为方式的转变。而在儿童新媒介的帮助之下，儿童的拓展空间突破了时空的限制，能够在更多的认知群体中站好队伍，发掘自我。

（一）发掘儿童本真学习方式

在儿童学习成长规律中，其生理成长与心理成长都是高度相关的。儿童从较低的认知水平提升开始，过程更像是取得人格和思想上的"独立"过程。儿童学习能力的提高更多在于自我能力的探索。在这样一种自我探索的过程中，儿童通过新媒介技术观察和接受到的信息能够引起儿童的独立思考，这样一种"隐性反馈"帮助儿童更好地了解世界和周边环境，辨析环境中个体的身份情感，确认自我满足的价值与目标。通过媒介技术的"互动管道"儿童在认知世界，了解环境的时候，也在确定自我，认识自我，发展自我与传递自我。在香港的部分暴乱中，我们对于儿童的情感认识教育不应该是强制植入式教育，"你就是一个中国人。"这样的教育方式并不符合儿童的心理认知习惯，不如在儿童问到自己的国家与民族归属问题时，家长抛给孩子不是简单而又直接的答案，而是抛出解决问题的过程：用手机去搜索关于香港的历史，陪着孩子看动画片的时候选择《那年那事那些兔》，孩子在对中华的比喻——"种花家"中能够深刻地体会到，主权的独立于民族情感的真实与深沉。在对类似于香港少年乐团在机场演奏大量民族音乐这一集群行为中得到更多的民族认同感和身份渴求感。

（二）缔造"结伴式"归属感

对于儿童而言，满足心理需求的一种重要方式是"陪伴"或"结伴"效能。结伴对于儿童教育而言，首先是有人类文化基因的本性决定。而所为与其接触的"伴"范围也很广，与人，动物，自然，物体等。在面对数字信息是否禁锢了儿童认识自然，接触社会这一问题上面，市场同时出现了"AI机器人"等以儿童新媒介为基础的新型陪护玩具。这种人机互动式的结伴之行，更是数据信息时代对儿童教育的一次有利探索。在都市生活的孩子们不会因为找不到玩伴而完全沉溺于信息技术中，同时，通过不断与AI玩具的互动中，孩子能够确认到信息时代中自己的主体认识，不断提高认知空间，同时一定程度上改良独生子女中的认知冷漠等问题同时从儿童接触的"伴"也可以看出儿童不同心理成长阶段与身份特征。而通过儿童新媒介技术，儿童能够在媒介环境中接触更多信息来源，如同结交各种"伙伴"，儿童能够结交的信息范围更管。通过安全有效的媒介接触，能够使儿童成为充分互动的主题，也是让儿童自主构建互相影响，互相学习的文化空间。在这样一种文化空间中，通过以"儿童文化"为核心建构新的意义价值，儿童之间能够引起链式反应，获得群体认同感与身份情感的双重认同感，达到文化认同的基本构建。

从当下儿童多用智能终端进行视觉媒介接触来看，媒介本身不断朝着互动性方向发展，儿童不仅是使用者，更是反馈者，这样的双向交流下更容易在儿童使用媒介的同时进行文化捕捉。当然，在现代媒介的文化疏导之下，儿童能够"看"得更多，自我意识的萌发越早愉快，媒介教育下的文化认同构建默默贯穿于儿童使用现代媒介这一行为之中。对儿童新媒介技术下的儿童教育研究，儿童文化是儿童发展的基本条件，儿童发展是儿童文化习得的过程，文化认同的构成也将成为儿童心理教育的重要组成部分，同时文化认同的构建对儿童新媒介技术传达的教学内容起着标准化规范作用。明确教学意义，完善儿童新媒介技术下的教育信息化准入通道，正是文化认同构建的重要基础。

第四节 儿童新媒介技术运用的核心价值观引领

核心价值观的传播是增强中华民族凝聚力的有效手段。一个国家的文化软实力，从根本上说，取决于其核心价值观的生命力、凝聚力、感召力。推动正能量传播，弘扬和彰显民族文化自有本性，有利于提升国人对中华文化的价值自信，提升中国文化对内软实力；同时，也有利于扩大核心价值观念的对外影响范围和影响深度。当前，国内少部分人出现对中华文化身份感丧失，转而仰慕他文化的崇洋媚外心理，中国面临文化与价值观的自性危机，中华民族内部凝聚力受到挑战。核心价值观是中国文化的核心，向儿童传播核心价值观，有助于从小培养儿童的民族认同感，涵养家国情怀；有助于彰显中华文化的民族自性与文化特质，增强中华民族的文化感召力和民族向心力；有助于加强中国文化和价值观的理解与认同，进而提升中国文化软实力。

一、核心价值观融入的价值功能

（一）社会主义核心价值观教育是儿童教育的"定盘星"

习近平总书记指出，"任何一个思想观念，要在全社会树立起来并长期发挥作用，就要从少年儿童抓起"，强调"要教育引导广大少年儿童树立远大志向、培育美好心灵，让少年儿童成长得更好"。这些嘱托饱含着总书记对少年儿童的浓浓关爱和殷切期待，既是对做好少年儿童教育工作的巨大鼓舞，也对促进少年儿童健康成长提出了更高要求，为在少年儿童中开展社会主义核心价值观教育提供了思想指南和行动遵循。少年儿童时期是形成思想、铸造灵魂的最佳时期，社会主义核心价值观教育是整个教育工作的"定盘星"。抓好这一时期的价值观教育，事关大局、事关长远、事关根本。

少年强则国强，少年兴则国兴。目前我国未成年人约有 3 亿多人，他们是党和国家的希望，是中华民族的未来。抓好少年儿童社会主义核心价值观教育，是事关国家前途和民族命运的战略工程，是推动中国特色社会主义事业薪火相传、兴旺发达的必然要求。

蔡元培先生说，"若无德，则虽体魄智力发达，适足助其为恶"。养大德者方成大业，只有把少年儿童的思想品德、价值观念培育得越好，扣好了人生的第一粒扣子，他们才会更加健康地成长成才，成为对社会有用的人。

（二）儿童的价值取向决定了未来整个社会的价值取向

人类社会发展的历史表明，对一个民族、一个国家来说，最持久、最深层的力量是全社会共同认可的核心价值观。核心价值观，承载着一个民族、一个国家的精神追求，体现着一个社会评判是非曲直的价值标准。

少年儿童的价值取向决定了未来整个社会的价值取向，而少年儿童又处在价值观形成和确立的时期，抓好这一时期的价值观养成十分重要。这就像穿衣服扣扣子一样，如果第一粒扣子扣错了，剩余的扣子都会扣错。人生的扣子从一开始就要扣好。"凿井者，起于三寸之坎，以就万仞之深。"

践行社会主义核心价值观要抓小抓早、抓细抓实。习近平指出，少年儿童培育和践行社会主义核心价值观，"主要是要做到记住要求、心有榜样、从小做起、接受帮助"。只有抓小抓早、抓细抓实，全方位、全时段，才能使社会主义核心价值观的种子在心中生根发芽。

（三）儿童的核心价值观决定着文化的发展方向

核心价值观决定着文化发展的方向，文化自信的根本在于核心价值观自信。价值观是人们对客观世界及行为作出的感知、理解和评价，直接影响一个人的信念和追求，反映人的主观认知状况。价值观具有主观性、选择性与相对稳定性，影响决定着个人的自我认识，对人们的自身行为、动机、目标和追求方向起着调节、支配的作用。核心价值观源于一定的文化环境，并在文化环境中形成特定的思维方式、行为规范和道德取向，而儿童的价值观形成并非是被动接受的结果，它是自觉主动的过程，即价值内化到个体的思维模式和文化理念中。

核心价值观的传播，最终实现传统文化和社会主义先进文化的有机交融，促进人们对中华文化的认同，也关系到文化发展的正确方向。"少成若天性，习惯之为常"。儿童时期是价值观、人生观、民族观、文化观形成的重要时期。儿童教育不是一时一地的事，而是一个系统工程，蕴含于各个环节、全部过程。要将显性教育与隐性教育、课堂教育与课外教育等结合起来，把社会主义核心价值观教育内容渗透在讲故事、过节日、玩游戏等各种场景之中，让少年儿童不知不觉地接受优秀文化教育，及时了解世情、国情、省情，帮助他们养成"家事国事天下事，事事关心"的习惯，培养开阔的视野、正确发展的眼光、明辨是非的能力。

二、核心价值观融入儿童教育的现实困境

（一）固化生硬的教育模式与基础教育脱轨

传统儿童教育，由于教育主体单一，教育资源发展地区不均衡等问题，儿童核心价值观的教育出现模式固化、教育水平差异大、儿童被动学习的弊端，思想认同感较弱，教学效果差。评价导向有偏差，在外部评价中，升学率往往成为家长和社会关注的焦点。教育方式有偏差，不少学校德育方式是灌输式、宣教式的，检验学习效果的方式主要是考试。工作合力有偏差，不少家长关心的只是孩子的考试成绩，而对道德修养等表现往往过问不多。当前少年儿童社会主义核心价值观教育也存在说起来重视、做起来轻视的现象。

现在，少年儿童的主体意识日趋增强，接受能力和接受方式发生了明显变化，单一化、碎片化、说教式的教育方法，越来越难跟得上时代的要求，不仅不能满足他们的求知欲，而且容易造成逆反心理。

作为抽象的理论，核心价值观属于非日常生活领域，其前瞻性、普遍性、抽象性与日常生活的实践性、实用性存在隔阂和冲突。但日常生活是个体生存和再生产的基本实践场域，包括日常交往、日常观念、日常消费等活动，是核心价值观被认同的深厚土壤。核心价值观须与儿童日常生活对接，情景化的碎片潜隐于日常生活之中，进而转换为形象的、生动的生活事实，方能内化为儿童的价值追求。

（二）核心价值观融入儿童教育的着力点不对应

习近平总书记在中央政治局第十三次集体学习时强调，要"把培育和弘扬社会主义核心价值观作为凝魂聚气强基固本的基础工程"，他指出："一种价值观要真正发挥作用，必须融入社会生活，让人们在实践中感知它、领悟它。要注意把我们所提倡的与人们日常生活紧密联系起来，在落细、落小、落实上下功夫。"要让社会主义核心价值观真正被民众普遍接受、深刻理解和切实践行，首先要从民众社会生活点滴中寻找到其落地生根的土壤，让民众在日常言行举止中增强对社会主义核心价值观的认同感。当下儿童教育核心价值观的浸润虽然渠道多，但是散乱、生硬，未找到融入儿童生活的关键点。

社会主义核心价值观融入儿童生活绝非一日之功，教育育人是基础，也是

主渠道，应贯穿家庭教育、学校教育和社会教育的方方面面。坚持分类施教、逐步推进：一要强化家庭教育。尤其注重父母作为第一任老师的育人作用，用爱心、耐心来教导与引导，使孩子们从心灵深处融入核心价值观。二要狠抓学校教育。根据学生成长规律和价值观塑造需要，提高教师队伍素质，改进教学方法和教学内容，营造良好的校园文化环境，让社会主义核心价值观进校园、进课堂、进学生头脑。三要加强社会实践教育。鼓励不同年龄段儿童积极参加社会实践活动，如走进社区、走进军营等实现再教育，使社会主义核心价值观内化于心、外化于行。四是善于融入网络文化。在信息传播高度发达的今天，网络作用不可小觑，要充分借助多种新兴媒体的传播作用，比如在线课堂、儿童应用 APP 等，要充分契合儿童的年龄特点与认知方式，促使其思考能力得到长期锻炼，在信息终端接触中，使文化思想得到浸润，春风化雨、润物无声，实现社会主义核心价值观的日常化、具体化、形象化、生活化。

（三）多元社会圈层间价值观的碰撞

随着现代化进程的加快，个人的利益走向多样化和多元化，个人需求也逐渐个性化。社会被划分为不同的圈层。圈层是某一类具有相似的经济条件、生活形态、艺术品位的人，在互相联系中形成了一个小圈子。每个小圈子的人以兴趣、区域、关系、利益等为纽带，不同群体形成"部落化"格局，在交流中互相影响，互相融合，相互碰撞，形成更多的共同特性。但即使具有共同利益的人群也越分越细。即使同一阶层内部，人们为保护微观上的共同利益，也结成了大大小小有组织的社会圈层。不同的圈层在新媒介的传播环境中更是会进行思想、价值观的碰撞。微博上，网民之间争论的事情频繁发生，很多时候就是因为所在的圈层不同。圈子里的文化和对象属性个性都不同，所以造成了差异。网民会因为一件小事，展开价值观的讨论。这是多元利益、多元圈层、多种力量的集合体。它摆脱了二元对立的社会结构观。有自己的认知、需求，并不是完全被动的存在。在网络虚拟社会里，网民所依傍的现实关系和个人差异，以及围绕这个圈内对象的心理和认知结构上的差异，都会影响他们包括儿童对信息接触和处理的过程。不同的圈层会造成分化。但是这种分化趋势在演进的同时，还有一个表面上看起来与之非常相反的趋势也在发生，这个趋势就是聚合的趋势。一方面社会分层结构越来越细化，但这些细化的碎片，又因为正能量的传播一起积聚。

2016 年里约奥运会上中国女排与塞尔维亚、荷兰、巴西的争夺战。在物质丰富、选择多元的年代，全国超半数电视观众都在收看；在这个网络化、娱乐化充斥的时代，还有一种强大的精神力量让我们热泪盈眶。以这次夺冠为契机，排球文化成为中国全民健身的图腾，成为中国精神的象征。

中国女排赢巴西时，很多人包括媒体都大呼没想到。赢荷兰时，这支年轻的队伍拉回了更多人的目光，12年后重返奥运决赛，铁榔头也"心软"了：我也没见过这么激烈的场面。决战塞尔维亚，中国队3比1击败对手夺冠，中国红扮靓了马拉卡纳排球馆，河南姑娘朱婷的"重炮"扣杀，让激情与喜悦跨越18000公里，传回中国大地，无数人热泪盈眶。最后时刻拿下制胜分时，居民楼里面传来阵阵欢呼，民众拿起手机，微信群里是朋友在机场分享的盛况：候机厅每一台电视前，都围满了观战的乘客，赢球后互不相识的人们击掌、拥抱。

女排的胜利，燃起了不同社会圈层的共振。不同年代的人之间，找到了情感的协奏合拍。体育爱好者与网络段子手们之间，也罕见地达成了共识——有人读出了"不经历风雨怎能见彩虹"，有人悟到了"明知不会赢也要拼了命地打"，有人明白了"只要足够强全世界都会为你让路"，甚至很多网友觉得心中的喜悦无从表达，发起了买女排赞助商酸奶的热潮。夺冠后网络上不分年龄、不分阶层、不分职业刷屏式点赞，共同承载的都是满满敬意和家国情怀。

（四）警惕毒心灵鸡汤的干扰

从QQ空间到微博、微信，那些由名人名言、励志故事包装着的心灵鸡汤，总是充斥在我们眼前。鸡汤具有一定的营养价值，偶尔喝喝恢复斗志，经常喝就容易生腻。很多鸡汤来自被固化的各类名人名言、经典笑话、励志故事等，或以此为题材，经人加工再胡编乱炖，四处传扬。由于"心灵鸡汤"信息往往是生活常识和规律性的东西，所以"心灵鸡汤"对很多网民的标靶准确性极高，尤其涉世未深的儿童缺乏辨别能力，更容易对其产生认同感。其实很多鸡汤看似言之凿凿、有理有据，实则是逻辑混乱，多喝无益。

1. 心灵鸡汤盛行的原因

心灵鸡汤的源头，是1993年由杰克·坎菲尔与马克·汉森共同负责出版和发行的《心灵鸡汤》系列图书的名字。该系列超过200种类别，有许多书籍都是针对特定人群，如母亲鸡汤、囚犯鸡汤、祖父鸡汤、祖母鸡汤、孩子鸡汤、父亲鸡汤等。心灵鸡汤传入国内后，《读者》《知音》等杂志都曾是人们追寻心灵鸡汤的"集散地"。[1]

《心灵鸡汤》推出后相当畅销。而受《心灵鸡汤》影响，一些励志性或者启发性文章也被称为"鸡汤文"。有人说，人在社会中生活，面对残酷的现实，

---

[1] 有多少伪心灵鸡汤你误喝了？[N]. 北京日报，2015-04-23.

低迷的处境,我们不时需要励志的语言、细腻的情感来灌溉我们的心灵。

鸡汤文之所以有市场,是因为当前快节奏的生活和无处不在的压力,偶尔也需要这种激励味十足的"语言艺术治疗"。它迎合了人们内心的情感需求。其次,鸡汤读者往往带有很强的功利目的,很多人视之为人生指南,所以鸡汤文中难免混杂很多厚黑学的东西。它还有一个通用模式,即正面的过程,必然会导向一个正面的结果。事实上成功有很多因素所决定。而鸡汤文大抵过分强调某一片面因素,比如坚持、坚强、乐观,而忽略了其他对于达成目标特别重要的因素。而且他人的成功并一定能完全复制。

尽管温暖人心本身来说没什么不好。但是现在很多鸡汤故事,为了让人们信服某个道理,不惜杜撰出一个故事来。很不幸的是,表面振振有词,实则肤浅草率,经常说的理还是歪理,如果是变质的心灵鸡汤,还会贻害他人,尤其是对儿童带来价值观的混淆。

2. 变质的心灵鸡汤不能喝

随着社交网络的普及,"心灵鸡汤"被批量生产,其味道也产生了变化。网络上不乏粗制滥造、空洞无味、拼贴剪辑、虚构编造的鸡汤文。有的鸡汤文甚至内置广告,以感情绑架甚至威胁的方式鼓动网友转发,以达到推广、吸粉等目的。一名微信公众号营销人士表示,这些心灵鸡汤的存在是一些公众号的营销策略,鸡汤文末会附上商业广告,不知情的转发者成为广告免费的推销员。很多段子手与公号炮制鸡汤文的最根本目的是圈粉,从而撬动背后巨大的利益板块。调查显示,大部分积极推送"鸡汤文"的公众号多半是地产公司和美容院等商业机构,他们以这些看上去感性、励志的"鸡汤"打动人心,实际上来达到营销目的。

一些变质的心灵鸡汤往往有个特点:企图用一句话概括一个人生哲理,一个故事概括整个人生。其实很多人生道理,哪怕是一个我们平时看起来很细小的人生道理,我们通常要经过"举例子(或者摆数据)""分析""得结论"一个完整的循环。并且当你引入每一个新概念的时候,都要小心地审视前后逻辑的衔接,经过一个完美的逻辑演绎,最后才能把一个精彩的答案呈现给读者。

在社交化阅读时代,涌现出来的心灵鸡汤不少。一碗碗鸡汤端上桌,大家品得津津有味,可谁会知道很多都是假鸡汤,而"伪名人心灵鸡汤"就更典型。

"你羡慕我的自由,我羡慕你的约束;你羡慕我的车,我羡慕你的房……我们都是远视眼,总是活在对别人的仰视里;或许,我们都是近视眼,往往忽略了身边的幸福……"这些署名莫言的鸡汤文,让很多网友果断点击,并在几秒钟内迅速转发,结果弄出了阅读量惊人的事实——"100000+"。

关于这些流传甚广的文字,莫言亲自否认"这些流传甚广的名言警句都非我所作,我向作者的才华表示敬意"。

很多打着名人旗号的微信都赢得了"100000+"的阅读量,如"愤青派"的王朔、陈丹青;"温婉派"的张爱玲、林徽因、仓央嘉措;"励志路线"的马云、"全面选手"的白岩松等等,都是心灵鸡汤的红人。他们"术业有专攻",张爱玲、林徽因谈感情谈爱情;马云专发职场商场励志文;白岩松则教育、信仰、人生一锅端。但问题是,这些曾以他们为主角的微信鸡汤文大多都是冒牌货。

面对伪心灵鸡汤的大肆泛滥,一些反鸡汤的声音开始多了起来。无论是鸡汤还是反鸡汤,都需要我们有自己清醒的判断,保持独立的思维和逻辑。其实人们从来都不排斥真正的心灵鸡汤,只是由于大众化口味、励志化包装、快餐式阅读,大量的心灵鸡汤被粗制滥造了出来。我们要拒绝的是那种不负责任、经不起推敲、由大量说理性和认知性文字垒砌起来的假鸡汤。

3. 审慎对待心灵鸡汤

网络流传的一些伪鸡汤,既不论证,也不讲逻辑,更不做解释,只谈感情,更多的是带动人的情绪,引发人们情绪上的共鸣:啊,真是解渴啊。伪鸡汤实际上就是利用了现在人性的弱点:社会戾气丛生、矛盾也不少,人们迫切地需要心理安慰,而鸡汤正好迎合了这些人。

从本质上来讲,心灵鸡汤和我们看的YY小说差不多——它满足的是人的欲望,而不是引人思考,甚至很多时候,披着鸡汤的伪文宣传的是一种错误、扭曲的价值观和人生观。并不是所有带有励志色彩的文章都属于鸡汤文。

并不是说心灵鸡汤完全无意义,其实鸡汤的流行,既是人在某个年龄阶段、某个特殊时期的特殊需求,甚至也是一个群体在特殊时代的特殊产物,有激励人向上的作用,具有一种普遍性,但是如果真正要学习知识、人生哲理,应该谨慎对待心灵鸡汤为好。我们并不是说要不要鸡汤,而是需要什么营养成分的鸡汤。我们要喝味道纯正有营养的鸡汤,而拒绝假冒伪劣的毒鸡汤。辨别方法如下:

一是警惕模糊焦点的伪逻辑

有些鸡汤文用大段大段的文字和具有煽动性的情感,想达到让读者读来相见恨晚之感,其实除了心理慰藉外,没有任何用处。比如这样一个鸡汤:一个人拿着一百块钱,站在广场上,看着身边的人来人往,大喊,谁要这一百块钱，话音刚落，人们便争先恐后地往前凑，伸着手说，我要。然后拿着钱的这个人，将一百块用手揉了揉，又扔在地上用脚狠狠地踩了几下，再次捡起来，问，谁要。大家依旧争先恐后地说，我要。于是这个故事用来讲述这个道理：不管你是被人抛弃，被人踩躏，被人追捧，只要你是金子，你本身就有价值，你身上的光芒不会因困境而暗淡。

这个故事乍一听，很有道理。其实只是用个例来说明整体，断章取义，用隐藏部分事实的方法来让人相信。钱的价值是事实，但是人的价值却有相对性。不同类的东西没办法类比，也没理由类推。

因此，对于模糊焦点、断章取义，根本不具有类推性质的鸡汤，不值得相信与感动。

二是警惕推送鸡汤文的机构和单位

很多鸡汤其实都出自段子手的生编乱造，他们通过微博、微信分发出去，博取点击量和粉丝量，吸引大家对商品的关注，最终实现盈利的商业目的。而更有甚者，为了扩大影响力，仰仗权威端出"伪名人鸡汤"。这些心灵鸡汤的功利性更强。如果稍加注意就会发现，推送、转发心灵鸡汤最积极的往往是一些房地产公司、美容院等。他们为了吸粉，达到推广商品的等目的，不惜借用一些公众号，进行营销。这类鸡汤文，一般在文末往往会附上商业广告，或者在文章中适时穿插商业产品，做隐形广告。很多段子手与公号炮制鸡汤文的最根本目的是圈粉，从而撬动背后巨大的利益板块。不知情的转发者却成为广告免费的推销员。对于这类鸡汤文，我们首先看推送机构或单位，其次一看到文章中的产品就要谨慎。

三要拒绝脑袋成为别人思想的"跑马场"

德国哲学家叔本华有这样一句话："让自己的脑袋，变成了别人思想的跑马场。"如果一个人对别人的话，不加怀疑、全心全意接受，那么自己就成了没有思想的人。很多人盲信漫天的伪鸡汤，就是因为思维训练不够。即便是很多成年人，也缺乏独立思考的能力。那种打着名人旗号、貌似有道理的假心灵鸡汤，很容易就能把他们征服。

国民整体知识素养相对比较欠缺，造成简单化、鸡汤化的创作方式的走红。所以一方面我们要努力学习知识，读万卷书，行万里路，增长见闻，遇事思考，考量知识的实用性。把更多注意力放在知识性、趣味性、思辨性强的内容上，真正提升自己；另一方面，看到朋友圈或者亲戚朋友发送的伪鸡汤文，要礼貌进行提示，适时宣传科学知识，让身边更多的人遇事多思考，形成辩证看待问题的习惯。

| 第三章 | 根本·认同：儿童新媒介技术运用的文化浸润

案例剖析："哈佛校训式的心灵鸡汤"

网络上有一篇点击率很高的文章《哈佛凌晨四点半》。

大致讲的是：凌晨4点多的哈佛大学图书馆里，灯火通明，座无虚席。配图如右所示。

文章最后以所谓哈佛图书馆20条训言收尾，其中有几条是这样的：

此刻打盹，你将做梦；而此刻学习，你将圆梦。

学习时的苦痛是暂时的，未学到的痛苦是终生的。

只有比别人更早、更勤奋地努力，才能尝到成功的滋味。

市场上以类似"哈佛凌晨四点半"命名的励志书，销量也很高。

难道哈佛学子真的如此熬夜苦读，很少休息？事实上，很多在哈佛念书的中国留学生早就指出了其中的谬误。

首先，这张广为流传的图片上的图书馆，根本就不在哈佛。哈佛几乎所有的图书馆都在零点前闭馆，只有一个叫作Lamont的图书馆24小时开放。而这家图书馆在考试季的凌晨四点拍的实地图片见右。

和鸡汤文照片中的情形相去甚远。

有人在凌晨拍下的真实哈佛校园其实是这样的。

中国留学生们还认真询问过身边的哈佛同学，很多人都承认，自己不会在图书馆苦读到后半夜，也没看到或听说身边很多同学这么做，更不认为这有必要。

139

所以，在中国受到万众膜拜的"哈佛凌晨四点半"的情景，根本就不存在。

其实，一个人努力并不是盲目延长学习或工作时间，认真提升工作效率更重要。但是为什么网络上类似的故事总是让人愿意相信呢，接下来我们就来谈谈"哈佛校训式的心灵鸡汤"。

所谓的哈佛校训式的"心灵鸡汤"之所以能够广泛传播，因为具备社会心理基础，满足了许多人的心理诉求。

网络上随处可见鼓励孩子们刻苦学习的口号。这些苦口婆心的话语，首先满足了很多老师和家长们的心理诉求，也满足了很多参加各种考试的学生的心理诉求。过度强调刻苦学习的背后，有告诉你升学通路越来越窄的影子，有社会竞争越来越激烈成功指标越来越高的影子，有热衷于喊口号、挂横幅的影子，当然也有应试教育的影子，而这些都是社会文化、社会心理的反映。

"哈佛"二字，透露出文化自卑，自卑就要向外寻求安慰、寻求认同。

学生天天念书熬夜到凌晨四点半，身体哪里受得了？这种故事听起来本身就不合情理。但是为什么这个故事就在中国能传播得这么火呢？根本原因在于"哈佛凌晨四点半"里面的场景，满足了国人对学习的想象。

对于很多人来说，学习的过程，就是一个不断接受痛苦和不断忍耐的过程，惟一支撑自己努力下去的，就是坚信付出的所有努力，最终必有回报。也就是所谓的"吃得苦中苦，方为人上人"。而且很多人接受知识只有一种方式受到推崇，那就是埋头在图书馆里面，拼命把浩如烟海的知识装入自己的脑中。

他们并不了解世界一流的高等教育应该是什么样子的，只能想象连身边的孩子念书都念得那么辛苦了，那么世界一流大学的学生，应该更努力，念书更刻苦吧。中国孩子们竞争压力大，为了提高成绩经常需要熬到深夜，那么哈佛学生想当然就应该念到凌晨四五点。

但是每天熬夜苦读书真的是哈佛学子成功的秘诀吗？

当然不是。对哈佛学生来说，除了书本知识，他们还有很多东西需要在大学阶段掌握。除了读书，他们还会把大量时间和精力放在自己感兴趣的研究项目、课外活动、甚至创业项目上。有人在念书期间，自学了将近二十门语言。有人创办了全欧洲最大的创业峰会之一。也有人大一就上完了整个本科的数学课程，然后开始给优秀企业打工，还有人已经启动自己的创业项目，正在没日没夜地打磨自己的产品雏形。他们熬夜，很多时候就是为了这些远远超出课业的工作，并且乐在其中。

也正因为此，他们不会天天耗在图书馆。而是需要参加各种会议，组织各种活动，培养自己的领导力，判断力，团队协作能力和独立思维能力。这些能力往往靠跟别人辩论、碰撞和磨合才能获得。这样的学习方式，让他们和社会相当接轨，很快就能把自己的技能用到社会和企业中去。

其实好的工作和前途并不是依靠死记硬背就能得到，也不可能靠孤军奋战就解决大问题，更不能靠一张满分的答卷就改变世界。

但是类似的鸡汤故事还在网络上传播，依然受人狂热追捧，除了教育理念的滞后，缺乏思考与观察世界的视野，也是原因之一。看到心灵鸡汤，应审慎思考，避免偏听偏信。

低谷时看看他人富有哲理的人生阅历、暖心的图片和鸡汤文字，可以让我们气血满满地快乐生活，但是那些充斥着煽动性的"鸡汤神话"，我们可以一笑了之。生活是自己的，除了仰望天空，还要脚踏实地，稳重前行。

仰望星空，能够时时刻刻给自己以定位，能够给自己一个合适又合理的象限。在自己合适的象限内，可以自由的舒展，翱翔，而不至于折戟沉沙，头破血流。脚踏实地，能够给自己充足的动力，能够给自己前进的脚步。在脚步的轮回中，可以一点点缩减自己离方向和梦想的距离，可以逐渐改变自己所处的位置和现状，可以为自己的下一个高度和远方积蓄应有的力量。

三、核心价值观浸润的路径

（一）技巧性地运用新媒介技术的传播优势

媒介技术的发展、移动互联网的崛起，全面构造了一种后现代社会生态地貌——传统的金字塔式的社会结构正在被扁平的网络结构所取代，我们正在步入网络化的社会。技术发展带来了"话语平权，既推动了主流话语与边缘话语的交互，还使新媒介技术在信息传播中彰显出更大的柔性与张力。针对儿童，进行核心价值观的浸润，可以充分利用新媒介技术。

1. 可亲近性的传播主体

（1）传播权利的可亲近性

以"技术赋权"为主导的互联网传播革命已经快速渗透到社会的不同领域和各个角落，深刻改变着社会话语的权力空间，将传播的主导权逐步分解、让渡或转移给公众，在"去中心化"和"再中心化"的同步进程中塑造全新的传播格局。互联网开放的低门槛传播平台，使得任何人都有机会可以通过门户网络、论坛、博客、微博、微信等平台，方便地发表文字、图片、音视频等，传递社会正能量。近年来，以手机、互联网为代表的具有互动性、聚合性的新媒体迅猛发展，更是为个体正能量的传播提供更多的表达可能和空间。

技术进步带来的传播赋权，使得核心价值观的传播从传统的以机构为基本单位的社会性传播改变为以机构、社会群体、个人并存的社会性传播。普通民众开始拥有了自己进行社会正能量传播和信息采集的自主权。任何一个人，哪怕是一个"默默无闻"的小人物，只要他上传至网络上的内容和信息具有正能量，能够得到比较多的人的情感共振和价值认同，便可能在层层转发当中实现正能量传播的"核裂变效应"。核心价值观的传递方式也日趋多元，从媒体化的信息传递到社会群体的活动演绎；从自组织的行为艺术到社会个体的随手拍，从街头巷尾的文化表达到信息上传至网络后的转发点评等等……越是具有生活化的内容，或者在地域或心理层面越具有亲近性的内容，在信息接受者那里越具有柔性传播的力量。读图时代、社交时代的人们往往通过随手拍的方式，把上述所见所闻上传至网，正能量借助自媒体或网络平台便传播开来，进而辐射至儿童。

（2）传播身份的可亲近性

伴随着微博、微信等移动社交媒体的发展，信息传播的途径开始由PC端大规模向移动端转化，带来的是更丰富、更快捷的信息传递；移动互联网对核心价值观的传播产生的影响主要体现在两个方面，一是网民分享促使核心价值观的信息传播更加主动，二是人人都可能成为核心价值观传递的源头，包括孩子。

在移动互联网兴起之前，丰富的信息都是通过PC端来实现传播和共享的，限制了信息传播的时效性和空间性。而移动互联网技术在社交化的基础上将传统的PC端方式做了位移，可以实现信息在时间和空间的及时传递，并且与社交更好的结合在一起。通过分享功能，可以将自己获得的正能量信息在有限的范围内传递，比如说微信的朋友圈功能，以及各种新闻客户端如网易、新浪等都有内置的分享功能，可以将某一条具有正能量信息分享到指定的微信、微博、空间等互联网产品上。分享功能的一大好处就是促使人们可以将自己的所见所感随时随地的作为一种正能量的表达在互联网上加以传播，这就促使每个人都成为信息的源头，各种各样的信息通过移动客户端加以分享，并呈发散状不断扩大。

（3）内容视角的可亲近性

新媒介传播的可亲近性，体现为内容传播中平民化的风格与调性，包括内容选择、话题设置以及传播话语、传播情景等。社会化媒体以其移动化、参与式和裂变式传播效能以及平民化的叙事视角等特征，积极推动着转型期中国社会的发展。无论是做公益众筹、还是弘扬主旋律，微博、微信在不同层次上传递着转型社会需要的核心价值观。

2012年，童话大王郑渊洁出版了新书《皮皮鲁送你100条命》。郑渊洁一直是微博活跃用户，"粉丝"量400万，互动量500多万。书里，他教给小孩子们"保命100条"；书外，他在微博上摘编和发表书中的相关知识，让更多的小网友和家长从中受益。他在微博上发起了一系列的"郑在"活动："郑在晒早餐""郑在喝水""郑在路上"，以平民视角倡导健康生活方式；光棍节，他发起"郑在互粉"，发起"郑在寻找"找寻15年前的小读者；"郑在祝你生日快乐"祝福粉丝生日快乐，让网络世界更温暖；面对污染、堵车，他用"郑在"行动代替抱怨。他持续关注、转发、评论有关儿童的话题，包括教育现状、儿童救助、虐童事件等……"童话大王"以"正能量行动者"的姿态活跃在微博世界。

2. 微观叙事的内容策略

(1) 微观化的叙事方式处理

新媒介核心价值观传播的微观叙事，指的是以新媒介为生产、存储、显示、传播与接受平台，依靠网络存在并发生作用的一种原发性、创造性的正能量微叙事形态与方式。

新媒介带来了话语解放，不仅使得信息发出者的数量与类型不断攀升，也使得传统意义上传播者的身份与角色发生变化。信息传播者不受职业现实，可以随时根据自己的视角对同一个事件进行完全不同的表达，并根据叙事环境的变化作出快速反应。其次随着个人主体意识逐渐觉醒，这必然会导致个人对自身感受与经历的重视。在自媒体微叙事中，"我"或"我们"是最常见的叙述者，很多时候站在小人物的立场，以亲身经历传播信息，将自己的形象、生活、情感等展示出来。一些小人物的励志情节在解读中更生动也更真实，提升了正能量事件的可信度与感染力。

数字技术及其应用的不断发展，带来了信息生产与接受环境的巨大变革，尤其是伴随着自媒体的产生，我们进入了一个具有更多参与权的社会化媒体时代。由上而下的单向发布也转向了上下互通的双向分享。微观叙事的传播者主动选择叙事类型，参与文本建构、影响意义的生成。围观者与接受者分享、参与，并以此作为寻找社会认同、维护或扩大自身社交圈子的重要方式。在信息传播与阐释的过程中，传受双方都加入了自己的个人情感、价值判断，在一来一往微观化的叙事中，达成多重互动，并形成社会参与讨论微观事件，群体围观传播文化、提炼正能量价值的氛围，形成良好的社会形貌。

（2）细小化的内容凝聚价值

新媒介的信息传播，很多时候都是一些细小的内容，但是细小内容传播的背后，有时却在彰显深刻的社会价值。

首先，媒体技术降低了人们借助社会化媒体的门槛。开放的网络空间，信息海量，随意浏览的用户针对即时更新的、感兴趣的社会事件可以即时表达自己的言论。任何新闻事件、社会问题都可以成为网络言论的触发点和目标指向，网民可以即时将自己的感想与观念表达出来，激发一些潜在公众参与接连不断的次级传播，个体互动的同时带动更大范围的群体互动。新媒体用户有了更多彰显自我价值的舞台，也获得了更多的自我满足。精英分子对事实本身所作的穿透性认知评论使其更具有分享意义与深度影响力，在传播范围上，新媒体言论的病毒式传播，释放了社会话语空间，消弭了传统社会话语权和信息传播权的中心化状态，带来了舆论格局新变。

其次，新媒体信息的共享和交流有益于群体共识的达成，有助于构建社会成员之间互有勾连的圈子，消解群体极化现象，从总体上扩大全体社会成员共通的意义空间。比如微博主和粉丝之间以信息为纽带建立了基于信息传播共享基础上的社交网络和基于原有社交网络基础上的信息传播共享。在微博言论中，言论是否具有分享意义和对于社会的价值穿透力。这种言论发布的新方式所带来的社会变迁，不仅在于它所传递的内容，更在于它本身定义了某种言论的象征方式、传播速度、传播数量以及言论存在的语境，从而在更深层面上影响着特定时空中的社会关系、结构和文化。

再次，高度决定价值，思想决定影响力。相较于普通社会公众而言，一些精英分子社会经验丰富，对信息意义的解读能力强。他们可以并善于将冰山一角与冰山下的十分之九进行有效关联，对信息本质作穿透性认知。有时候即使是只言片语，也会点燃受众顿悟的火花。普通受众的感性言论需要他们做指引。精英分子的判断标准、意义解读和重要性排列有时能够成功地帮助公众减低对于不断变化的世界认识上的不确定性，使他们能够轻松便捷却又不乏深刻地把握周围世界的变化，进而对于公众社会认知、社会决策和社会行为起到"资讯支点"和"教化引导"的作用。精英分子对社会事件穿透性认知的言论，可以深化感性化认知，使正能量的传播更具文化价值和社会价值。

3. 交互行为会随势随时变动

新媒介环境中的互动行为体现为随势而动、随时而动。移动互联网技术的迅猛发展，最明显的是改变了社会思潮的速度和广度，让在线互动随时而动。

一方面在移动互联网时代，人们接收和传递信息跨越时空限制，人人都是在场直播，"零时差"的信息传递和资源共享仅通过手机、IPAD等移动终端就得以实现。这促使社会正能量信息传播范围的最大化。另一方面共享性传播。移动终端具有"永远在线"的传播常态，加之移动应用软件具有强大的一键复制、粘贴、分享、转发以及点赞、评论和收藏等功能，人们只需要动动手指就得以使社会关注事件像细菌裂变一样迅速扩散开来，甚至演变成为整个热点。事件本身只要在心理层面上与网民具有贴近性，价值层面上能达到一定的社会共识，就会吸引越来越多的网民随时随地加入事件的讨论与交互中。实现全天候不间断的随时交互。

互联网技术带来的另一明显改变是，让在线互动随势而动。利用文本、图片或者表情符号的交流和评价。在线的文本对话既包括口语的非正式和非精确性，也发展了较宽松的书面表达形式。在互动交流中，需要在较短的时间内对事件本身或者交流对象作出意见表达和反应，否则双方的交流可能会因为他人的加入，而使原有的交流顺畅度下降。快速的回复也就较少有细致的分析，思考的间隙也短。当这种文本和图片式的交流积累到一定程度，突破某个阈值，或者事件本身具备相当大的感染力时，网民之间的对话往往不局限于事件本身意见的交流，而是开始对事件背后的社会管理系统和大生存环境发出感慨与质疑，他们对信息的诉求也从对于事实判断的单一关注，提升到对于价值判断的高度关注上来。许多热点事件都贯穿着大范围的社会讨论，持相同或相异观点网民的沟通开始趋于精神共鸣和心理对话，是一种随势而动地全交互式沟通。但整个事件中，正义、同情、惩恶扬善等一直是贯穿整个事件发展的情感脉络，追根究底是正能量不同形式与载体的表达。

5G时代的到来，一人多网，一人多屏，同一时间置身多维时空，每一个人都成为可以向多维空间辐射传播的节点。天地物人的无缝联通，带来了数以亿计节点的信息扩散路径与随机交互、融合中的天罗地网。

（二）创新性实施文化精神内涵与内在张力提升策略

1. 建构儿童叙事体系，使内在结构有张力

叙事体系是影片生命的主干，是确立一部影片的基本面貌和风格特征的主要方面。一部儿童作品之所以能给受众以心灵触动和情感激荡，除了其主题的设置和角色形象的丰满外，叙事体系架构上的别出心裁以及叙述上的层次感、节奏感也是重要的一个方面。

相比美国、日本等发达国家儿童作品、影片发展的强劲势头，我国儿童作品在创意和叙事结构上都显得薄弱，作品的叙事元素缺乏鲜明的民族特色和深

厚的文化内涵，一定程度上导致儿童作品"文化折扣"的出现。如若儿童故事作品在叙事体系上满足受众的期待视野，那么需要在角色造型、叙事空间造型、创新故事建构理念等方面下功夫。

角色设计是一部儿童故事的核心与灵魂，儿童作品大都以主要角色的活动为中心展开故事。日本动漫形象较贴近现实生活，具有浓厚的东方风格与民族特点；美国则善于制造英雄，角色造型往往夸张浓烈，具有十足的弹性。我国的儿童故事和作品往往过于平面化，角色形象缺少幽默感和弹性，人物内在张力不足，应在角色设计过程中运用角色行动和思想变化的叙事功能，体现出更多的民族特质和精神气质。

其次，儿童故事创作中的空间环境造型的功能主要是通过形、光、色等造型元素使空间现场具有假定性基础上的真实感，发挥出再现功能。国产动画在空间造型上缺乏生气，很多时候设计人员将重心放在了精美的绘图上，反而忽略了环境与主角行动的关系，最终导致壮丽的背景单独存在于动画叙事之外，所以在儿童动画电视、电影叙事环境的造型上，应使环境造型参与到剧情的发展中，与角色情感相结合，充分考虑每个场景宏观场面和微观细节出现的视觉意义和叙事意义，使场景变化与角色行为互动起来，共同推进叙事。

在创新儿童故事建构的理念上，应坚持"入口低而宽，能吸引所有的人进入，但必须有一个设的很高的通向净化的出口"[①]。所谓不破不立，中国儿童作品需要从创作理念上改变将儿童作为故事、动画、电影唯一受众群的狭隘认识。扩大受众群则要使儿童相关作品具有多重解读的可能性，即儿童看到的是故事，少年看到的是成长，成人看到的是思想，老人看到的是童趣，受众在感受视觉刺激的同时，也可以获得心灵的触动和情感的激荡。

2. 突破创意体系，使外在结构有冲击力

儿童作品中人物形象要突破创意体系，需要在画意、人物形象设计、画面节奏等外在结构上形成冲击力。

画意是绘画的意旨或意境，基于视觉感知的画意表达在形象的外在表现力上起着至关重要的作用。不同的人文地理、民风民俗造就了不同的画意表达方式，但以画写意却是各国艺术家所共同坚守的。画意表达是动画创作者进行思想、情感表达的最佳途径。在美国迪士尼动画《白雪公主》《狮子王》中，其人物造型夸张，色彩明快，减少了中间色的过渡，视觉效果显得轻松、简洁，加上对人物动作设计的重视，其人物的个性也得到了最大程度的彰显。法国动

---

① 夏波，黄永春. 探寻后殖民语境下国产动画电影的叙事策略 [J]. 电影评介，2010 (7)：24.

画《歌剧》中，法国艺术中特有的灰色调在片中得以保留和延伸，枫丹白露的银灰色和殖民地的热带红灰色和谐统一在一起。日本动画则极具东方风情，细腻的画风，唯美的造型带有日本线描人物的特点，和谐的浮世绘式的色彩关系又使情感表达显得内敛。画意很大程度上肩负着动漫创作新的表现理念和形式，我们应该在借鉴世界各国优秀动漫作品的基础上，关注其动画画意表达形式，形成适宜儿童接受的艺术价值体现方式。

儿童作品中人物形象的设计应注意以下几点。首先，人物造型在形态处理上，从面部到肢体应与现实中的人物造型有一定距离，即应突出卡通人物造型的装饰性特征。这里的装饰，需要依据创作者的思路和方式进行一些夸张和变形，也就是不拘于现实生活的自然形态，要能充分发挥角色的表现力，凸显生动。其次角色形象应具有传神的特点，即人物性格的基本特征要结合剧本情节，人物的本体造型一方面应兼顾本民族在所处时代的价值标准和精神追求，另一方面运用流行元素并使之为大众所认可。

镜头画面的内部节奏是剧情发展的内在矛盾冲突和人物内心情感变化而形成的节奏，卡通镜头画面的外部节奏则主要依靠镜头的运动和长度、景别和剪接等方式来实现，也就是一切诉诸观众视听感官的节奏，是画面主体及镜头本身的运动所形成的节奏[①]。动画作品要达到表意与叙事的目的必须遵循视听语言的法则，应巧妙运用长镜头和景深、焦距、剪辑等表现手段，在不同画面组合中体现出复杂丰富的意蕴，通过镜头画面中诸元素的结合和合理运用才能最终形成画面的节奏感，从而达到传达影片内涵和审美表意与抒情的目的。

3. 完善表达体系，使精神与物质相贯通

中国儿童文化要立足于世界，应站在走向世界的立场去完善表达体系，即将区域性文化体纳入全球性文化语境的大圈，作为它文化的公共财富和共享资源。同时，在这一平台上汲取它文化体系中的有利资源，丰富、完善和发展自身的文化本体，这样才会保持本体文化不会落伍以至消亡。这里有外显和内隐两个层次。外显层次的表达，主要是通过角色造型、角色服饰、画面色彩、故事情节等可见物化形式来表达儿童文化的思想内涵。内隐层次上，则是凭借角色文化的传承和积淀，形成文化吸引力，将物化资源在潜移默化中逐渐转化为隐形的文化资源，并使之构成人类精神世界的一个理念核心。如下图所示：

---

① 陆丹. 动画镜头画面节奏的审美功能[J]. 电影评介，2010（8）：56—66.

```
        ┌─ ─ ─ ─ ─ ─ ─ ─ ─ ─ ─┐
         ╲     精神世界     ╱
          ╲───────────────╱
           ╲   物化要素   ╱
            ╲           ╱
             ╲         ╱
              ╲       ╱
               ╲     ╱
                ╲   ╱
                 ╲ ╱
```

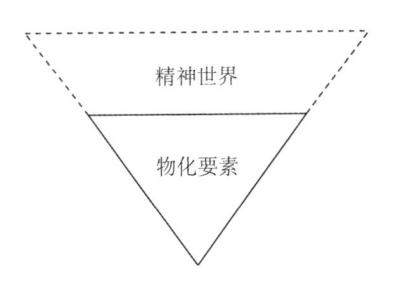

图 3-7　物质与精神互动框架

儿童作品物化要素作用于受众的精神世界时，会形成倒金字塔式的增值率，即在作品创作过程中，物化要素越丰富稳定，就越具有创意性，物化要素相互作用、相互影响，向上延伸出精神空间。稳健的倒三角物化资源不断充盈，精神空间在此过程中不断蔓延和扩大，在传播过程中形成具有中国文化特色和脉络的儿童文化和精神世界。

倒金字塔增值率的顺利实现，物化要素的创作是关键，所以在角色造型、故事理念、情节组合、音效设计中，应预设我们的意识形态，将代表中国国家形象和意志的丰富的物化要素凝结其中，实现作品物质与精神的兼收并蓄、融会贯通，让有形的物化资源和无形的精神空间实现无缝隙连接，让中华民族的优秀文化和精神理念在儿童快乐文化的传播过程中不断展现和升华。

四、坚守儿童本位：浸润意义之善、传播情感之真、观照生活之实

新媒介具有的移动性、实时性、碎片化、个性化、社交化的特点，促使社会文化的变革。这其中包含了文化生产内容及文化生产方式的改变。然而无论媒介的发展带来形式上多大的变化，文化对人生命意义的建构是毋庸置疑的。

网络自由传播、平等对话的连接方式从根本上改变了儿童认识自我、了解世界、参与社会的认知模式和行为模式，改变了儿童如何与他人建立联系的心理关系和互动性质。大流量开放平台改变了媒介传播中信息的意义，使得社会关系的总和构成共享信息、利益、价值等的共同体，从而达到人人参与、价值多元的动态平衡态。此种情境下，我们应从儿童本位出发，找到文化传播中的意义之善、生活之实、情感之真，准确把握儿童·技术·文化的逻辑脉络，理解儿童新媒介运用的价值诉求。

（一）用文化符号浸润意义之善

一部好的儿童动画电影或电视剧，很大程度上在于语言、音画、人物、背景、叙事情节等文化符号和元素完美结合所带给儿童的愉悦和感动。音乐语言

能够加强戏剧性，营造出与视觉画面相符合的氛围；背景往往奠定了影片的主基调，它能够渲染气氛，这种氛围可以深入人物的内心世界，刻画人物细腻的情感；角色包含形象、人物造型、服饰和性格特征等，不仅是一部作品的风格标识，也是视觉文化与意义价值最重要的载体。这些文化符号和要素都可以加深并强化儿童的情感体验，使意境美得到最充分的展现。

宫崎骏的动画影片《魔女宅急便》一开始描述了13岁的少女琪琪，在充满了诗情画意的湖畔的青草地上，憧憬着即将开始的远行。画面中的琪琪默默无语，单簧管和六弦琴用和声小调奏出了三拍子的圆舞曲，田园牧歌般的旋律中流露出淡淡的忧伤和离别的感伤，少女即将离开故园和家人时的惆怅心情通过音乐流淌出来。音乐在这里展现出的力量，超越了语言和动画画面本身，深刻细腻的刻画出主人公丰富的内心情感，为观众营造了极富想象的审美空间。这段主题音乐，在影片中多次出现，深入到琪琪的性格当中。除了飞行，琪琪有着常人身上都会有的弱点，她有过困惑和彷徨，曾经不太自信，也曾失落无助，但琪琪有颗执着善良的心，在这个冰冷的机器时代，琪琪在送快递的同时，也传达了爱的希望和力量，享受着成长带来的快乐和烦恼。多文化要素渲染、伴随了琪琪成长的每一个重要的时刻，见证了逐步成熟的少女的心路历程，和电影动画紧密地结合在一起，为整部影片增加了迷人魅力。

儿童作品中不同的文化符号和要素的排列组合，构成不同的叙事结构，彰显出相异的文化力。在不同的叙事结构和文化语境中，文化符号被不断赋予新的含义。一部儿童作品中并不是所有的文化要素一一俱全，而是各有侧重，发挥不一样的文化作用力。不同文化要素在不同语境中的叠加，产生文化增值，不仅可以影响一部作品，甚至还会影响一个时代。横向故事形态独立的叙事结构，相对灵活，可以随时穿插新的角色，可以随时更改故事情节，这凸显了其柔韧性强的文化张力，而纵向的故事形态则逻辑严谨，文化渗透性强，关联度高，可以紧紧吸引原有受众。相对宏大的叙事结构，使其新角色的加入要有一定的铺垫和陈述，所以文化张力相对小一些。动画作品无论是横向的故事形态，还是纵向的故事形态，其文化要素的排列组合都要服从于叙事主旨的需要。普世价值爱的宣扬，是很多优秀作品贯穿始终的主线。所以善用文化符号浸润意义之善，对儿童作品中文化要素进行组合配比，是儿童文化成功传播的重要条件之一。

（二）拟真环境中观照生活之实

尽管儿童的生活在一般人看来好像是琐碎、格式化和平凡的，但是，儿童的日常生活其实比我们所认为的更有意义。因为对于每一个个体儿童而言，他的每一次活动对他自己而言都是独特的，富有特别的意蕴和价值。儿童早期的成长，需要尽可能地拓展个体的生命体验，拓展个体与周遭世界的丰富而生动的精神联系。

媒介接触，是儿童与周遭世界建立联系的重要方式，同样要求儿童与世界的亲近。但是进入数字媒介时代，媒介提供给孩子们的图像世界发生了根本性转变：随着图像修饰和制作技术的发展，虚拟世界中的图像从"迹象"逐渐向"拟像"转变，并进一步发展出了"拟真世界"。图像不再是现实世界的一种反映，不再是一个表象和简单的拟仿，而确确实实地成为不依赖现实世界而存在的、基于"模型"和"符码"而人为创造的存在物。在数字媒介所提供的虚拟世界中，存在着大量经由人们可以设计的"拟真"性存在，它们的特点在于在现实世界中是不存在的，却装作真实存在的样子。这些信息的作用在于"唤醒人们或敬畏、或喜爱等心理"，构建了观念的魔力和现实的诱惑力。而魔力与诱惑力又进一步促使人们对图像所表征的虚拟之像产生认同与欲望，于是在'把你的欲望变成现实'的推动下完成了图像与现实、表征与存在之间的内爆。"而对于不谙世事、抵抗力、思考力和自律力较弱的儿童而言，虚拟世界极大地满足了他们的好奇心和获取新信息的欲望，极易造成孩子在虚拟世界中的"沉迷"。所以当我们面对儿童媒介接触的现象大规模出现之时，必须要时刻警醒一点，数字媒介所展示的虚拟世界，具有相当强的文化开放性，同时，由于技术带来的"拟真"已经和孩子的现实世界产生了割裂，不能放任儿童在虚拟世界中肆意遨游，因为在虚拟世界之外，还有一个更加值得关注的世界，即儿童的生活世界。因此，儿童新媒介接触始终不能忽视，对儿童现实生活世界的观照。

（三）用现实生活传播情感之真

2019年网络红人李子柒爆红网络，作为90后视频博主，她拥有千万级粉丝，她的短视频有乡村田园生活、有中国美食、有传统手工艺。她的视频呈现的是几乎每天都可能发生在千千万万中国农家的不足为奇的一幕，浓浓中国风，像是邻家女子，但是又特别让人惊讶赞叹，灵巧的双手无所不能，举手投足之间也点燃了人们了解中国文化的兴趣，让人们更加关注中华的优秀传统文化，感受到了传统文化的魅力。

无论是酿桃花酒、制作胭脂，抑或是养蚕、缫丝、刺绣、竹艺、木工等，无不具有鲜明的中华传统文化意象。没有任何一句宣扬，但是却能感受文化传播就在现实生活中，就在每天的日子里蔓延。在云卷云舒、花开花落之间，她和奶奶之间的亲情，真挚感人。在李子柒粗糙的双手中感受着生活的艰辛和真实。吸引人眼球的，除了文化的诠释，还有李子柒的生活本身。一颦一笑间没有娇娆造作，渔樵耕读之间带来的是真实的劳作，在现实生活中传播情感之真。

我们回到儿童的话题。儿童作为独特的生命体，其生命本真在于"保持"和"优化"情感之真。儿童各方面能力尚未发展成熟，他们对自己各方面能力也未形成清晰的认知。在生长过程中，他们努力追求意识的"清明性"和"真实性"。

面对数字媒介所展现的虚实结合、多维共现的广阔时空，儿童所要进入其中进行符号获取的首要价值诉求就在于，"保持"并"优化"儿童的生命本真，使儿童能够区分自身生命存在和外在环境，确定自身的时空所在，把握并掌控自己的"清明性"意识，努力追求自己的意识对自己在数字媒介中活动的可控性，即让儿童处于一种"真实"存在的状态，不能掉入虚拟世界的浩瀚海洋，茫茫然不知自己身在何处，从而失去了自身"清明性"意识的把控能力，任由信息符号牵着鼻子走进不知所以之处。

在与外在符号的交流中，儿童对现实生活逐渐有了意识确认。这种确认随着儿童活动的累积，一旦达到经常性的程度，便形成"感性确定性"。在这个时候，儿童同外界的区分，儿童对外界的反应能力和作用能力，儿童的活动的有效性，就都成为确定的，儿童的意识也成为"清明"状态，现实生活中，确定性带来了安全感、笃定和阳光，进而赋予情感真实地流露。

第四章 伦理·困境：儿童成长与新媒介技术的伦理适切

科学技术的进步有利于人类社会的发展，更多的时候技术被当作工具在使用。我们纵观信息传播领域的历次变化，就可以感知是技术一直在推动着传媒的不断发展。当下的新技术不断革新媒介形态、内容生产与分发、传受关系、信息功能，乃至新闻原则、传播理念，最终形成新型的媒介与人、与社会的关系，技术化的媒介，正在革新伦理、更新价值观念。媒介的发展经历了多个时代，每一次媒介技术的变革都会带来媒介环境翻天覆地的变化。随着计算机、互联网等技术的兴起，新媒介技术愈发深入民众的生活，甚至成为不可或缺的生存手段，无法逃离的生存环境。新媒介崛起的时间虽不长，但其发展、普及的速度却惊人。根据国家工信部的统计，单就视频播放而言，以乐视和爱奇艺等为代表的网络新媒体视频播放平台的播放量是传统电视媒体的5.8倍之多，有的电视剧或综艺节目更是出现了新媒体平台上千万级的点击量。此外，新媒体不断完善，各类应用逐步普及，儿童学习行为也深受其影响，无论是学习方式、时间还是学习场合、心态都发生着较大的变化。新媒介背景下，儿童的学习行为正在形成新的模式及风格，在较大程度上有别于传统学习。阅读是学习的重要手段，而"听书"则是新媒介环境下崛起的新兴阅读方式。据统计，14岁以下儿童听书率接近21%，家庭教育信息平台"工程师爸爸"发布《2015中国儿童听书现状及趋势》数据报告，报告认为3—7岁是儿童听读的主力人群。但很多人却对于"听书"这一形式提出质疑，认为听书"不利于培养孩子的思考、阅读能力""缺乏亲子阅读时的情感交流""容易走神"，"听书"模式受到诟病。儿童在娱乐、学习这些重要领域中，充分借助着新媒介，这些现象都从侧面证明了新媒介技术对儿童成长发育有着可不忽视的影响力。

目前，媒介的发展十分惊人，其影响力巨大，但约束、规范新媒介的法律法规尚未能紧跟其步伐，得以制定并完善。新媒介领域的诸多问题无法得到国家强制力的有效调控和保障。多年来形成的媒介伦理体系，在新媒介环境中受到巨大冲击，原有准则已无法满足日新月异的新媒介环境。新媒介伦理缺位致使各类问题得不到有效解决，各种冲突、矛盾逐步升级，新媒介技术造成的消极影响逐渐显现。在新媒介使用群体中，儿童由于心智尚不成熟，成为公认的最脆弱、最易受外部环境影响的群体。新媒介伴随其成长，并产生重大影响。儿童的发育、成长质量对于一个家庭、一个国家，甚至整个世界的未来都有着举足轻重的意义。那么对当前新媒介环境下，儿童媒介伦理缺失情况及造成的不利影响进行思考，并探讨新媒介伦理体系的建立将有助于重塑媒介伦理，净化新媒介环境，保障儿童健康成长。

第一节　媒介伦理在新媒介技术运用中的缺席

人工智能、大数据、AR、VR、虚拟主持人等新技术不断被应用于传播实践之中，在这些眼花缭乱的新兴技术背后，其实也带来了媒介伦理方面存在的新变化。[①] 智能推荐算法的滥用产生了"信息茧房""信息孤岛"；对技术主义的崇拜影响了人的正确价值判断；唯数据论的认识逻辑正在不断影响人们对世界的认知，技术不断"裹挟"人类的情形正在我们身边发生。如何正确看待技术，如何让技术兼具工具性和人类学的特质，如何以人类为主体引导技术发挥正向作用，成为媒介伦理领域关注的热点。

一、媒介伦理与技术文化

媒介伦理对媒介的运行、发展，对媒介参与者实施媒介行为有着规范作用。它不但关注媒介的正常发展，也关注媒介参与者媒介行为的合理性，往往致力于调节人与硬件设备、软件运用之间的协同。技术文化则是以为人们的工作、生活提供便利为前提，注重于发展技术本身。显然媒介伦理与技术文化之间存在着目标达成上的差异，而这种差异使得两者不能完全整合，相互配合，实现媒介本身与人的健康发展。

（一）媒介伦理的内容

媒介的运行与发展需要遵守一定的秩序。有的秩序被纳入法律法规中，在国家强制力的保障下得以顺利实施。有的秩序则仅仅是人们在长期的媒介实践活动中逐步形成的共识性规则，它没有国家强制的保障，主要由个人及社会组织自觉遵守。我们这里探讨的媒介伦理就是那些尚未上升至法律层面，仍处于

[①] 李嘉卓. 媒介伦理：技术主义影响下的反思 [J]. 新闻与写作，2019 (4)：4.

道德领域的媒介运行与发展中应当遵循的准则。

1. 媒介伦理的形式要件

在汉语里,"形式"是指事物的样子和构造,它区别于该事物的构成材料,通常被定义为事物的外形。而形式要件一词则多用于法律领域,它是法律、法规、规章、制度等一系列文件中关于事物形式的表达。以民事诉讼状为例,其形式要件包括:准确完整的当事人信息,明确的诉讼请求,清晰的事实描述,与事实相关的论据等。简而言之,所谓形式要件就是在不涉及实质性内容的情况下,仅仅从事物表面来看,所应达到的标准。媒介伦理也应当具备形式要件。

(1) 群体要件

媒介的适用者几乎涵盖了整个社会,涉及不同性别、年龄、文化、阶层的各类群体,因此媒介的广泛性不言而喻。但由于各个群体之间存在认知、需求、理解力等各方面的差异,因此适用于各类群体的亚文化出现,成为指导某一群体的行事准则。这些准则却不一定能被称之为媒介伦理,其原因在于,上升为伦理层面的媒介规则需得到媒介适用者的广泛认可。在社会公众事务领域,有两个数据被经常提及,一个是1/2,另一个是2/3。有时,当整个群体中过半的成员对某一事项表示赞同时,该事项即获得了大多数人的支持,推行下去就是顺理成章的事。有时,则要求整个群体中超过三分之二的成员对某一事项表示赞同,该事项即被认为符合绝大多数人的利益,而得以继续推进。对于媒介伦理而言,我们无法去量化它是否已达到二分之一或三分之二的标准刻度,但我们可以从支持或反对的声浪中去判断群体对该规则的认可度。这里我们提出媒介伦理的形式要件之一——得到适用群体中大多数成员的认可。

(2) 时间要件

媒介伦理需要积淀,而积淀则需要时间。实际上,媒介的发展从口语传播、文字传播、印刷传播、电子传播到现今的网络传播,已是经历几千年。《传播革命》一书的作者弗里克·威廉斯绘制了一张传播史表盘。他将从西方晚期智人克罗马努人到现在的36000年作为表盘上的一天。口语传播跟随着智人的出现而出现;文字传播则在20点才姗姗来迟;印刷传播出现在22:38;电子传播仅在最后3分钟才出现;网络传播由于兴起时间较短,甚至无法在表盘上标明。这张表盘说明,整个传播阶段的更迭经历了漫长的岁月。历史较长的这些传播形式基本都在岁月的积淀中形成了一套广泛适用的媒介伦理。但新媒介出现较晚,没有经过时间的洗礼,适应当下社会经济发展的新媒介伦理尚未建立。我们很难明确新媒介伦理到底是需要十年,还是二十年,甚至于上百年才能建立起来。但我们知道的是,新媒介伦理体系的形成,需要达成时间要件，可能会经历建立、推翻、修正、再建立的循环过程，而这个过程是漫长的。

2. 媒介伦理的实质内容——合理性

实质在汉语被理解为某一对象或事物本身所必然固有的性质，或事物的内在含义。实质要件与前文中的形式要件一样，多用于法律领域。一般说来，那些表明利害关系，决定罪与非罪，确定处罚形式的因素，往往被视为法律中的实质村件。对于媒介伦理来说，合理性就是其最重要的实质要件，主要包括以下三个方面的内容。

（1）利益的合理分配

我们认为所有的媒介行为都是在人的支配下实施的，一个媒介行为可能涉及多个个人、多个群体甚至于整个社会。那么在媒介伦理中应主张对利益进行合理分配，否则会影响到媒介伦理实质要件的达成。对于个人来说，需要注意的是，媒介伦理不能因个人利益弱小而将其忽略。对于群体来说，媒介伦理应作用于协调群体成员之间，群体与群体之间的利益。对于社会来说，公共利益应占据重要地位。媒介伦理则应着力协调公共利益与个体、群体利益之间的矛盾。如何实现利益在媒介中的合理分配是媒介伦理应当探讨的内容。

（2）对群体成长的关照

每个人的成长都是信息交换的过程——获取信息、整合信息、传递信息。媒介是人们进行信息交换的重要载体，因此，媒介对群体成长有着不可估量的影响力。以特别具有典型性的儿童群体为例，他们无论从认知能力、知识水平、心智成熟度等方面来说，都还处于初级阶段，缺乏对媒介信息的辨识能力，价值观的稳定性不足，媒介信息对他们的影响特别大。而这一群体又被称这为世界的未来，他们决定社会的走向。当这群人对媒介有特殊的要求时，媒介伦理是否应该给予特殊群体特殊的关照，为其肃清不良信息，提供更接近真实的拟态环境，营造更健康的媒介氛围？

（3）对媒介发展的理解

媒介的发展有其自身的内在规律，理解并顺应规律，抱着引导而非对抗的态度，才是媒介伦理建立的逻辑。在每一个新媒介出现的时候，都曾在一段时间内引发新的媒介问题。例如15世纪到18世纪，欧洲印刷业起步并飞速发展，这对传统的政治体制和社会秩序产生了巨大冲击，无论是宗教神权还是世俗王权，都在试图通过控制印刷业来维持或获取利益。[1] 当我们把这些控制行

---

[1] 郝建国. 欧洲早期印刷业应对专制统治的方式与成功原因探析 [J]. 现代出版，2015（2）：66—69.

为放入历史长河中分析,就会发现,印刷业对于神权、王权,如同脱缰的野马,超出了其控制范围。但对于整个社会来说,我们对印刷媒介的评价更为积极。正如诺曼·卡曾斯所评价的那样,卡曾斯所评价的那样,"迄今为止,还没有任何一项发明像印刷媒介那样充分地满足人脑的知识需要。人的思想把纸上的小小符号转变为一定意识的能力,正是人类文明获得基本动力的方式之一。"[①] 同样的,新媒介出现,并在技术领域的硬件设施、设备助推下迅速发展,然而与之相匹配的软件,诸如使用者的素养、媒介规则等尚不能完全满足媒介发展的要求,诸多社会问题也随之显现。但是,历史不会倒退,唯有在理解、顺应媒介发展规律的基础上形成新媒体伦理体系,才能对新媒介引导产生效力。

(二) 媒介技术文化的内涵

技术是以社会文化的构成要素或运转流程方式存在的,受到了文化的引导、调制与塑造,从而被打上了地域性、民族性和时代性的烙印。[②] 新媒介的出现与发展得到了强有力的技术支持,这些技术对于社会文化形态而言,仍然具有当然的从属性,其地位相对社会文化而言应处于较低层次。因此,新媒介技术应受到文化的引导与规范,并服务于社会文化的发展。

1. 新媒介技术

我们对于新媒介 (New Media) 的认识,主要从相对的概念领域出发,其被认为是广播、报刊、电视等传统媒体以后发展起来的新的传播媒体形态,包括手机媒体、网络媒体、数字电视等;同时,我们也可以认为,新媒体是一个相对宽泛与笼统的概念,只要是利用网络技术与数字技术、通过宽带局域网、互联网、无线通信网、卫星等渠道,在手机、电脑、数字电视机等终端上使用,在新媒体运作的过程中向用户提供娱乐服务和信息的传播形态,因此,新媒体应该也被称之为数字化新媒体,也就是说新媒体是以数字信息技术为基础,以互动传播为特点、具有创新形态的媒体,以网络为载体,传播者与受众角色相互融合,获取与发布的程序简化,信息流转打破了线性传播,传播效率得到极大提升。曾任阳光媒体集团主席的吴征先生在新浪的专栏文章中发表了《媒体业发展趋势与新媒体的文化使命》一文,他认为新媒体是一种既超越了电视媒体的广度,又超越了印刷媒体的深度的媒体,而且由于其高度的互动性、个人性和感知方式的多样性,它具备了以往任何媒体都不具备的力度。[③]

---

① 刘津. 印刷媒介的历史作用与前景展望 [J]. 社科纵横, 1997 (12): 72—74.
② 王伯鲁. 技术化时代的文化重塑 [M]. 北京: 光明日报出版社, 2014: 145.
③ 吴征. 媒体业发展趋势与新问题的文化使命 [EB/OL]. [2001—05—11]. http://tech.sina.com.cn/it/t/66496.shtml.

| 第四章 | 伦理·困境：儿童成长与新媒介技术的伦理适切

目前为止，新媒体被公认为是媒体产业发展过程中的第五媒体产业，区别报刊、户外、广播、电视四大传统意义上的媒体。新媒介的发展离不开技术的支持。世界知识产权组织在1977年版的《供发展中国家使用的许可证贸易手册》中，给技术下的定义："技术是制造一种产品的系统知识，所采用的一种工艺或提供的一项服务。"它被广泛运用于各个领域，并以不同的形态呈现，人们常常遵照技术概念的外延对其进行划分。若根据活动领域来划分，可将技术分为产业技术、实验技术、水利技术、军事技术、教育技术、医疗技术等类型。[1] 新媒介技术是运用于新媒体领域，推动新媒介发展的各种技术的总称，它是一种产业技术，涉及诸多方面。下面将对影响新媒介发展的主要技术进行梳理。

（1）通信网络技术

通信技术，又被称为通信工程，它是电子工程的重要分支。通信技术主要解决通信过程中的信息传输和信号处理问题。例如以光波、声波、电磁波等形式发送信号，接受端对信号进行解码，传递出正确信息。目前，广泛使用的4G通信技术极大地提高了新媒介的使用效率，5G通信技术已走入人们视野，即将全面普及。

（2）计算机技术

计算机技术是一套完整的体系，它所涉及的技术主要包括系统技术、器件技术、部件技术、组装技术等。而我们这里提到的计算机技术是与新媒介相关的各种终端技术，这些终端不一定是计算机，但都是以计算机技术为基础发展出来的，如平板、手机等。它主要包括两个方面，一是硬件，二是软件。目前，在新媒介使用需求的驱动下，硬件正朝着"又大又小"的方向发展，大主要是指的容量大，小则是指的体积小。这种变化趋势使得移动终端的使用备受推崇。

（3）数字技术

数字技术（Digital Technology），是一项与电子计算机相伴相生的科学技术。它是指借助一定的设备将各种信息，包括：图、文、声、像等，转化为电子计算机能识别的二进制数字"0"和"1"后进行运算、加工、存储、传送、传播、还原的技术。[2] 目前，数字技术在新媒介领域广泛运用，带来一系列的媒体变革。例如，数字技术使得信息存储的空间变得游刃有余，海量信息实现

---

[1] 王伯鲁．技术化时代的文化重塑［M］．北京：光明日报出版社，2014：26．
[2] https：//baike．baidu．com/item/数字技术/6539139？fr=aladdin．

双向传输，文字、声音、图像全方位贯通，发送与获取也更加便捷。

2."技术媒介"的产生

人们常常把媒介视为一种工具，是一种需要得到技术支持才能发挥作用的工具。在口语传播时代，媒介需要借助语言技术；在文字传播时代，媒介需要借助文字技术；在印刷传播时代，媒介需要借助印刷技术；在电子传播时代，媒介需要借助电子技术。在当下，网络传播时代，媒介需要借助于各种技术，信息瞬间汇集与分发，地球真正变成了地球村，物理空间距离在某种意义上被网络所打破。此时，媒介已经深刻地融入人们生活的方方面面。我们是否应当单纯地将定义为工具？是否将其仅仅视作技术的产物？这些问题已不容忽视，反思媒介的工具性，反思媒介与技术之间的关系，反思媒介与技术的功能已成为迫切的时代课题。通过梳理这些问题，弄清媒介、技术与人、社会之间的关系，明确各自的地位，对于深入考量新媒介伦理问题将有巨大帮助。

(1) 关于"技术媒介"

这里的"技术媒介"并非是要褒扬技术对于新媒介发展所带来的正向推动力。此"技术媒介"是指，媒介在发展过程中，过分地依赖于技术，过分地追求技术变革带来的新、奇、快，而导致技术决定论盛行，媒介的文化功能、服务性质被弱化，导致媒介走上被技术牵着鼻子走的境地。在"技术媒介"这一概念中，技术成为中心点，按照以技术为导向的思维方式，在技术与文化之间的条件关系中，技术的发展是自变量，社会文化的发展是因变量。[1] 在这种关系影响下，媒介伦理受制于技术，难以发挥出对于媒介发展的指导、调节作用。

(2) "技术媒介"引发的问题

在技术对媒介的主导之下，人自身、人与人、人与社会以及社会本身的发展都受到了不同程度的影响。

第一，技术媒介对人自身发展的影响。这种影响既有积极的也有消极的。从积极方面来说，技术媒介为人的自身发展提供了诸多便利，如获取信息，实现对世界更加全面的了解，这对于个人建立知识体系，形成价值观有着明显的推动作用。但技术媒介对人自身发展还存有消极影响，信息大爆炸分散了人们对有效信息的关注度，各种冲突与矛盾交织，影响正确价值观的顺利形成，诸如此类问题屡见不鲜。

第二，技术媒介对人与人关系的影响。技术媒介给人与人关系的形成造成两个层面的影响。一方面，技术媒介为人与人之间的交流提供了更加便捷、高

---

[1] 赵华. 对技术——媒介的文化反思 [J]. 科学技术哲学研究，2013 (4)：109－112.

效的平台，跳出物理空间的限制，人们有机会增进交流，增强感情；另一方面，技术媒介又使得人与人的交流缺乏深度，流于表面，微信朋友圈的点赞，微信群的问候都赶不上促膝长谈来得深入。

第三，技术媒介对人与社会关系的影响。技术媒介影响下，人与社会的关系表现得既密切又疏离。密切主要体现在个人的相关信息完全融入社会体系之中，人生活在社会中，几乎无处遁形。疏离主要体现在个人在技术媒介的帮助下，似乎可以脱离社会交往而存在，日本蛰居族的数量不断攀升，技术媒介也在其中发力。

第四，技术媒介对社会发展的影响。人们常说，创新是引领社会发展的第一动力。创新从何而来，往往是科技带来创新，这说明技术对于社会发展来说影响很大。技术媒介对社会发展有诸多积极影响，例如AI技术的运用，使得整个社会充满智能化。但同时，我们也关注到，诸如智能化的社会发展趋势似乎也可能对整个社会发展产生消极影响。普通大众甚至可能失去掌握技能、进行思考的动力。

作为文明的产物，今天技术已使媒介无所不在，可作为形式的媒介高于作为内容的媒介，这种趋向越来越明显，以致我们当代人完全生活在技术媒介的控制之中。[①] 技术的两面性，特别是在新媒介领域中的运用，使得新媒介伦理很难对此进行有效规范。

二、技术文化包含伦理逻辑

技术和文化一直以来都相伴而生，他们相互联系，相互促进，有时又会相互制约。文化是支撑技术发展的源动力，技术则是体现文化的重要载体。正如海德格尔在《技术的追问》一书中所说："技术不仅是手段，技术还是一种展现方式。"因此技术应兼具物理性和社会性特质，物理性使得技术按照一定的技术逻辑行事，社会性则要求技术文化展现出伦理逻辑。

（一）新媒介技术的文化内涵

1. 崇尚创新

技术的形态并非自然创造，而是人们以自然物质及其运动规律为基础，对其进行创造性加工、重组、革新，使不断进步，满足社会生活发展的需要。技术文化对创新的崇拜，使其体现出较强的扩张性、征服性。因此，新媒介技术在创新理念的推动下，不断推陈出新，各种技术形态逐一登场。创新对于新媒

[①] 赵华. 对技术——媒介的文化反思 [J]. 科学技术哲学研究，2013（4）：109－112.

介伦理来说就意味着挑战，有新的因素出现，就可能导致新问题发生，而在时间长河中沉淀下来的规则却无法照搬。

2. 注重效率

提升技术运用的效率，解决现实的问题，获取更好的效果是技术文化的追求。就新媒介技术而言，我们对效率的追求从未停歇。储存信息的虚拟空间越来越大；信息摄取、传递速度越来越快；媒介的使用法则越来越简单、便捷；流传的内容越来越多、越来越丰富；人力成本的投入越来越低。效率之下仍然存在隐患，海量的信息、人力的有限投入、对传播效率的苛求都可能导致无效信息，甚至虚假信息横行。面对这种状况，新媒介伦理似乎没能发挥出效能。

3. 注意协同

技术需要得到各方面的全方位配合才能顺利运用于实践，才能实现飞跃，"个人英雄主义"在技术文化中是行不通的。新媒介技术大致可以分为两大板块，一个是硬件技术，另一个是软件技术。硬件技术之间需要协同，例如一台计算机的硬件之间必须兼容，否则无法使用。软件技术之间需要协同，例如计算机系统与网络系统间要达到协议，否则无法连接。硬件技术与软件技术之间也需要协同，例如硬件不能为软件提供足够的运行空间，那么两者也只能干瞪眼。技术文化很难容忍矛盾的存在，因此十分注意各方面的协同。技术对于协同性的追求却未得到新媒介接触者们的认同，人与新媒介技术之间的协同尚未形成。新媒介飞速发展，与之相适应的新媒介接触者素养却未建立，还需要在新媒介伦理的指导之下，逐步形成。

（二）新媒介技术的伦理逻辑

新媒介技术具有一定的伦理逻辑，可称之为新媒介技术伦理。它是指新媒介技术行为中施以伦理导向，使技术主体（包括技术设计者、技术生产者和销售者、技术消费者）在技术活动过程中，不仅仅只考虑技术的可能性，更要考虑其技术活动的手段、目的、后果的正当性。

1. 致力于满足使用者需求的伦理逻辑

（1）信息传递技术的"所得"与"所失"

美国科学家的研究显示，每人每天获得的信息相当于阅读了174份报纸；今天一个小学生一天的阅读量，包括文字、影像、广告等超过15世纪古人一年的阅读量。[①] 这种变化就是信息传递技术支持下，信息实现了海量、即时传递，信息大爆炸时代给予人们更多可以获取信息的机会。从满足使用者需求角

---

① 闫肖锋．微阅读时代［J］．青年记者，2009（9）．

度来说，信息传递技术具有正当性。例如，它对知情权给予了强有力的支撑；它为人们满足好奇心与未知欲提供了方便；它为人们解决问题提供帮助等等。从这些方面来看，信息传递技术符合伦理逻辑。

然而，这种海量、即时的传播也会有悖于伦理逻辑。人的注意力是有限的（特别是儿童），在面对海量信息时，无法全盘接收、全面处理，必定只能将注意力分散开去，尽量关注自己偏好的内容，在这种情况下，人们受到太多的信息干扰，想要聚集注意力，是一件困难的事情。对于儿童来说，面对纷繁复杂的信息，他们并不具备过滤、筛选信息的能力，全盘接收或随心所欲成为当前儿童接触新媒介的一种势头。

（2）筛选推送技术的"计算"与"算计"

新媒介为了更好地满足使用者需求，而常常通过数据分析来推测用户偏好，并据此推测出的偏好向用户推荐信息，这种方式叫算法推荐。从伦理逻辑来看，该技术的问世与普及是媒介技术进步的体现。从"计算"角度而言，它是符合伦理逻辑的，其原因在于，它关照用户的个性需求，并将推送的信息与之相匹配，实现了信息与用户的精准对接。这对于让节约信息搜寻成本、提升信息选择效率而言，其手段、目的、后果都具有一定的正当性，千人千面、尊重用户个性都是符合媒介伦理要求的。

但是，"算法推荐"也并非绝对的真理，"计算"与"算计"只在一念之间。有人认为：算法没有价值观，其更多地遵循着流量逻辑，这是只对利益低头，不关照社会公益的一种奴性体现。对新媒介而言，用户的需求本身并非绝对正当，如果只关注流量，不关注正能量的传递，那么将对社会和谐、有序发展造成不利影响。有人认为：算法推荐易导致自我强化、自我封闭的"信息茧房"。根据社会学习理论，人们除了可以通过直接经验进行学习以外，还可以通过间接经验来学习。算法推荐传递的信息可能导致不良间接经验的学习。同时，算法推荐还要能导致信息窄化，人们未能全面地获取信息，使得其对事物的见地有失偏颇。可见，筛选推送技术既体了一定的伦理逻辑，但同时也伴随着不合伦理逻辑的一面。

三、新媒介伦理缺位对儿童的不良影响

对于儿童这一概念，联合国《儿童权利公约》中做了界定，年龄在0~18周岁的都属于儿童范畴。我国的各类法律文件将18以下的均归为未成年人，医学界则以14岁为临界点，将14周岁及以下的作为儿科的研究对象。本文中的研究对象是指0~14周岁的群体。

(一) 儿童的认知特点的阶段性

近代著名的儿童心理学家让·皮亚杰提出了儿童认知发展阶段论，并梳理出四个阶段，即感知运算阶段（0—2岁）、前运算阶段（2—7岁）、具体运算阶段（7—11岁）及形式运算阶段（11岁起）。该理论认为：人在成长过程中会经历各个认知阶段，而每一阶段的儿童会有不同的认知及思维方式。

1. 0—2岁儿童的认知特点

0—2岁的儿童尚处于婴儿期，他们的感知觉体系还在逐步建立中，对语言及表象的理解力还没能产生，往往通过与事物的直接接触来获得各种知识经验。例如，开水很烫，但他们对"烫"本身就无法理解，但如果让其身体与烫的事物进行直接接触，他们才开始对"烫"有了领悟。由于这一阶段的儿童尚无法通过新媒介接触来实现认知，因此，他们不作为我们儿童群体研究的主要对象。

2. 3—7岁儿童的认知特点

3—7岁的儿童属于研究中经常提及的学龄前儿童群体，他们恰处于前运算阶段。处于该年龄段的儿童，思维仍然受直觉表象的约束，认知是单向的。由于语言的出现，儿童常用表象符号代替外界事物，逻辑思维还没有形成，他们常常会根据表象判断事物的实质，表现出泛灵心理、自我为中心和思维不可逆等心理特征。在与新媒介接触过程中，这部分儿童非常容易被信息表象所吸引，对新媒介的理解尚处于表层。

3. 7—11岁儿童的认知特点

7—11岁的儿童，其认知结构与思维能力与前两个阶段有着较大的不同，已发生了重组与改善。他们在社会学习的过程中，逐渐发展出完整性、逻辑性的体系，规则性、刻板性在这个阶段有着突出的表现。因此，这类儿童能够梳理逻辑，并进行较为完整的思考，但受制于规则性与刻板性，其抽象思维能力稍显不足，需要具体事务予以支持。这一阶段儿童在与新媒介接触过程中，在一定逻辑思维能力的支持下，能根据自己的知识体系对各类信息进行初步解析。

4. 11岁以后的儿童

这个阶段的儿童处于形式运算阶段，能够依据逻辑推理、归纳或者演绎的方式来解决问题。他们对符号意义、隐喻、直喻的理解已达到一定水平，对新媒介的理解也更加深入。此时，他们开始关注自己，并认为别人也同样关注着自己，其表现欲望显得比之前的阶段强烈许多。受此影响，该阶段儿童的新媒介接触行为体现出如下特征。第一，各类信息无法再以阴晦的方式以达到避免对他们造成影响的目的；第二，在表现欲的支配下，新媒介参与热情高涨，各种不良的主动行为逐步显现。

（二）儿童的新媒介接触现状

2019年的两会，有与会代表提出了儿童新媒介接触的不良行为问题。关于沉迷、成瘾等问题，受到关注。儿童新媒介接触呈现低龄化趋势，新媒介工具操作的便捷性、内容的丰富性逐渐重构着与儿童的关系，并为他们提供了新的媒介环境。[①] 儿童的新媒介接触现状可以从多个方面来进行梳理，如接触群体数量，抵触内容倾向，接触时长，接入设备等等。

1. 儿童新媒介接触群体数量

2016年5月30日，腾讯公司安全团队、腾讯儿童联合科普中国推出《数字小公民安全成长指南》。该报告显示，90%的中国儿童在日常生活中接触互联网，其中城市儿童触网率几近95%。统计显示，2015年56%的儿童初次上网的年龄甚至低于5岁，一些孩子对平板和电脑的使用技巧甚至超过家长，是名副其实的"互联网原住民"。[②] 根据中国互联网络信息中心（CNNIC）发布的最新研究报告，近年来，我国儿童网民的数量呈持续攀升之态。（见图4-1）

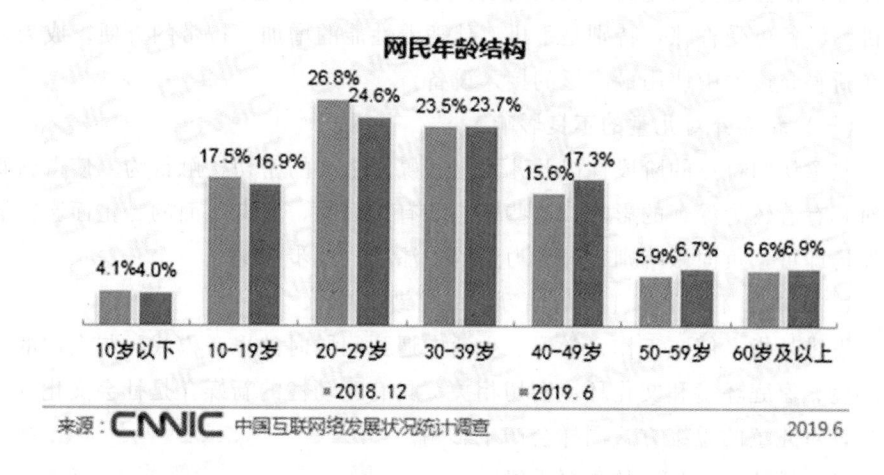

图4-1 我国网民年龄结构

2. 儿童新媒介接触内容倾向

儿童新媒介接触内容因其年龄不同，内容倾向性也有不同。对于低龄儿

[①] 李文靖.新媒介素养视角下县城儿童媒介接触行为研究[D/OL].郑州：郑州大学，2019[2019-06-14]. https://www.docin.com/p-2273796173.html.

[②] 腾讯公司安全团队，腾讯儿童，科普中国：数字小公民安全成长指南[EB/OL].[2016-06-01]. http://www.199it.com/archives/481106.html.

童、娱乐，如动画片、故事音频等是其主要的接触内容。对于年龄稍长的儿童，如娱乐虽然仍然是他们新媒介接触行为的主要目的之一，但由于受到学业的影响，学习也成为其新媒介接触行为的主要内容，如各类视频课程、各类音频学习资源。同时，伴随着年龄的增长，社交需求出现，其新媒介接触内容亦出现了某些新的变化。

3. 儿童新媒介接触时长

儿童处于低龄时，家长的管控更为严格，他们的新媒介接触时长受到了极大限制。随着年龄的增长，一方面，学习目的的正当性极大程度上降低了家长对新媒介接触时长的控制；另一方面，儿童的成长，使得其独立性更强，家长在新媒介接触行为上的管理体现出无力倾向。受到以上两方面的影响，儿童随着年龄的增加，新媒介接触时长也在增加。

4. 儿童新媒介接触接入设备

移动互联网技术推动下，新媒介接入也在不断更新，呈现出向更巧、处理能力更强大的趋势发展。以前互联网接入主要依靠台式计算机，但由于现在对于移动方便性的要求更高，人们对台式机依赖，下降趋势明显。反而是平板、手机等设备更受青睐，特别是手机，伴随着性能的增加，携带的方便，成为儿童在新媒介接触中使用最广泛的接入设备。

（三）新媒介对儿童的不良影响

儿童认知特点的阶段性以及儿童与新媒介之间的密切接触行为，使得新媒介对其有着较为深远的影响。这些影响既有正面的，又有负面的。正面影响继续发扬即可，负面影响则在外界力量的关注下，逐步摒除。

1. 新媒介环境下，儿童的学习方式受到挑战

思维是指人们在工作、学习、生活中遇到问题时的思考模式，与人们的周边环境、家庭环境和文化环境密切相关。具有互动性的新媒介是社会文化的一部分，对儿童的思维方式同样会产生影响。

（1）模仿成为学习的重要手段

有人说，模仿是孩子的重要学习方式。这种说法有着较为广泛的认可度。实际上，模仿这种行为对整个社会发展都有着举足轻重的作用。例如，模仿蒲公英的种子传播过程，降落伞被发明；模仿竹蜻蜓，螺旋桨被发明。因此，适当的模仿是值得推崇的。但是，适当的模仿是需要模仿人去把控的，成年人的模仿行为更多的在于从模仿中提炼思路和方法，但儿童的模仿行为却往往停留于表面，特别是对于那些尚未完全建立起逻辑思维体系的儿童。

2013年12月20日，《人民日报》曾经刊登了一则题为《儿童模仿动画片

烧伤同伴,制作方被判赔偿损失15%》的新闻。文中一名10岁儿童,模仿动画片《喜羊羊与灰太狼》中"绑羊烤羊"的游戏,将两名年龄为7岁和4岁的玩伴绑于树干,并用打火机点燃树叶,结果导致被绑的两名儿童严重烧伤。由于儿童对世界的认知尚不全面,他们往往单以虚拟画面中的行为作为参照物,在没有系统分析行为正确与否、判断行为善恶的情况下,直接对虚拟画面中所呈现的行为进行模仿。而这种情况因受到新媒介自身特点的影响,各类信息无法得到有效管控,不良模仿行为常有发生。

(2)检索式学习影响知识体系建构

新媒体时代,当儿童遇到一些难以解决的问题时,往往会毫不犹豫地"咨询"网络浏览器。这种检索式学习虽然提高了知识获取的效率,却在更大程度上伤害了孩子知识的内化与体系的建构。首先,信息的获取变得太容易,儿童对知识的敬畏变得淡泊,既然唾手可得,孩子又岂会在意自己是否掌握。其次,没有知识积累的过程,后续知识的学习没能打下坚实的基础,既然地基不牢,就难以孕育出参天大树。最后,脱离了知识的内化过程,孩子的知识系统很难建立,导致其在思维上难以统揽全局,思考的全面性大打折扣。

2. 新媒介依赖引发儿童健康危机

调查显示,目前,我国近视眼发病率是欧美国家的2倍。2017年5月11日在京发布的《中国儿童肥胖报告》显示,自20世纪90年代以来,我国儿童的超重和肥胖率不断攀升,长期使用电子媒介已经成为致病因素。

(1)蓝光威胁视力

复旦大学教授谷至华曾对蓝光威胁进行过详细的解释。他认为视网膜细胞对波长为4400—4700A的这一段光有着敏感的光反应,长时间的刺激之下,会导致视网膜细胞受伤,造成黄斑区细胞氧化、黄斑病变。而不同年龄的人对蓝光刺激的反应是不一样的。业内共识为：1岁以下儿童,蓝光的透过率是100%；1—2岁儿童,蓝光透过率是70%—80%；2—10岁儿童,蓝光透过率为60%—70%；而随着年龄增大,蓝光的透过率降低,60岁成年人,其眼睛的蓝光透过率仅为20%。可见,相对于成人,儿童的视力更容易受到蓝光的威胁。手机、平板等新媒介接入设备的蓝光强度往往较强,容易对儿童造成不可逆的伤害。

(2)新媒介使用时间挤压了户外运动时间

为了儿童的健康成长,专家建议每天应保证儿童有两小时的户外活动时间。但相关数据却显示,我国0—6岁的孩子中,有66.6%的人从4岁开始接触电子产品,每天玩平板电脑或是手机的时间为1.5—2小时。原本有限的时间,被大量花费在新媒介接触行为上,户外活动时间得不到保证。同时,新媒介接触行为又是一种没有什么运动量的活动,一般都是坐着动眼、动手指,这也容易导致脂肪堆积,《中国儿童肥胖报告》显示,我国0—7岁儿童超重率已达到6.25%,肥胖率达到3.19%;7—18岁城市男生超重、肥胖率分别达到17.1%和11.1%;城市女生的超重、肥胖率分别达到10.6%和5.8%。新媒介使用时间挤压了户外运动时间是导致中国儿童肥胖率上升的原因之一。

(3) 新媒介影响儿童的心理发展

儿童过度接触互联网会影响其心理健康,对他们的精神世界和社交能力的发育产生不利影响,甚至会引发"媒介依存症"。一旦儿童过度沉溺于网络塑造的拟态环境中,他们很容易产生无所不能的幻觉。长时间参与网络虚拟游戏和网络群体活动也会不同程度地导致他们的身体素质下降,出现紧张、孤僻、冷漠等心理症状。同时,由于网络虚拟世界使儿童的个性得到了空前的张扬,多重人格、自我中心意识空前膨胀等心理问题也频频出现在儿童身上。

第二节　媒介伦理在儿童新媒介技术中的归位

一、新媒介伦理亟待建立

既然新媒介已深入至儿童的生活、学习,对儿童成长的影响也愈发深刻,在面对新媒介带来的各种红利的同时,我们还必须关注到其不利影响。针对这些不利影响,一方面,可以通过制定相关的法律、法规来进行调整;另一方面也需要建立起适应儿童成长成才的新媒介伦理,为其健康地度过童年保驾护航。

(二) 基于三组关系的新媒介伦理建构设想

在媒介化社会的新形态下,媒介在社会生活中扮演的角色越来越重要,在推进社会治理与发展进程中所起的作用也越来越重要。同时媒介伦理作为社会伦理体系中的一个部分,也自然地被推到了体系前沿,在媒介化社会伦理建构和社会治理过程中也正发挥举足轻重的重要作用。构建健康完善、适应媒介化社会全新特点的新媒介伦理体系已是迫在眉睫。

新媒介伦理体系的建立,需要围绕三组关系的建立而展开,即媒介与人的关系、媒介与媒介的关系、媒介与社会的关系。或言之,新媒介伦理的建构,就是要着眼于调整这三组关系,以实现各组关系之间的平衡。

1. 媒介与人的关系

首先要重新认识"媒介人"。按照加拿大媒介理论家、思想家马歇尔·麦

| 第四章 | 伦理·困境：儿童成长与新媒介技术的伦理适切

克卢汉的观点，媒介即人的延伸。这充分说明了，媒介与人的关系十分密切，甚至达到难分彼此的地步。在技术的影响下，媒介与人的关系也发生了翻天覆地的变化。传播者——媒介——接收者呈单向、线性传播的方式已被打破，信息传播的壁垒已然破除，"人"成为媒介化社会中当之无愧的核心要素。因此，重塑"媒介人"，是我们应当关注的内容。这里的"媒介人"，大致可以分为两类，一类是专业的媒介从业人员，例如新闻记者、网站编辑等。但此类的专业媒介从业人员与传统媒体时代又有着区别，那些以新媒介为基础逐步发展起来的自媒体从业人员等也应划归于此。因此，凡是以信息传播为业的都就归属于专业媒介从业人员。另一类是非专业的媒介参与人员，例如在社交、互动的新媒介形态下，普通网民获得了参与权，他们每个人都是"媒介人"，他们的行为举止也影响着媒介的健康发展。那么，重塑"媒介人"的素养，使其适应新媒介生态，才能实现媒介的良性成长。

其次，要重新建构传受关系。在新的媒介环境下，传者与受者之间不再是单纯意义的传受关系，而是形成了一种传播者即为生产者，接收者即为消费者的生产消费关系。传播的内容就成为商品消费的核心，传播的形式如同商品包装。成年人的消费更加趋于理性，他们更加注重商品的核心要素，即传播内容。但对于儿童，他们的消费更加趋于感性，他们更容易受到商品包装，即传播形式的影响。面对这种新型的传受关系，如果只注重闭门造车，不关照消费者需求，那么传播效果将大打折扣；如果只关照消费者需求，一味迎合，那么传播行为又无法担负起相应的社会责任。传播者既要改变对技术霸权和传播场域话语权的依赖度，尊重和发现受众价值，从受众视角思考问题、提出对策、发出声音；同时还要在这种传受关系中着力引导主流价值观，将净化新媒介环境，避免不良因素对儿童的侵袭作为所有媒介内容生产者责任。从受众和消费者角度来看，既要正确认识媒介化社会环境下信息内容、技术和渠道的理性关系，也要尽量避免受到媒介娱乐化、游戏化风潮的影响，培养理性、健康的媒介接受、使用和消费习惯。

最后，要探索建立良性技术文化。媒介伦理的一种重要方面是技术伦理，而技术伦理又会与技术文化相关联。媒介化社会背景下，媒介与人的伦理关系，突出表现为如何处理技术和文化的伦理关系问题。麦克卢汉提出：要想在文化中认清方向，与技术所产生的偏颇和压力保持距离就是十分必要的。因为技术本身虽然是中性的，没有善恶之分，但技术的使用目的和手段则不言自明有着善恶之分。新媒介的出现并发展壮大，使媒介化社会趋势越来越明显，人类赋予技术更多的期望，并指望着技术发挥出更大的价值。既然技术本身是中性的，我们就不能将社会发展的希望寄托在其之上，它的发展应得到社会文化的指引。只有人基于善意的目的，实施善意的手段，达到善意的效果，技术对文化，对伦理的挑战才能得到有效控制。正如芒福德所言，"唯一的出路就是有意识地践行理性的思考，用理性来指导行动。"

2. 媒介与媒介的关系

受到新型传受关系的影响，媒介与媒介之间就像是市场中同类产品的供应商，存在着直接的竞争关系。有竞争，就必然有各种竞争手段的使用。为了获取份额、占领市场，有的恶性竞争也随之出来。想要通过提升媒介的社会责任感来改善媒介与媒介之间的不良竞争，显得可能性不大。如果能够从宏观层面入手，推动"供给侧改革"，深入产业内部进行调整，可能会产生意想不到的效果。随着媒介化社会媒介市场的发展和成熟，产业层面将是一个全新的重要视角，通过建立产业的良性竞争机制，构建起调整媒介与媒介关系的伦理规则，就是要着力解决当前已经存在的问题，如媒介平台、渠道过剩，需通过淘汰、整合来形成有序的新媒介产业链，增强媒介的社会责任感，提升媒介产品的质量。从媒体行业入手，既要努力构建技术与内容融合、新媒体与传统媒体融合、时空生态整合、功能生态整合、营养生态整合的媒介成长进化的良性发展生态，也要建构政治角色、社会角色、产业角色、行业角色融合的媒介绿色伦理生态系统。通过媒体自律、行业协会组织评议等形式，形成行业媒介伦理准则和行为规范，引导媒介行业在媒介化社会大背景下形成有序竞争、良性合作、融合发展、互利共赢的绿色生态系统。

3. 媒介与社会的关系

媒介是一种工具，但又不仅仅是一种单纯的工具，它与锄头之类的简单工具之间有着天壤之别。媒介应担负起一定的社会角色，成为推动社会进步的重要力量。长久以来，西方将新闻传播媒体比喻为"第四权力"，将其与立法、行政、司法三权并立，并对这三种政治权力起到制衡作用。媒介扮演着监督、守望社会发展的重要社会角色。然而，在新媒介环境下，监督、守望角色似乎并不足以让新媒介释放出本身所蕴藏的巨大能量。那么，在媒介化社会中，新媒介所承担的社会角色可能会发生改变，它将成为社会前进的动力体系中的重要驱动力。

（1）新媒介应充分发挥教育功能

数字化、可视化技术带来了巨大媒介变革，单一形式的信息传递不再一统天下，文字、声音、图像的多形式传播为新媒介开展儿童教育提供了契机。识字曾经是有文化与没文化的分割线，儿童受制于文字水平，参与媒介活动的机会相对较少。但新媒介降低了对识字水平的要求，儿童在声音、图像的帮助下，获得了更多的媒介活动参与机会。喜马拉雅 FM 等听书 APP 兴起，根据中国新闻出版研究院最新公布的第十六次全国国民阅读调查数据显示，0—8周岁儿童听书率达 26.8%，较 2017 年的 20.7% 提高了 6.1 个百分点，涨幅近三成（29.5%），增长幅度高于其他年龄段。[①] 画啦啦小灯塔、学而思云学习等视频学习 APP 兴起，儿童在新媒介接触行为中，使用高质量的平台，既能满足儿童的兴趣要求，又能帮助其实现成长。

（2）新媒介应充分发挥监督作用

新媒介为人们参政议政提供了更便捷的渠道，对于儿童来说，新媒介的参政议政作用不太好发挥，但对于学校教育管理以及各类培训机构的监督作用却可以实现。儿童作为教育资源的主要消费者，他们拥有最直观的消费感受，更具有发言权。因此，教育信息生产者应当建立平台，打通渠道，为儿童成为教育信息的监督者提供机会。

（3）新媒介应充分提供社会管理参与机会

媒介伦理与社会伦理并举。媒介伦理作为社会伦理的重要组成部分，在社会治理过程中发挥着重要作用。在媒介化社会背景下媒介影响人们生活的方方面面媒介伦理作为一种生活思维也在潜移默化中改变社会伦理，从某种程度上看，社会伦理的要求也是通过媒介的传播塑造和影响得以体现。因此，构建媒介化社会背景下媒介与社会的新伦理关系，首先要把新媒介伦理定位在媒介化社会伦理建构和社会治理的重要而关键层面上，将媒介伦理体系与社会伦理体系有效对接。

（三）新媒介伦理建构的三个内在维度

新媒介传播融合了大众传播（单向）和人际传播（双向）的信息传播特征，在总体上形成一种散布型网状传播结构，在这种传播结构中，任何一个网结都能够生产、发布信息，所有网结生产、发布的信息都能够以非线性方式流入新媒介之中。[②] 由于，新媒介传播有了新的传播结构与模式，各个环节中，参与者众，而且很难再以传统的媒介伦理对其进行规制。就需要建立起新的，适应新媒介发展的媒介伦理。在这种新态势下，新媒介传播活动的各个方面和各个环节都渗透着伦理因素，或者说都可以进行道德评价。那我们应该从哪些

---

① 中国新闻出版研究院. 第十六次全国国民阅读调查报告 [EB/OL]. [2019－04－16]. http://www.199it.com/archives/868955.html.

② 燕道成. 网络时代传播伦理的基本维度 [N]. 中国社会科学报，2016－06－02 (3).

方面来建构新媒介伦理呢?

新媒介责任伦理所关注的问题,不仅包括新媒介技术本身的伦理问题,而且包括新媒介传播活动中非技术方面的伦理问题。其中,贯穿始终的是技术、规范与德性问题,因此,认知伦理、行为伦理和结果伦理构成了新媒介责任伦理建构的三个内在维度。

1. 认知伦理之维:指向新媒介"技术的善"

"技术是人类为满足社会需要,依据自然和社会规律,对自然界和社会的能动作用的手段和方法系统"的总称呼。以网络为基础,移动设备接入趋势显著的新媒介,具有碎片化、去中心化、多元化信息传播的特点。新媒介技术的超前性和整体社会的滞后性无疑会生发出一道鸿沟横跨在新媒介营造的虚拟环境和现实环境之中。人们生活在这两种环境之中,两种环境的不协调,容易让人产生迷茫之感,各种伦理失范现象也由此鸿沟凸现出来。因此,技术伦理维度乃是新媒介责任伦理中最基础的维度。

首先,我们应明确一个思路——技术能够达成的目标并非都具有正义性。第一,在新媒介技术帮助下,海量存储、传播变得简单易行。2012年,360手机云安全中心制作了我国第一份垃圾短信报告。根据其统计结果显示,仅2012年上半年,360就为全国的手机用户拦截了超过105亿条垃圾短信。第二,在新媒介技术的帮助下,信息获取变得简单方便,它在满足民众知情权的同时,却又可能会窥探到个人的隐私、企事业单位以及政府的秘密。虽然技术已经达到一定程度,但如果该技术手段可能带来恶果,那么"技术的善"就无法彰显。所以,我们一定要明确技术的使用必须带着善意的目的。

其次,技术的创新也许是没有尽头的,但并非最先进的技术才是适应社会发展需求的。新媒介中的新技术层出不穷,但在社会文化还远远落后于技术发展的情况下,是否应思考,让技术革新的速度缓一缓,给整个社会消化、跟进的时间,以保证技术得到最恰当地使用。例如,在生物科学上,已经具备克隆技术,早在1996年,世界上第一个克隆生物——多莉羊诞生,直到今天,对人的克隆仍未遭到了主流价值观的反对,其中的缘由可能有二。一是,克隆技术存在诸多不可预测因素,稍有不慎,可能导致基因序列错乱而生出怪胎,这种风险也许是当前的人类不能承受的。二是,克隆技术运用于人类,会导致伦理问题,在人们还没有厘清人伦问题时,更可行的办法就是把技术放一放,等那些关键的问题得到解决后,再继续发展技术。那么这种将技术发展与社会发展相协调的思想是否能够借鉴到新媒介技术的调控下来,将技术革新的着眼点放置到解决新媒介技术引发的危机上来。

2. 行为伦理之维：指向新媒介传播"行为的善"

行为伦理学关注的是新媒介使用者"行为的善"的问题，实际上就是要求行为人在实施新媒介行为时，应带着善意的目的。美国计算机协会曾提出过十个网络道德规范：你不应用计算机做伤害别人的事；你不应去影响他人的计算机工作；你不应该到他人的计算机文件里去窥探；你不应该到他人的计算机里偷盗；你不应让计算机替你说谎；你应拒绝使用未购买的软件；你不应该使用他人的计算机资源，除非你得到了准许或给予了补偿；你不应剽窃别人的精神成果；你应在编程时考虑到一切可能的社会效应；你应在使用计算机时严谨而慎重，三思而后行。

"行为的善"从法律角度更容易理解。我们暂且将人们实施新媒介接触行为时所带有的目的称为主观故意，如果这种主观故意是善意的，那么我们对新媒介行为实施人的道德伦理评判倾向于积极，也就是我们认可他实施该行为的善意。例如：在新媒介社交中，某网民发现另一网民有厌世倾向，且极有可能实施了自杀行为。为了拯救生命，不得已将该网民个人信息发布在各平台上，寻求其他网民的帮助。从行为的主观故意来看，是为了救人，具有善意，但如果他对自杀行为的判断本身就是错误了，却在善意的支配下传播了他人隐私，此时，他的行为是否符合伦理规则？这种情况下，我们倾向于通过"行为的善"对该行为给予肯定。出身于苏格兰的哲学家阿拉斯代尔·查莫斯·麦金泰尔（Alasdair Chalmers MacIntyre）曾说，"就是要倡导美德伦理的回归，以美德伦理，强调道德习惯的养成和道德修养、品质的提高来弥补伦理规范的不足。"这就是在倡导人们在实施新媒介行为时要带着善意。

3. 结果伦理之维：指向新媒介行为"结果的善"

这里的结果是指某一事件或行为所导致的后效，既可能有益的，也可能是有害的。在新媒介活动中，我们必须意识到，善意的目的、善意的手段并不绝对导致善意的结果。也就意味着前面提及的"行为的善"并不能注定"结果的善"，而结果的善也是媒介伦理中应追求的目标。在生活中经常会听到一句话——好心办坏事，而这种情况的确可能在新媒介活动中发生。如前文中举到的事例，某网民发现另一位网民有自杀倾向，且极有可能已实施自杀行为。为了拯救生命，不得已将该网民个人信息发布在各平台上，寻求其他网民的帮助。但真实情况是，该网民判断错误，别人并未实施自杀行为，但由于个人信息被公布，受到了侵扰，反而因此走上了自杀之路。这种情况下，"行为的善"却没能带来"结果的善"。这一案例也就证明了"行为的善"与"结果的善"并不具有统一性。在媒介伦理中，应当追求"行为的善"，同时也不能忽略"结果的善"

从以上分析中我们可以看出，人们对技术的理解还不够深刻，人们去引导、制约技术发展的主观能动性还没有充分发挥出来。此外，人们在实施新媒介行为时，行为的善意容易把握，结果的善意却时常被忽略。这就要求社会文化在这些方面要予以弥补，才能真正推动新媒介伦理的构建。

二、儿童新媒介伦理框架

欧盟网上儿童（EUKidsOnline）项目数据显示，儿童正在越来越小的年龄接触触屏媒体。例如，50%的3－4岁瑞典儿童在使用平板电脑，25%在使用智能手机；23%的0－6岁挪威儿童拥有家庭平板电脑，32%的儿童在3岁前就开始使用触屏媒体。美国媒体研究机构CommonSenseMedia的数据则显示，2011年，只有8%的0－8岁儿童家中拥有平板电脑，而这一比例在2017年翻了近十倍，达到78%，甚至42%的儿童拥有属于自己的设备。在我国，北京市学龄前儿童的平均电视时间为41.8分钟，同时，花费在平板电脑、手机、音乐播放器等新兴设备上的时间已达到58.6分钟。随着媒介与儿童的关系愈加紧密，建构儿童新媒介伦理，在今天显得尤为重要。

（一）媒介的影响路径

Subrahmanyam 和 Greenfield 认为，媒介对儿童的影响主要通过三种路径实现：使用时间、媒介形式特征（formal features）和媒介内容。

1. 使用时间

关于使用时间的研究主要建立在"替代假说"基础之上，主要认为，儿童可支配时间有限，除了必要的休息时间、学习时间，剩余的时间已经不多，如果将大量的时候花费在新媒介之上，那么其他有意义的事情将得不到时间配给，可能会给儿童的成长带极其不利的影响。

儿童的正常成长过程需要多个方面的因素支持，例如人际互动、户外运动、阅读等。人际互动能给儿童提供可以借鉴的人际交往经验，这对于他们今后的社会生活有着举足轻重的作用。然而长时间的新媒介使用行为，使得儿童停留在拟态环境中的时长大大增加，很容易就将拟态环境与真实的社会环境画等号。此外，儿童的户外运动也在新媒介接触过程被抛诸脑后，前文已经分析过这种状况存在的风险，值得所有人警惕。我们应该充分意识到，新媒介环境对于儿童成长的重要性。那么是否可以利用儿童的新媒介使用时间，改善当前的不利情况。例如，营造出与真实环境更为接近的拟态环境，借助新媒介技术提供的互动设备，将运动与新媒介使用充分结合。当然这些想法尚不成熟，也无法从根本上解决问题，我们还需要进一步探索。

3. 媒介形式特征

媒介的形式特征可能导致不一样的影响效果。早在20世纪90年代，Subrahmanyam和Greenfield就发现了一些游戏能够促进儿童的空间能力。他们通过实验，对61个小孩进行动态空间能力测试，获取到他们动态空间能力上的差异。接着，又对他们进行随机分配，一组为控制组，另一组为实验组，并将一款文字游戏分给控制组，另一款动作游戏分给实验组。在游戏后，再次对两组小孩的动态空间能力进行测试。在比较两组测试结果后发现，动作游戏能够显著减少被试的空间错误，特别是针对那些空间能力本身更差的儿童。这一实验说明了媒介形式在某种程度上影响着儿童发展。

基于此实验，我们认为，媒介形式特征应当符合儿童不同阶段的认知特点予以开发，有助于将新媒介的消极影响向积极影响转化。例如：因为2岁以下儿童存在"视频短缺"（video deficit）现象。即是指没有针对本阶段的儿童进行视频形式设计，导致他们所能接触的视频并不符合其认知特点。因此，他们很难从视频中获益，故美国儿科学会建议2岁以下的孩子不要接触屏幕媒体。

3. 媒介内容

Anderson，Gentile和Buckley曾分别采用实验法、横截面相关分析和纵向研究对大学、中学和小学生进行研究，结果都支持暴力游戏接触会增加儿童和青少年攻击行为的结论。美国心理学家和行为科学家斯金纳（Burrhus Frederic Skinner）等人提出一种强化理论，也叫操作条件反射理论、行为修正理论，认为对行为进行强化可以有两种方式，一种是正强化，即通过奖励、称颂等行为来增加某一行为的反应率。另一种是负强化，即通过惩罚、批评等生为来降低某一行为的反应率。该理论可以在新媒介内容安排中进行充分运用。

前文提及的儿童在观看灰太狼绑羊烤羊情节后进行了模仿，如果要避免这种情况的发生，那么就要合理运用正强化与负强化。灰太狼的行为并不符合正常价值观，那么在动画片中应该着力强调灰太狼在实施绑羊烤羊头行为后遭到了严厉的惩罚。或者当灰太狼与羊儿们和平相处后，得到极为可观的奖励。需要注意的是，无论是奖励还是惩罚，都不能以成年人的价值观来作判断，而应当站在儿童的角度，来思考什么样的惩罚、什么样的奖励才是他们所在意的。此外，新媒介还应着力于营销学习型的媒介环境，在为儿童提供娱乐的同时，更要着力于提供知识，提供学习的机会。

（二）儿童新媒介伦理构建

1. 家长要构建和谐家庭环境，促进家庭环境中的亲子关系互动

家庭环境是儿童在社会化过程中接触时间最长、接触频率最高、关系最紧

密的环境，家庭对儿童的媒介素养构建有重要影响。具体来说，包括父母受教育水平低、收入低、生存环境和生活条件差，无法为子女提供良好的学习环境；父母因忙于生计而缺乏与子女的沟通；父母对其采用放任或粗暴的教养方式等。

信息化社会中，媒介在儿童成长过程中扮演着越来越重要和越来越多元的角色，而儿童与家庭、父母之间的和谐关系对其认识媒介、理解媒介起着决定性的影响。家长应该认清媒介作为一种沟通工具的工具性，将子女的媒介素养教育回归到人这个本质层面，力求构建与子女之间的和谐关系，通过亲情关系之间的"强链接"来影响子女媒介使用的方式和方法。

儿童家长应重视与子女之间和谐关系的构建，而非简单地满足孩子的物质需求，和谐亲子关系的建构会对子女社会化的各方面产生深远的积极影响。和谐的亲子关系在媒介素养教育中表现为三个方面：第一，家庭环境应自由、宽松和平等。研究表明，在亲子关系方面，父母对子女的忽视和当着外人面大声吼骂都对子女的心理健康产生严重影响，因此父母要善于与子女进行平等的沟通交流，鼓励子女积极表达自身看法，良好的沟通交流是构建和谐亲子关系的基础，这有利于子女形成自信、自主、责任感等积极的情感，使其在媒介接触和使用过程中自觉处理好与媒介的关系，形成媒介批判思维。第二，儿童的父母应构建和谐的夫妻关系，重视子女感受。父母关系是否和谐是一个家庭气氛好坏的前提，父母关系紧张会给流动儿童造成较大负担，并使流动儿童产生自卑心理。在自卑心理影响下，儿童会排斥与他人交流，无法从正常社会交往中获取对媒介的正确认识，更容易被海量的媒介信息所淹没。第三，父母要尽力提升自身媒介素养，避免因自身媒介素养不足与子女在媒介使用问题上产生冲突。家庭是儿童媒介素养教育的主要场所，父母作为儿童最亲近的人，其自身的媒介素养对子女起着潜移默化的作用。所谓"欲治其家者先修其身"，当下媒介的数量和内容都与之前不可同日而语，所以父母应该不断更新自身的媒介知识，将对媒介的感性理解上升为理性认知，从而更科学地指导子女获取相关媒介使用技能，避免亲子之间在媒介使用方面的冲突。

2. 学校应注重融洽校园关系的培育，加快儿童校园融入

学校环境作为儿童社会化的主要场所，其制度化、强制性和持续性可以保证流动儿童媒介素养的培育。学校作为儿童媒介素养构建的重要场所，应当构建更融洽的校园关系，加快儿童的校园融入，从而提升儿童接受媒介素养教育的意愿。

第一，学校应当努力构建和谐的师生关系。和谐的师生关系是儿童乐于接

受媒介素养教育的前提，教师的认同会增加儿童的自信和学习兴趣。教师作为儿童接触较多的成人群体，其自身媒介素养通常高于儿童父母，可以帮助儿童分析大众传媒的意图，深入理解媒介所传递的信息和规避不良信息的影响，在儿童媒介批判意识的培养上有着不可替代的作用。而儿童对教师的认同感会提高双方的信任维度，从而促使儿童接受正确的媒介使用观念和信息使用技能。

第二，学校应当鼓励和睦友爱的同辈关系。除了媒介解读和批判能力，儿童的媒介素养还包括参与表达和信息使用能力，而同辈群体是儿童接触最多的群体，也是儿童融入学校环境、参与表达和讨论的基础。由于年龄相仿、认知相似，因此儿童容易受到同辈群体的影响，与同辈群体之间和睦友爱的关系不仅可以帮助儿童接触到更多的媒介，开阔视野，还有助于提升儿童利用媒介表达自身观点、解决实际问题的能力。

3. 社区须加强对儿童的社会支持，优化儿童媒介接触环境

儿童媒介素养的构建受到个体、家庭、学校以及社区等社会因素的共同影响，因此，儿童的媒介素养构建应当放在整个社会生态系统中去审视。与学校环境相比，社区环境更加开放和复杂，儿童在多元价值观和文化情境的综合作用下，其社会认知、个人行为以及自我意识都会受到社区环境的深刻影响。社区不但应当为儿童提供更多的社会支持来帮助其融入社区，同时还应当优化儿童媒介接触环境。

一方面，和谐的社区环境可以提升儿童的自信心和言说意愿，增加儿童的社会交往，对儿童的媒介素养构建有着潜移默化的作用。因此，社区应当落实与儿童相关的政策法规，消除对儿童的偏见，营造儿童社区融入的良好氛围。"社区"既是客观存在的社会实体，也是"市民参与"过程中交往与互动的区域和活动场所，还是满足居民心理归属感和认同感的重要地方。这就要求社区应当更加开放和包容，建立对儿童扶持和关注的长效机制。

另一方面，社区教育的教育资源如图书馆、电子阅览室等应对儿童开放，以此促进儿童的信息接触频率和信息接触质量，增加儿童的媒介使用能力和提高儿童的媒介批判水平。此外，社区还可以与政府、公益组织及社会工作者等群体合作，为儿童提供健康的文化娱乐场所和文化娱乐活动，吸引儿童积极参与社区公共活动，在现实的人际关系交往中提升儿童的媒介素养，避免儿童沉溺于网吧、游戏厅。

信息社会中，儿童的媒介素养在其社会化过程中起着越来越重要的作用，媒介对儿童的影响足以伴随他们一生。从工业社会到共享社会，从亚当·斯密

到哈耶克，从 Uber 到滴滴出行，人一直是所有传播活动的终点，他们才是主角。儿童由于其特殊的社会属性，在媒介素养的构建方面处于弱势，因此无论家长、学校，还是媒介和社会都应对儿童的媒介素养给予更多关注。每个个体都是社会动物，因此，从和谐环境关系与人际关系构建的层面出发，将儿童媒介素养的培育同现实交往的关系联系起来是真正提升儿童媒介素养的有效路径，这种基于关系思维的媒介素养教育不仅仅是一种教育手段，也是真正以人为本的教育，更是一种人性的回归。

第三节 媒介伦理与技术逻辑相融合的三个层面

一、技术与伦理一体化

"技术是人类为满足社会需要，依据自然和社会规律，对自然界和社会的能动作用的手段和方法系统"。伦理是处理人与人、人与社会、人与自然之间关系的规则。技术存在的价值是为了对抗所有给人类生活、学习、工作带来不适的因素，伦理存在的价值是协调影响社会发展的各种因素。新媒介技术使得媒介化生存趋势加剧，新媒介伦理则致力于平衡媒介化生存中的各种关系。无论是新媒介技术，还是新媒介伦理，最终的目的都是为了推动社会进步。既然两者有着统一的美好愿景，那么实现其一体化应当是我们追求的目标，技术理性与人伦性的统一就是最好的选择。

技术理性是指技术遵从于科学性，旨在提高技术开发活动本身的效率以及顺利实现技术开发活动既定目标。人伦性是指社会人文环境下，人们所共同认可的伦理规范。技术在发展的过程中不能单单追求科学性，而要时时顾及到人伦性，才能在伦理规则的指导下，发挥出技术的最大效力。科学相对伦理来说，显得较为冷漠，不会因为照顾人的需要，照顾公共利益而改变自己的发展轨迹。此时，如果能在人性的指引下，尊重社会发展需求，通过不断调整，使之与社会整体步伐相一致，最终将使得技术在人伦的指导下发挥出对社会最有益的能量。

（一）技术的研发与推广应得到监管

技术研发者与使用者是技术获得积极效果后的受益人，但普通的社会大众往往是技术带来消极后果后的受害者。因此，研发者与使用者新媒介传受关系中成为生产者，他们积极地追求技术效益，在利益驱使下，他们可能忽略掉整个社会的公共利益。此时，需要政府作为技术研发与推广的把关人，肩负起技术消极后果的法律和道义责任，为保障社会公益做出努力。

（二）建立技术项目的淘汰机制

所谓技术项目的淘汰机制是指，有的技术被研发出来，虽然技术水平本身很高，但却不一定适应当下的社会发展。在这种情况下，政府利用国家强制力，将不适当社会发展水平的技术项目进行淘汰，使技术发展水平与社会发展水平之间能实现协调统一。技术项目推广过程中涉及太多的利益，只有政府出手，才可能建立起这种淘汰机制。

（三）着力强调伦理的重要性

伦理的内容与法律的内容常常存在着部分交叉，但相对于法律来说，由于法律具有强制性，而伦理则不具备，故而伦理在人们的认识到中被视为不重要的一类规则。身陷在这种处理中的新媒介伦理很难在新媒介接触者心里获取应有的地位。因此，伦理规则也需要得到强化。遵从伦理的行为应得到大力提倡，以发挥正强化的效益；违背伦理的行为应遭到惩处，以发挥负强化的效益。

总之，对于儿童来说，无论是对技术研发与推广进行监管，还是建立技术项目淘汰机制，都有一个需要关照的焦点，那就是儿童群体本身。我们在新媒介伦理体系建立中，将儿童作为特殊群体进行区别对待。例如，新媒介内容分级制度，让儿童在媒介内容选择上不再茫然不知所措。又如喜马拉雅推出了未成年人保护模式。这些都是值得借鉴的经验，希望在新媒介平台中得到推广。

二、在技术世界中对教育的重新思考

尼采提出"重估一切价值"。我们需要对技术的价值进行重要估量，而且要明确地意识到，技术只是教育中不可或缺的要素之一，但它并不应当成为教育的全部内涵。它不适宜也不可能成为教育的全部。

（一）关于教育环境的思考

在思考教育环境问题时，有人说，新媒介对设备条件的要求越降越低，媒介资源越来越丰富，使得原因差异水平较大的教育环境得到了极大改善。下面，我们将从家庭教育环境、学校教育环境两个方面入手，对技术世界中的教育环境状况进行分析。

1. 家庭教育环境

新媒介环境之下，家庭教育环境更是呈现出千差万别。教育并非对技术的盲从，而是在人文精神指引下，对技术及其技术成果的适应筛选与利用。首先，新媒介环境为家庭教育提供的教育资源并非是均衡的。免费的资源对于所有人都是平等的，不平等之处在于，凡是有计划、有系统的学习型资源，几乎都是收费的，在这种情况下，经济状况影响着家庭对收费教育资源的购买。于是出现这么一种现象，边远贫困地区的儿童使用新媒介的时间不一定低于中心发达地区的儿童，但从其新媒介接触内容来看，差异显著，中心发达地区儿童在家庭教育中更善于利用新媒介来学习。其次，新媒介环境对家长的知识水平提出了更高的要求。在传统媒介环境中，信息的传递经过层层把关，一般很少出现无用信息充斥，虚假信息泛滥的情况。在这一态势的影响下，新媒介环境所提供的信息资源需要经过认真筛选后才能获得有价值的内容。然而边远落后地区的家长，普遍的文化水平低于中心发达地区的家长，他们为孩子挑选新媒介教育资源的能力相对较差，很难对儿童的新媒介接触行为施以有效引导。

2. 学校教育环境

现在的学校教育中也受到了新媒介的影响。首先，有的学校教育充分利用了新媒介接入设备。例如，早在2015年，在电子书包技术的支持下，云南海贝中英文国际学校就安排了一堂人手一个平板电脑参与课堂教学的课程，当时引起各界的极大关注。该事件说明，学校教育中，新媒介正在发力。其次，学校教育中对新媒介教育资源的使用程度各不相同。发达地区的学校对新媒介教育资源的重视程度，使用比率都高于不发达地区。

从教育环境来看，技术并没能从根本上解决教育资源不平衡的问题，反而某些方面加剧了教育的不公平。在教育环境中没能得到合理引导的孩子，越是容易对新媒介痴迷，越是难以获得有益的信息，越是难以发挥新媒介在教育中的优势。

（二）关于教育动机的思考

在技术世界中，教育的动机了解、掌握更多的技术，还是学习更多的人文伦理来指导技术开发、使用、推广者的行为？我们认为，教育的动机可分为两类，个人动机和社会动机。

1. 个人动机

人作为个体，要在社会上立足，必须通过教育掌握一定的知识与技能，以参与社会竞争。

2. 社会动机

人作为社会群体中的一员，必须通过教育树立价值观，来指引人们合理贡献自己的力量，推动整个社会向公平、正义、理性进步。

从这两个方面来看，社会对技术有需求，同时对伦理也有需求。只有在教育中对两个方面予以恰当关照，才可能培养出具有技术与素养的合格社会人。

（三）关于教育内容的思考

在儿童成长中，现代的学校教育核心课程为语文、数学、英语，到了初中才有了物理、化学、地理、生物等课程。家庭教育也几乎是围绕着学校教育的内容进行布局。在当下这个富技术资源的时代，我们的教育所安排的课程是不是最佳的，值得我们思考。那些被视为豆芽菜的课程对于在新媒介技术环境下建立起正确而牢固的价值观反而更为有效。如果学校教育在这个方面缺失了，家庭教育是否能予以弥补，如果学校教育、家庭教育都没能在这方面有所建树，那么社会教育是否能跟进。知识性的学习固然重要，但对于儿童来说，价值体系一旦崩溃，知识性学习的成果反而可能造成巨大的社会危机。

三、自我意识觉醒与技术价值认同的协调

自我意识觉醒是人们在媒介化生存环境中，过分地看重技术的影响，而将人的自我意识调低至低位，甚至出现了唯技术论的声音，需要唤醒其自我意识，将人的主体地位体现出来。

（一）从人类文化发展角度思考

文化的拉丁文词根"Cultura"，是培育的意思。德语中"文化"指"Bildung"，指个性的建立和培养。"技术"用海德格尔的话来说是"澄明"（Lichtungen），即让先前被遮蔽的东西在显现中豁然开朗。技术的这种"澄明"是具有理性，只是更倾向于工具理性，它所能表达的只是人和物之间的部分关系。而人在整个社会关系中处于核心地位，因此，人应为全部社会关系的总和。新媒介跟其他媒介一样，是人的延伸。那么它的存在价值必定是为人服务的，同时因其与人有着密切的关联，新媒介也会具备人的个性与色彩。自我意识觉醒后，人才能清楚地意识到人或者说人类价值的崇高性。不再被新媒介所左右，更能够在新媒介接触行为中发挥出自主性、独立性。

（二）寻求新的"范式"，协调好现实环境与拟态环境

新媒介环境属于符号世界，它与现实世界有着差异。人们受到时间、空间、精力、财力等等限制，想要无限了解现实世界着实存在着难度。而当下，新媒介凭借着无孔不入的触角深入到人们的生活的方方面面，俨然一张密实的大网，让人们身陷其中无法自拔。我们似乎已经习惯从媒介环境中提取各种信息，有理智、有能力人能对它进行筛选，缺理智、没能力的人却将这些媒介信息视若真理。甚至于有的人在恍惚之间，将拟态环境与现实环境等同。特别是儿童，他们理智和能力都不足以帮助他们深刻地理解拟态环境。因此，寻求新的"范式"，将拟态环境与现实环境的同步性增强。当下，为了在新媒介环境

竞争中获得生机，媒介在反映社会现实时，总是乐意以一种大多数人都接受、欣赏的范式呈现，以谋求更多的认同感。这种迎合之举，却与追求拟态环境与现实环境无限接近的目标背离。为此，我们应当倡导一种新的，更能客观描述现实环境的表达范式。例如 VR 技术、传感技术的运用使得某些场景表达有了新的范式，其客观性相较以往有所提高。此外，对于儿童，不光要追求表达范式的改变，还应该让其明确拟态环境的存在，及其内涵与本质。一旦有了深刻的理解，拟态环境的不利影响将得到有效控制。

（三）培育一种"精神信仰"

工具理性的各种范式建立在主客体分离的基础上，并不考虑主客体关系的界线及共同范围。无论在电视、报纸还是广播中，尤其是网络世界，在对世界的理解与体验中——若主体仍以一个观察者的身份——则掩盖了在某个不可重复的瞬间发生的多种关联的体验，就像后现代荧屏的性质与功能向人们所揭示的：荧屏能够见证世界大事，而与此同时，荧屏也把我们孤立起来，防止我们接触正在目睹的事件的真相，它能让观众接触暴力与灾难，而自己却安全地待在自家的客厅里。荧屏将越来越多的道德问题摆在观众面前，而观众却永远利用遥控器的时候多，生活的体验往往存在于我们的轻击按键之中——在不同电视频道提供的形形色色的异族风情之中。商业社会里，生命从未变得如此之轻，因为商品本身已成为它自己的意识形态（阿多诺 T. W. Adorno），所以你不需要进行生死攸关的选择、判断，不需要经历苦难，体验巨大的幸福。

而作为人，一个完整意义上的真正的人，只有经历了真正体验，其意义才成为可能，他作为体验者对生命的统一整体的价值才能表达出来。正如当代哲学家彼得·斯科洛夫斯基所说："精神与文化不能被制造，而只能被'培育'。一个社会，如果它不承认在社会生活秩序及日常生命意义中精神的生动、自由的创造性，就不可指望在这种社会教育中成长起来的人会创造性地接受社会文化，也不能指望他们把文化的价值变成为他们自己的价值。如果在一个共同社会中，没有生动的、共同的、具有社会影响的'精神信仰'与精神，这个社会的文化就是外在的，没有生命力的文化。"

第五章 突破·绽放：新媒介在儿童成长中的运用策略

第一节 新媒介技术对儿童成长主客体关系的影响

一、媒介与儿童社会化的关系

儿童不仅仅是指生理年龄与成人有异，在《童年的消逝》中，尼尔.波兹曼指出"童年"是一个社会概念，"童年"的出现和消逝都与媒介技术的发展有着直接的关联。印刷媒体创造了童年，电子媒介让童年"消逝"。那当下最新的网络媒介技术又会对童年产生什么样的影响呢？网络媒介相对于电子媒介更是"一览无余"，网络媒介上的内容更是让是儿童失去与成人之间的界限，儿童与成人的行为举止、语言习惯、处事态度、需求欲望、身体外表上的区分越来越小，越来越模糊……但是这不足以让我们停留在"童年消逝"的伤感中，从儿童社会化的角度来说，新的媒介技术也有其独特的优势。

从儿童走向成人就意味着已经学习和掌握了足够的知识技能、价值观念、行为规范，能够适应社会生活，并积极作用于社会生活，这个过程被称为"社会化"。个体生活在社会上并不是独立存在，他时刻与周围的人和环境相互作用，从一出生就要与父母、亲人接触，然后从家庭走向学校，走向社会，在这些生活场所中，社会化时时刻刻都在进行中，这是一个伴随终身的过程。

儿童时期是个体社会化的基础，至关重要，很大程度会影响一个人未来的人生轨迹，所以儿童社会化一直是整个社会关心的热门话题。在过往的研究中，研究者多著书立说，从遗传因素、家庭、学校、同伴、社会文化、大众传媒等角度探讨儿童社会化的问题。这些因素在不同的历史时期、在一个人成长的不同时期所占比重各有不等，但是在当今的社会环境中，在媒介快速更新换代的"媒介化社会"中，儿童社会化呈现出了与印刷媒介时代、电子媒介时代截然不同的特征，这些突如其来的变化让部分文化批判学者感到深深的不安。

这种不安感主要原因是网络环境中存在着不利于青少年身心健康的不良信息。青少年处于三观养成的重要时期，不健康的信息引导可能导致严重的后果。2018年，共青团中央维护青少年权益部、中国社会科学院社会学研究所联合腾讯公司发布了《中国青少年互联网使用及网络安全情况调研报告》。该项研究的年龄覆盖主要为13—18岁的青少年，报告中指出，三分之一左右的青少年在社交软件、短视频等网络应用上遇到过色情信息的骚扰，有35.76%的青少年遇到过网络诈骗信息，高达71.11%的青少年在社交软件、网络社区、短视频等应用场景中遭遇过网络欺凌，网络嘲笑、讽刺、辱骂的形式最常见，除此之外，还有恶意的语言、文字、图片、动图恐吓。调查显示，青少年能识别色情、诈骗和欺凌信息，但是大多不愿意告诉父母，多是采用不理会的处理方式。除此之外，人们还担心儿童在"媒介化社会"中，沉迷网络"娱乐至死"。上述报告显示青少年上网的主要兴趣点依然是娱乐，影视、动漫、游戏、音乐、明星、购物等。有20%的青少年"几乎总是"在看短视频，"每天看几次"的比例也接近10%。青少年的自制力有限、生活习惯处于养成阶段，人们担心赫胥黎的预言实现，担心青少年在海量新奇信息海洋中变得被动和自私，担心青少年的时间和精力被淹没在无聊烦琐的娱乐信息中，担心青少年不愿意读书，不再会思考，只会接受充满感官刺激的庸俗文化。

我们必须承认，当下部分不良媒介内容可能侵蚀儿童身心的健康发展，但是媒介技术本身给儿童社会化带来了前所未有的机遇，只要运用得当，儿童就能享受先进的媒介技术硕果。更重要的是，我们要对儿童的主体性有更多积极的期待。同样是上述报告中也指出，接近一半的青少年每天上网的时长都能控制在两个小时之内，不到四分之一的青少年上网时长为2到4小时。可以看出，儿童并没有因为网络接触的便捷和普及就普遍沉迷网络。而且，在娱乐之外，利用网络来学习也是青少年上网的重要活动，互联网上的学习性内容也获得了高度的关注，作业解题、科学知识、英语翻译等内容的关注度甚至超过网络小说和体育赛事，其中25.58%的青少年表示很关注运用网络来做作业和解题，42.57%的表示稍微关注。

甚至，众所周知的青少年网络娱乐阵地哔哩哔哩都被冠上了年轻人学习阵地的名号。2019年4月17日，央视网发文《知道吗？这届年轻人爱上B站搞学习》让大众认识到青少年并不是只会沉迷在二次元、鬼畜、恶搞等所谓低俗娱乐中，青少年会为了自身发展主动寻求适合自己的学习方式和学习内容。在B站上，除了番剧视频之外，美食健身、智能数码、纪录片、科普人文、公开课也受到用户的广泛欢迎，尤其是英语、日语等语言学习，高考、研究生考试，职业技能学习等学习内容最为热火。B站数据显示，2018年有1827万人在站内学习，这个数据是2018年高考人数的两倍，直播学习时长达146万小时，103万次的学习类直播在站内开播，而B站"study with me"的学习直播成为B站直播时长最长的品类。

优衣库联合《第一财经周刊》发布的《2018年中国Z世代理想生活报告》也让大众对这群生于1995年—2005年的青少年的触网行为有了更积极和乐观的认识。在关于"近一周以来你的闲暇时间主要贡献给以下哪个项目"的问题中，74%的95后选择了"学习或者课外自我充电"，59.74%的95后表示相对于目前的时间分配，更愿意把时间花在"学习或者课外自我充电"。可以说，从青少年网络接触的时长、网络接触动机、主动学习的意愿等多方面来看，青少年的触网现象比较乐观，青少年的主体性值得被认可和尊重。

哈罗德.伊尼斯指出，传播技术的变化无一例外的产生三种结果。一是改变了人们的兴趣结构，也就是人们所考虑的事情，二是改变了符号的类型，也就是人思维活动的工具，第三是改变了社区的本质，也就是思想起源的地方。[①] 人的社会化其实就是人通过与外界客体互动和学习从而适应并改造社会环境。在当下的"媒介化社会"中人人都处于"媒介化生存"的状态。新的媒介构建了我们的生活环境，媒介内容构建了儿童的兴趣结构，提供了儿童了解和认识外部世界的窗口，新的媒介技术改变了信息呈现的方式，相应的影响了儿童思维活动的方式。新媒介也的确改变了家庭、学校等儿童社会化的主要空间，使得媒介因素与其他因素相互影响，相互作用。

二、媒介赋权打破话语垄断

据《第42次中国互联网络发展状况统计报告》显示，截至2018年6月，我国网民规模为8.02亿，互联网普及率达57.7%，其中手机网民规模达7.88亿，而且上网人数稳定增长。我国网民以青少年和青年、中年群体为主。截至2018年6月，10岁以下网民占3.6%，10岁到19岁占18.2%。网民中学生群体最多，占比24.8%。从网民规模和网民构成占比可以看出青少年群体的媒介接触已经成为普遍的社会现象。

从媒介终端产品来看，智能手机、笔记本电脑、平板电脑、数字电视、学习机、游戏机等各种媒介设备应有尽有，终端设备产品也大有越来越丰富的趋势。随着居民生活水平的提高，很多家庭都能负担得起电子产品，一个家庭往

[①] 尼尔·波兹曼.童年的消逝［M］.吴燕莛，译.桂林：广西师范大学出版社，2010：185.

往会有多种电子产品，而且会随着新技术的出现对电子设备进行及时更新。在很多年轻父母看来，新媒介产品的购买和拥有是家庭生活质量提高的表现，年轻父母愿意接受新媒介技术给生活带来的巨大便利。

从互联网应用来看，即时通信、搜索引擎、网络新闻、网络视频、网络音乐、网上支付、网络购物、网络游戏、网上银行、网络文学、旅行预订、电子邮件、网络理财、网络地图、网络订餐、在线教育、网约车、网络直播等互联网个人应用使用率稳步上升，使用率最高的是即时通信高达94.3%，使用率最低的互联网理财也占比21%。在政府应用上，互联网的使用率也得到很大的普及。截至2018年6月，我国在线政务用户规模达到4.7亿，占总体网民的58.6%。网民使用最多的在线政务方式是网络支付，使用率为42.1%，政府微信公众号使用率为23.6%，排名第二，紧随其后的是，政府网站（使用率为19.0%），政府手机端应用（使用率为11.6%），政府微博（使用率为9.4%）。而且，我国政务服务网络化明显加快，各级政府和各级机关单位都积极利用把微博、微信和客户端"两微一端"等互联网运用在国家管理、社会治理和组织管理中，都想通过信息化手段更好地服务社会、服务人民。

可以看出，社会发展呈现智慧化，衣食住行等社会生活的方方面面都离不开网络媒体，处于社会化初级阶段的儿童并没有被排斥在这样的社会环境之外，儿童同样处于媒介化生存的状态。这种媒介化生存环境打破了传统媒体时代话语权被垄断在"当权者"手里的状态，从儿童成长的角度来说，包括家长、学校、社会等客体对儿童的话语垄断被消解了，儿童不再是被动的接受者，他们得以借助新媒介技术主动探索、学习、成长，并对周围相关因素产生影响。可以说，借助新媒介技术，儿童社会化的主客体关系发生了从被动到能动的逆转。

儿童社会化的主客体关系逆转得以实现主要依赖新媒介技术不同于传统媒体的性质。卢梭在《爱弥儿》提出这样一种看法：阅读是童年的祸害，因为书本教我们谈论那些我们一无所知的东西。阅读使个体得以进入一个肉眼观察不到的、抽象的知识世界，从而使能够阅读的人和不能够阅读的人分化为不同群体。从这个观点出发，我们很容易就发现，印刷媒体是一种成人化的媒体，他的主要受众是拥有识字能力、拥有抽象思维的成年人，而儿童，因为有限的识字能力被阻挡在印刷媒体之外，不能自由的获取信息。在电子媒介时代，以电视媒体为主的大众媒体在一定程度上解放了对儿童获取信息的垄断。电视媒介以图片为主，这种拥有仿真特性的技术让儿童不需要拥有识字能力就能获取信息，但是这种大众媒体不能分离观众，儿童和成年人接触着类似的媒介信息，而大部分的媒介信息是针对成年人所制作的，儿童节目寥寥无几，根本不能满足儿童社会化的需要。数字媒介技术的信息呈现方式和媒介产品的使用方式更适合儿童的认知模式，除了与电视媒介一样具有的高仿真性之外，它有着海量的信息，为儿童主动接触外部世界提供了渠道。同时，新媒介技术的变革，给各行各业都带来了发展的契机，数字内容生产商、数字产品开发商都看到了巨大的儿童市场，儿童视频、儿童音频、在线课程、少儿编程，以及 AI 和 VR 技术都开始运用到儿童产品上。这种更加仿真、更加互动、更加针对、更加新潮的产品无疑更适合处在社会化初级阶段的儿童。而且从出生起就处在数字环境中的儿童在新媒介使用上有着天然的优势，尤其是所有电子产品设计都本着简单易操作的用户友好型的原则，当成年人还在摸索如何从传统媒体过渡到新媒体时，很多儿童已经熟练学会用新媒介技术来学习、娱乐、参与社会活动。总来的来说，智慧社会的发展战略为儿童的新媒介技术接触创造了良好的社会氛围，更适合儿童认知模式的新媒介技术特性，商业资本在儿童市场的倾注等都影响了媒介与儿童的关系，使得儿童不再处于被动接受的地位，而是拥有更多的成长权利，能够借助新媒介技术与客观环境对话，发挥自己创造性、能动性和自主性。

三、媒介诉求谋求话语平衡

引发网友热烈讨论的博文"谁能想到，我今天想学点正经知识首先上 bilibili"可以说非常能够代表当下年轻群体的媒介行为了。腾讯旗下企鹅智库发布的《00 后 & 05 后研究报告：超新生代如何规划自己的未来十年》报告里提出，青少年群体与社会刻板印象中的大不一样，他们有自己的媒介偏好，有自己的生活习惯，有自己的追求。该报告中称 00 后（2000 年－2004 年出生）的约 8339 万，其中有课外阅读习惯的网民占 85.7%，他们的阅读方式以实体书（85.8%）和手机（76.7%）为主，超过 10% 的 00 后会使用专业的电子书阅读器 kindle 来阅读。六成 00 后网民已有明确的理想，他们对自己最通用的标签是迷茫的年轻人、长不大的小孩、阅读书迷、早熟沉稳，他们最希望具备的品质是聪明、独立、自信，而上一辈人比较看重的勤俭、谦虚和诚实却不被 00 后所看重。很多针对未成年人的报告都能让我们看到他们是一群有个性、有追求、有思想、有行动、有趣的人，但是作为社会弱势群体，他们却一直被社会刻板印象，新的媒介技术给了他们表达自己、证明自己，谋求话语平衡的权利。

一直以来，中国家长喜欢用一代一代传递下来的方式来育儿，家长们认为这种经历了漫长历史考验，经过很多家庭验证的方法风险最小，所以家长们习惯以权威的形象出在儿童的生活中，用单方面苦口婆心的说教来教育孩子，本着棍棒底下出孝子，慈母多败儿等心理用严厉的批评来管教孩子，甚至有的家长从心底认为孩子是属于他们的自由财产，可以随心所欲的管教、责骂。这种缺乏双向沟通的支配式教养模式随着社会文明程度的增高势必会受到挑战，尤其是电子媒介出现之后，社会进入了尼尔.波兹曼所说的童年消逝的时代，无差别的媒介内容的浸染让儿童开始质疑权威，想要追求话语平衡。

除了家庭，儿童社会化的另外一个重要场所——学校教育也面临着同样的问题。传统时代，受制于媒介渠道的限制，儿童能够接触和使用的媒介比较少，而且媒介内容没有专门化，不符合儿童的认知规律，儿童的为了自我发展进行的知识学习主要发生在校园内，来自教师的口头传播。在学习领域，老师也是权威的象征，这种带着权利象征的身份让儿童与老师之间的信息传播出现严重的不对等状态，儿童几乎会无条件地接受教师传播的信息。在"听老师的话""遵守学校纪律"等规则的潜移默化下，受制于身份地位的差距，很多儿童不会、不敢、不愿意表达自己的主观意愿。即使在新的教育理念下，教师开始关注儿童的需求，但是一般学校的师生比例也不可能让老师能够无差别的关注到每个学生的需求和意愿。

除了家庭和学校教育之外，在社会上儿童的话语权和主体性也是被压制了。除去家庭和学校的社会场所更是对儿童不太友好，社会是按照成人生活的便利性、舒适性、安全性、规范性来构建的，就拿城市基础设施建设来说，我们会设置盲道，会设置轮椅通道，我们却没有考虑到同样是弱势群体的儿童。甚至超市商场的柜台的高度、饭店餐桌的高度、公交车刷卡器的高度等等这些与日常生活联系最紧密的场所连儿童身高都没有顾及到，更别说儿童能够有机会发挥自己的主观能动性。

新媒介技术的发展使得儿童有机会打破话语不平衡的状态，表达自己的主观意愿，探索更适合自己个性的成长方式。儿童与成年人是人类的两种形态，虽然每个人都要经历童年才能到达成年阶段，但是一旦成为成年人，习惯于成年人的思考方式、生活方式，成年人就会把童年抛在脑后，表示对儿童的行为的不理解，仿佛忘了自己在童年时候也是有旺盛好奇心、也是一直尝试勇敢地探索未知的环境，也是害怕被误解，渴望受到尊重，也是通过各种努力和尝试为自己争取权利，虽然童年的我们可能并不会把"权利"这样的字眼挂在嘴边，在内心深处却有种倔强的冲动在跳动。偶尔成年人在怀旧氛围下回忆起自己童年的某些重要时刻的时候，可能会意识到站在成年人角度为儿童制定的教养策略可能并不真正适合儿童，在固定的画框限制下作画永远成不了艺术家，成年人需要听一听儿童的心声！新媒介赋权使得儿童能够真正参与到自己成长中，自由自主的表达观点、进行决策、实施行动以实现自身的利益，而不是在成年人想当然的既定画框中画画。

儿童借助媒介诉求实现的话语平衡体现在多个方面，最基本的方式是借助媒介进行沟通，传达自己的主观意愿。现代社会，父母至少一方必须投身到工组中才能为家庭创造财富，工作时间的增多势必会减少亲子接触和互动的时间，但是各种即时通信软件和工具能够打通沟通渠道，儿童手表、智能手机能够随时连通不在同一空间的父母和子女，qq、微信等社交软件可以实现视频通话，提供一种真实的在场感。更重要的是，网络社交软件让沟通更加温和、平等。隔着一层媒介，因冲动而口不择言造成伤害的可能性大大降低，尤其是把口头话语转化成文字需要经过更多理性的思考，表情包的利用也可以"此时无声胜有声"委婉的表达观点、活跃气氛。相对于面对面的沟通，媒介技术阻隔了家长的权威感和压迫感，让儿童的心境更加放松，更能表达自己。另一种表现就是通过新媒介获得在公共事务上发声的权利，儿童有表达自己观点的权利，各种网络社区、社交媒体给儿童提供了了解社会的窗口，而且也给了他们表达自己看法的权利，儿童就是通过这种互动尝试走出家门、走出学校参与社会实践。同是《00后&05后研究报告：超新生代如何规划自己的未来十年》报告里指出87.8%的00后网民有看新闻的习惯，其中42.7%的人会在新闻话题下发表评论，新闻的排名前三领域分别是社会、娱乐、科技。再一种表现就是，儿童成为媒介人物获得社会的关注。互联网媒介环境中儿童成长一直是热门话题，儿童事件也成为各种主流媒体、自媒体的关注热点，当儿童事件被发布到网络上，会引起各界的关注，网络舆论会对损害儿童权益的各方施加压力，呼吁关怀儿童。最后一种是儿童通过网络行为的选择偏好博取资本注入。这是最值得期待的一种方式。在大数据背景下，通过分析儿童的网络痕迹，可以对儿童进行画像，更加了解儿童的需求、儿童的偏好、儿童的主观意愿，各种直接面向儿童、以儿童为主题的产品和内容得以开发，重构了儿童的社会化环境。

第二节 新媒介技术支撑下儿童成长环境的建构

一、新媒介技术场景营造——搭建视听空间

清华大学新媒体研究中心主任彭兰教授认为与pc时代的互联网相比，移动互联网时代强化了场景的意义，移动传播的本质是基于场景的信息服务，无

论是内容媒体、关系媒体还是服务媒体，场景都将成为一个新的核心要素……当越来越多的信息、服务和关系开始依赖场景的时候，场景本身成了组织各种信息的纽带，成为移动新媒体的入口。①

场景的主要目标是能够快速识别出用户，根据用户的可能需求针对性地提供服务。场景的识别主要依赖大数据、移动终端设备、社交媒体、传感器和定位系统五大新媒介技术。在场景中，不断遇到的环境都是变量，对于儿童来说，不同场景有不同的需求。对儿童实时行为和需求的捕捉主要依靠的是大数据从社交媒体上搜集到的各种个人信息，同时各种含有位置和传感技术的设备让有关每个人的信息搜集和加工变得更加便捷。这种把位置、时间和意义聚合起来的场景技术让一切碎片化时间都利用起来。

对于儿童的社会化来说，"场景"的意义非同小可。瑞士心理学家皮亚杰把儿童的心理发展分为四个阶段：感知运算阶段、前运算阶段、具体运算阶段、形式运算阶段。在感知运算阶段是儿童思维的萌芽阶段，主要依靠感觉器官来感受外部世界，区分自己和客体之间的关系。前运算阶段，儿童发展的主要特征是语言的出现，但是思维仍然受到表象的限制。具体运算阶段，思维仍然离不开具体事务的支持，只能在具体的、可观察的事物上进行初步的逻辑思维。到形式运算阶段，大约在 12—15 岁时才出现了抽象的逻辑思维，能够超出具体的事物进行感知。儿童从一出生到形式运算阶段这一段时期内，学习行为都离不开具象的事物，相对于印刷时代信息传播所依靠的语言符号系统来说，移动互联网提供的场景含义包括时间、空间、背景和情境。这种更加多元、更加仿真的表现手段，不仅仅有文字，而且有图片、视频、动画演示，还有多维立体的全息影像，这些技术更适合儿童不能进行抽象思维，主要通过读图学习的认知需求和心理需求，而且形式多变、色彩鲜艳、动态演示更能有效持续吸引儿童的注意力。

传统媒体时代，由于媒介终端设备、接收信号的技术限制，儿童主要在有限的空间内、在特定的时间段内通过视觉来感知世界，单一感觉器官的运用不仅限制了儿童了解世界的信息量，也影响了信息的质量。比如，课堂学习、师生交流这样的活动一般只能在周一到周五的上课时间，在学校这样的固定场景中。教师通过口头传播来讲解知识，信息是即时的，不能保存下来，一旦离开课堂就不能再次重温课堂场景，这对于需要依靠不断重复来加深记忆和理解的儿童来说是很不利的，新媒介技术使得教师和儿童学员不需要在同一空间内就

---

① 彭兰. 场景：移动时代媒体的新要素［J］. 新闻记者，2015（3）：20—27.

能借助新媒介技术完成交流和沟通，而且很多线上教育平台能够实现"一对一"的专门化指导。实现了教育场景的丰富，信息量和信息质量都得到提升。新媒体技术的营造的丰富仿真场景，可以让视觉听觉联动起来，获取更高质量的信息。而且移动媒体突破了使用媒介的时间和空间的限制，只要有手机、平板等终端设备，有可连接的网络，儿童就能在任何时间和空间沉浸在他们感兴趣的视听盛宴中，这也大大降低了儿童获取信息的复杂性。

小林恩．怀特曾经指出，随着我们对技术的了解日益增加，我们很清楚，新设备仅仅是为人类打开了一扇门，它不会强迫人类走进去，接受一项发明，它的含义究竟能够实现到什么程度，这都依赖于当时的社会状况、它的领袖有没有想象力，同时也要看技术项目本身的性质。[①] 无论是儿童的触网人数，触网程度，还是新媒介技术在生活方方面面的渗透程度，我们可以说，这是属于新媒介技术的时代，我们的社会有想象力，也有信心利用新媒介技术为儿童社会化搭建前所未有视听空间。

二、新媒介技术产品开发——解构娱乐模式

儿童的娱乐行为主要有在户外和游乐场所的游玩、同伴之前的陪伴和游戏、阅读儿童类读物、观看儿童类视频等等。互动交往每个社会人与生俱来的需要，也是儿童社会化的主要途径，从儿童娱乐时是否互动可以分为主动创造和被动接受两大类。相对来说，在户外探险、去游乐场所体验各种游戏项目、与同龄人之间玩乐交往是一种主动创造的活动，儿童在娱乐时是与大自然互动、与游戏项目互动、与同龄人互动，儿童的行为和想法会影响到娱乐的体验和娱乐的进程，儿童一般都会全身心投入其中。但是，不管是童书，还是动画片等儿童视频都是单向的输出，儿童都只需要被动地接受已有的固定的内容，儿童不能真正地参与其中。学习是一种积极的社会参与过程，所以主动创造类的娱乐模式更有益于儿童的成长。

现代快节奏的生活不断挤压儿童的主动创造类娱乐的时间和空间，属于大自然的空间被钢筋混凝土取代，越来越多的儿童只能似懂非懂的、机械的阅读让人陌生的《从三味书屋到百草园》；社会生活的压力也让家长在工作时间上一再妥协，属于亲子交流的公共活动时间越来越少；电子媒介和互联网媒介的普及也让越来越多的儿童放弃与同龄人之间的亲密游戏转而投入浩瀚无边的琐碎信息中。如何能让儿童积极地参与到丰富多样的娱乐活动，更多的进行主动

---

① 尼尔·波兹曼．童年的消逝［M］．吴燕莛，译．桂林：广西师范大学出版社，2010：184.

创造娱乐才是当下新型娱乐模式应该关注的问题。在这一问题上，新媒介技术能够描绘一个理想的蓝图。

数字媒介给弱者"赋权"，而且能够提供在"超仿真情境"中的"互动"的机会。从传播的角度说，传播者和受众的界限消失了，从营销的角度来看，媒介内容生产者和消费者的角色融合了，超仿真情境的呈现能够满足用户"体验感"的需求，各种 UGC 平台（User Generated Content）和注重用户体验的互动平台更是给用户提供了展示自己原创内容机会，儿童可以随时随地记录自己在各种情境体验中的所思所想，参与到媒介内容中，并上传与人分享互动。在这个过程中，儿童不再是被动地接受，儿童开始主动的创作，在创作过程中会有更多的心智投入，是一种高卷入的学习方式，这种娱乐模式相对于被动地阅读童书，被动地看视频来说，能够通过与人互动检验自己的创作成果进而不断的解读信息，加工信息、完善自我认知。

儿童主动创造性娱乐产品的开发是一个大市场。据腾讯数据《00 后&05 后研究报告：超新生代如何规划自己的未来十年》显示，我国 2000 年－2009 年出生的未成年人就有 1.6 亿人，而且 2000 年－2004 年出生和 2005 年－2009 年出生的未成年人的在喜好、需求、认知等各方面表现出明显的差异。"90 后"也许是最后一个能够以 10 年作为一个年龄跨度来概括的一批人。不仅未成年人人口总量大，而且仅仅依靠年龄这一标准就可以创造多个细分市场，这值得资本市场投入更多的发展。

除了构建以"主动创造"为核心思想的线上线下娱乐模式之外，还有一个关于儿童娱乐与媒介内容关系的乐观假说也有必要在此提一下。有关媒介内容的研究中有一种假说叫作"宣泄假说"。在希腊文中宣泄有医学意义上的"洗净"的意思，也有宗教意义上的"净涤"。亚里士多德认为情感的积淀就像人体内的积食一样，会引发不良的后果，扰乱人们的心绪，破坏人们正常的欲念，影响身心健康；弗洛伊德的精神分析也认为人生来就带有一组"原始冲动"，一种是性冲动，一种是暴力冲动，这些积压的情绪和冲动需要找到合适的途径宣泄出去，这样才能长时间保持心灵的健康。在社会文明的进程中，人们通过多种途径进行宣泄，艺术欣赏、竞技运动等等。现在，新媒介技术也提供了更广泛的宣泄途径，丰富媒介内容也对受众具有宣泄的效果，儿童不需要真正地去做什么，只需要通过观看媒介内容就能得到情绪的替代性表达。

三、新媒介技术课程开设——重构认知模式

认知心理学认为，知识是以图式的形式储存在大脑中。图式也就是个体认

知世界的基本模式，常常被称为认知结构。儿童获得知识的内在机制是外界信息刺激与儿童主体已有的认知结构相互联系和作用的过程。在两者不断互动中认知结构本身也得到更新，为儿童之后的社会参与和实践提供基础。新媒介提供多元、海量等外界刺激信息，这些刺激是儿童认知图式构建的重要资料。

单纯的外界信息刺激并不一定能够对认知结构的完善有所建树，关键问题是要激活儿童已有的认知图式。激活儿童认知结构有多种方式，可以通过增加有关知识的背景介绍、增加解释性内容，帮助儿童提取认知结构中的相关内容，儿童对接受到的信息进行过滤、加工改造纳入已有的认知结构中。这一过程的完成表明儿童对这一信息的认知和学习。从这一点来看，新媒介技术也有着无可比拟的优势。印刷媒体有相对固定的叙事方式，语句排列、段落结构，标准的书写和语法结构促使产生了一种与之非常相似的意识结构，通过阅读来学习的人也拥有了与之匹配的组织思维的方式，这种结构最大的特征是呈现清晰的线性和序列性。与印刷时代和电子媒介时代不同，数字互联网的超链接功能让其内容呈现出一种类似拼图的结构，这种形式改变了知识的生产方式、组织方式，知识呈现网状分布，互联网时代的儿童思维更多是开放式思维、发散式思维。这种思维模式在儿童社会化的早期更有助于其认知图式的构建，知识点与知识点之间、事物与事物之间的连接点更多，有更多机会帮助儿童提取出认知结构中的相关内容完成知识的内化。除了思维特征之外，新媒体的场景化信息呈现特征对其也大有裨益。生活在社会中，任何事情都是有情境性的，知识也一样，知识的生产和运用只在情境下才更有意义，就像老师在讲课的时候，总是用案例来讲解理论，新媒介技术的场景营造能够呈现更多有关背景、解释方面的信息，创造更多记忆点，是只能用文字和简单静态图片排版来表达内容的印刷媒体所不能比拟的。

认知学习的效果与儿童的认知结构的容量和质量有关。什么样的信息能够进入儿童的视野获得关注取决于儿童已有的认知结构。儿童的认知结构能否激活、构建和巩固也与媒介内容的质量和数量有关，所以媒介内容要真正符合儿童成长的需求。媒介生产商不要想当然地认为低级娱乐内容才能吸引人的注意力。本章第一节提到的《00后&05后研究报告：超新生代如何规划自己的未来十年》中我们也已看到，儿童对积极健康的网络生活是有一定的向往。人之所以为人，就是他对生命的意义有着更高级的追求，而不是像动物一样停滞在本能冲动的满足。人本主义心理学家马斯洛也认为人们在满足了生理、安全的需求后，会追求情感和爱、更想获得尊重最后达到自我实现，所以社会各界应该对儿童自主学习抱有更乐观的态度，相信儿童能够根据自身学习的需要，在学习过程中自我规划、自我管理、自我调节、自我检测、自我反馈、自我评价、自我建构意义。

四、新媒介技术下儿童成长关系体的责任

（一）社会责任

新媒介技术下儿童成长是一个社会性问题，是全世界人们共同的难题，需要家庭、学校、媒体、社会、政府多方参与，多管齐下，社会给予引导、家长言传身教、内容生产公司开发优质内容、相关部门承担监管责任，才能形成完整、有效的闭环。这是一个牵涉多环节、多责任方的系统工程，最可行的办法是走向社会共治。可喜可贺的是，现在社会各界已经把发展的目光投向了网络时代青少年健康成长的问题。短视频头部企业、游戏巨头腾讯公司、人民日报、网信办等行业、媒介和政府公共职能机构在这一问题上的举动都可圈可点。

1. 短视频行业的"青少年保护计划"

据 QusestMobile 发布的《中国移动互联网 2018 年度报告》显示，从用户数来看，短视频已成为仅次于即时通信的第二大行业，而移动互联网总使用时长增量中，短视频占了 33.1%，远超过即时通信的 18.6%。可以说，近两年是短视频行业快速发展的时期，各种短视频应用层出不穷，开辟了网民新的娱乐方式，但是也带来个诸多矛盾，社会反响最突出的是青少年短视频"上瘾"的问题。由于青少年缺乏自制力，面对短视频呈现的光怪陆离的内容容易沉迷其中，每天刷短视频的时长甚至超过学习和休息的时长，不利于学习和身体健康。处于三观形成的关键时期，短视频内容鱼龙混杂，色情、暴力、诈骗、享乐、欺凌等各种不良信息侵蚀着青少年，不利于青少年健康、积极的三观的形成。

2019 年 3 月 28 日，在网信办的组织下，国内多家短视频平台试点上线了"青少年防沉迷系统"，试图通过短视频浏览时长、短视频内容和短视频消费等方面的控制降低青少年沉迷短视频的可能。"青少年防沉迷系统"对短视频内容进行了过滤，多以健康正面、寓教于乐的内容为主。同时该系统限制短视频浏览时长每天不超过 40 分钟，而且无法打赏。但是这一单纯依靠技术的举措并没有高效阻止青少年的网络沉迷行为。作为互联网原住民，青少年对互联网的熟悉程度甚至超过家长，可以轻松绕过"青少年防沉迷系统"，与家长斗智斗勇，这无疑又增加了家长的监管难度。

短视频行业头部公司一下科技 CEO 韩坤表态，包括秒拍在内，一下科技旗下短视频产品将开启"青少年保护计划"。"青少年保护计划"，从内容建设、产品技术和算法推荐等维度来构建青少年保护体系。体系分为三部分，守护系

统，人机结合，内容供给。在守护系统中，一下旗下短视频平台成立了百人左右的青少年内容专项审核团队。该团队24小时轮班对与青少年相关内容进行审核和过滤，来完善针对青少年的短视频内容保护。第二部分是基于短视频"算法＋社交＋人工"的分发机制的"人机结合"。其中，人工机制确保优质内容得到优先分发，秒拍将人工投入大量精选优质正能量内容，再结合算法推荐给青少年，确保内容符合其口味，对其有吸引力。除此之外，内容供给上激励青少年群体创新表达。通过专项激励机制，奖励有创意的正能量视频创作者，同时通过线上会和线下联动，深入校园和青少年群体调动他们创作上的主动性和创造性。

一下科技是国内短视频行业的领军企业，曾先后推出过秒拍、小咖秀、波波视频、一直播等产品，丰富的短视频产品开发和运营经验让其对短视频行业的发展有着超过其他短视频公司的看法。一下科技认识到短视频的公共属性，认识到其对社会的巨大影响力，所以积极响应网信的号召，推出多维度的"青少年保护计划"，这让我们看到儿童健康媒介使用的希望，这种社会责任感也值得其他互联网行业学习。

短视频只是信息传播的重要载体，技术本身对社会来说是一种巨大的进步，我们不能只看到短视频行业在儿童成长中的隐患就简单粗暴的禁止青少年的短视频接触行为。青少年群体本身有张扬个性，展现自我的社交需求，短视频作为个性化表达的载体，参与创作可以激发创意、锻炼思维和获得成就感。而且，青少年通过短视频可以更好地认知世界、获取知识、劳逸结合，青少年在互联网上不只关注娱乐，"做作业"、"科学知识"、"英语翻译"等内容关注度也非常高。包括短视频在内的互联网接触行为已经成为必然趋势，要多方联动，以青少年为中心，建立良好的互联网秩序才是长久之道，当然，同时家长、学校也要做好引导。

2. 游戏行业发起"一场社会契约实验"

网络游戏一直是青少年沉迷网络的原罪，而我国最大的互联网游戏公司腾讯多年来也饱受"腾讯整条命都是小学生给的"的诟病。但是在未成年人网络保护这个领域，马化腾却走在了最前面，2017－2019年连续三年在"两会"上为未成年人网络保护献言献策。与此同时，腾讯公司也在这三年在未成年人网络保护领域推出多方举措。

2017年起，腾讯率先开始针对未成年人沉迷网络游戏进行管理。2017年2月16日推出了未成年人成长守护平台，通过游戏时长、游戏消费金额等提醒和查询功能帮助家长管理未成年人游戏账号。

2018年又推出"腾讯健康系统"和"腾讯少年灯塔主动服务工程"。腾讯健康系统以《王者荣耀》为例对未成年人游戏时间进行了强制分级限制，13周岁以下的儿童每天只能玩1小时，13周岁以上每天只能玩2个小时，超过时间会被系统强制下线。而且，为了保证健康作息习惯，未成年人在21：00到次日8：00之间也不能玩游戏。为了使其能够真正发挥作用，腾讯健康系统接入了公安数据，进行强制性实名验证，未通过实名验证不得登录游戏。2018年11月腾讯甚至启用金融级别的"人脸识别技术"。这一技术主要为了防止未成年人通过成年人账号玩游戏，对于疑似未成年人玩家的成年人用户强制进行人脸识别验证，拒绝验证或者验证不符的用户纳入13岁以下级别进行管理。这一技术成效卓绝，数据显示，在被强制要求启用人脸识别的账号中，有78％的玩家被纳入防沉迷保护系统中。腾讯少年灯塔主动服务工程主要是通过游戏消费金额进行管理。如果疑似未成年人账号在一个月内游戏消费金额累计达300元，系统会主动联系支付账户所有人进行确认。

2019年3月1日，腾讯推出了号称史上最严格的青少年防沉迷游戏措施——"儿童锁模式"。13周岁以下的儿童新用户首次登录游戏前都需要进行"儿童锁"登记认证。认证完成后，只能通过监护人才能完成"解锁"操作，才能成功登录游戏。与此同时"星星守护"也正式上线，将学校教育纳入防沉迷保护系统，完成"企业、家庭、学校"三位一体的协同模式布局。

腾讯的未成年人防沉迷网络保护体系通过成长守护平台、少年灯塔主动服务工程、健康系统和星星守护、儿童锁模式等初步完成了"游戏前、游戏中和游戏后"全过程，"腾讯－家庭－学校"全方位的闭合覆盖。面对"上有政策，下有对策"的未成年人，腾讯也对"开小号"和"假身份"的漏洞进行了补救。腾讯还联合了手机生产商、其他游戏开发商、非游戏类数字内容生产商、专家智库等多方势力，呼吁共同建立适合未成年人的生态环境。

对于超过2000亿产值的游戏行业来说，眼下要紧的是寻求商业价值和社会价值的平衡，真正实现游戏产业的可持续健康发展。在这一方面，除了构建青少年健康网络保护体系之外，腾讯还希望通过与研究组织的合作探索更多的可能性。腾讯与北京大学教育学院、中央美术学院、美国弗吉尼亚功能游戏研究院、中国科学技术协会等国内外学术科研机构合作，探索利用网络游戏丰富教育模式的路径，为青少年构建健康积极、安全可靠的网络游戏空间。在2018年11月6日的"未成年人守护生态共建发布会"上，腾讯宣布腾讯公益慈善基金会讲捐赠1000万人民币，以支持未成年人健康数字生活的研究和实践，推动未成年人健康数字生活。从这些举动可以看出，腾讯的战略已经从被动防范转为通过游戏内容和形式进行主动引导。从内容方面入手，寓教于乐值得所有未成年人互联网内容生产商思考和学习，虽然可能会牺牲短期的经济利益，但是从长远去看，这一切都值得，不仅仅是社会责任的问题，也不仅仅是关系着整个行业的长久健康发展，对企业来说会获得更大的收益，毕竟未成年人健康数字内容市场是块待开发的金矿。

对于青少年未来的触网行为，我们应当怀有美好的愿景，当家庭陪伴、学校教育、社会观念、游戏初衷和政府管理等达成共识的时候，这场社会契约实验终将成功。腾讯已经披荆斩棘踏出了最难的一步，为了社会责任，牺牲短期经济效益，在技术层面上实现了制定契约的可行性，康庄大道的铺就需要的只是时间。

3. 官方媒体引导大众认知

人民日报2018年9月5日发文《网络游戏怎么玩才健康，玩什么才恰当》高屋建瓴地从观念引导和实践的角度给社会各界以指导。马化腾对于未成年人网络保护的建议中也强调大众观念培养的重要性。家长不应该固守"游戏是罪恶的，游戏是洪水猛兽"这样的观念，尤其不应该向孩子传递这种观念。游戏不是原罪，沉迷才是应该关心的问题。很多青少年在学龄前已经接触网络，他们在网络上玩游戏、社交、搜索信息等，与成年人把互联网当作工具使用不一样，对于青少年，网络就是他们的生活，像吃饭、睡觉一样平常，采用过于刚性的管理会引起青少年的不理解和逆反心理。儿童成长教育应该是以儿童为主体，尊重儿童的主观能动性，家长应该做的是协商、引导，帮助孩子提升自制力，让孩子在生活中表现出更多主动性，同时做好榜样工作，也要为孩子提供更多的体验现实生活的机会和场景，这样才能有效防止儿童过度沉迷网络世界。

文章对网络内容生产商游戏公司也提出了建议，在游戏制作时，游戏的内容要关怀青少年玩家，通过游戏本身规则的制定和场景的呈现来引导青少年玩家。需要注意的是，引导是一种更为积极的沟通方式，要避免居高临下的霸道作风，引导就是以未成年人为主体，尊重未成年人的话语体系和主观能动性。同时游戏公司可以通过技术设置在时长、时间段、消费金额、资格准入等方面进行限制。这一点上，腾讯公司的未成年人防沉迷网络保护体系值得所有网络行业学习。这一体系成效卓绝，其中成长守护平台已近服务超过1000万用户，其公众号粉丝也高达700万，而且有82%绑定账号的游戏时间有不同程度下降；其健康系统的数据也表明在《王者荣耀》这一游戏中，未成年人单日在线时长有明显的下降，76%的未成年人消费金额也得到有效控制。

就如腾讯集团高级副总裁马晓轶所说，现在的孩子是真正的数字原住民，探讨他们与网络的关系，核心不再是该不该接触的问题，更重要的是如何帮助他们更加适度、合理、健康的体验包括游戏在内的数字内容产品。大众对于网络游戏在内的网络产品应该有理性的、乐观的认识。正如上文说新媒介技术正在为人类社会搭建前所未有的体验，这将为当代儿童社会化提供全方位立体的辅助。虽然当下网络内容质量参差不齐、不良诱惑甚多，但是我们不能否认技术本身创造的价值，不能把儿童健康成长与网络平台对立起来，而是应该探索新媒介技术的积极作用，努力消解负面作用。

4. 公共机构重视促成行业规范

在未成年人健康网络生态环境的搭建过程中，以中央网络安全和信息化委员会办公室（简称网信办）为代表的公共职能机构给出了足够的重视，展开了积极的行动。

2018年5月31日，由共青团中央维护青少年权益部、中国社会科学院社会学研究所联合腾讯公司发布了《中国青少年互联网使用及网络安全情况调研报告》。这是国内第一次专门针对青少年网络安全进行的全国性社会调查。2019年4月18日由中央网信办移动网络管理局、中共河南省委宣传部指导，中国网络社会组织联合会、中共河南省委网信办、河南日报报业集团主办的"2019全国短视频创意峰会"在河南郑州举办，会议的重点议题之一也是针对青少年的内容保护。2019年8月23日，中央网信办正式发布针对14周岁以下未成年人的《儿童个人信息网络保护规定》，自2019年10月1日起执行。这是我国第一部专门针对儿童网络保护的规定，共计二十一条。该《规定》围绕儿童个人信息安全问题，对网络运营者的行为进行了规范，并且鼓励互联网行业组织制定儿童个人信息保护的行业规范、行为准则以加强行业自律，履行社会责任。从调查报告到创意峰会，再到《规定》的制定，可以看出相关公共职能机构已经高度重视这一社会性问题，而且多方寻求解决之道。

除了给予高度的重视，公共职能机构也主动约谈相关企业，从国家层面推行、监督网络视频行业安装"青少年防沉迷系统"。这一系统目前主要针对短视频平台，系统被内置在短视频应用中，通过使用时间段、使用时长、访问内容等限制未成年人的短视频使用行为。即使未成年人在一开始登录时没有开启"青少年模式"，系统也可以通过地理位置、用户行为分析等手段做出判断，自动切换到"青少年模式"。2019年3月28日，网信办在"快手""火山小视频""抖音"等短视频平台上试点该系统，后又组织西瓜视频、秒拍、哔哩哔哩、梨视频、微博等14家短视频平台和腾讯视频、爱奇艺、优酷视频、pp视频在六一儿童节到来之际统一上线该系统。广受年轻人好评的哔哩哔哩（B

站)在 5 月 30 日上线了"青少年模式"。该模式中部分功能受限,无法充值、无法打赏,单日登录时长不能超过 40 分钟,否则需要监护人输入密码才能正常使用,而且在每晚 22 日到次日 6 时之间无法使用网站。不仅如此,在内容上也做了筛选和优化,网站首页推送多为教育类、知识类内容。

(二)学校和家庭责任

站在互联网行业发展的最前端,马化腾在 2019 年两会时在《关于多措并举加强未成年人网络保护的建议》中,从未成年人触网管理、家长监护介入、企业技术措施、大众观念培养和组织研究促进等多角度献言献策。这个建议对影响儿童成长的客体对象进行了全方位的关照,构建了一个立体多维的保护体系。正如前边所提,腾讯在青少年网络保护上已经走在了时代的最前沿,而且也担负起了领头羊的作用。腾讯以企业技术为核心,上线多款青少年网络保护产品,实现了从网络游戏端的有效防护措施,更难能可贵的是,为了达到更高的效率,实现统一战线,腾讯也为家长和在校老师开发了相关的管理青少年上网的产品。

1. 家庭责任

腾讯也很早就意识到了父母在儿童健康媒介环境构建中的重要作用,了解到了现代家长的束手无策的焦虑感,率先与家长合作,采取了多项行动。除了上文提到的通过守护平台为腾讯旗下游戏和微信小游戏设置家长查询、提醒和管理功能,腾讯还开发了"WeTeam"。这是一款致力于儿童与家长的游戏互动产品,以小程序的形式嵌入腾讯应用中。这款小程序能够让父母和孩子通过双向确认组建线上小队,共享彼此的游戏名称、游戏时间、消费金额等游戏数据。系统还能生成周报,了解 weteam 成员每周的游戏数据,帮助家长更好地了解游戏时长、时间分配等情况。

英国哲学家约翰. 洛克认为人类的头脑生来是一张空白的书写板。所以,在儿童心灵上写下什么内容,这个重任便落在家长、学校和社会身上。一个无知、无耻、没有规矩的孩子代表着成人的失败,而不是孩子的失败。弗洛伊德也指出,洛克空白书写板的观点在西方父母身上产生了一种与儿童发展息息相关的内疚感,并把认真培养儿童作为国家优先大事提供了心理上和认识上的依据。所以,现代社会我国的家长和祖辈们也需要认识到,包括防沉迷系统在内的技术上的限制,往往都治标不治本,相比于外力的协助,家长的监护和陪伴作用是关键。父母和祖辈要在心理上和认识上给儿童教育足够的重视。家长应该反思孩子为什么会沉迷于游戏,反思自己的教育和沟通是不是出了什么问题。

房贷、车贷、养老、医疗、育儿……当下我国年轻父母的生活压力比较大,其中育儿的压力最为明显。育儿不仅仅有来自经济的压力,还需要有大量情感和时间的付出，一方面，年轻父母对高质量育儿有强烈的需求和意识，另一方面却在现实的压力和迷茫中焦虑。据艾瑞咨询在2019年5月发布的《中国亲子陪伴质量研究报告》中的调研结果所示，年轻父母焦虑和迷茫的主要原因可以归结为几点。其一，年轻父母无法同时兼顾工作和家庭，"隔代抚养"成为主流形态，祖辈和年轻父母之间关于育儿理念和方式的代际差异成为年轻父母情绪焦虑的主要原因之一。其二，当下我国尚未有成型的、适合我国社会背景的家庭教育和亲子陪伴模式，市场上各种育儿书籍参差不齐，缺乏科学的育儿知识的年轻父母在处理育儿问题时得不到权威可信的指导无形中增加了焦虑感。其三，育儿理念和亲子陪伴呈现多样化的趋势也增加了父母的压力，尤其当年轻父母付出了金钱、时间和感情，却没有达到预期的心理标准时焦虑的情绪就会随之而来。另外，社会中关于公平、教育、资源等负面新闻和各种不确定性也让父母对孩子的未来产生焦虑感。

传统社会中，儿童主要通过父母的言行举止学习社会规范，养成生活习惯，塑造价值观念，父母角色在儿童社会化中有着权威影响。但是新媒介技术打破了父辈的权威。一方面，近几年"文化反哺"的现象就越演越烈。作为数字原住民，这一代未成年人从出生就能接触各种电子媒介产品，他们对电子产品、电子软件的熟悉程度甚至超过了父辈。另一方面，新媒介技术带来的信息爆炸打破了知识垄断。获取信息的渠道不断丰富，未成年人不再依赖父母亲来了解外部世界，他们有更迅速、更便捷的电子产品。再者，儿童社会化过程中，为了快速适应环境，对外界有着超强的好奇心和学习欲望，而父辈人往往对新兴事物不感兴趣也不敏感，当父辈越来越不能满足儿童的信息需求，互联网上的海量信息就成了儿童了解世界的窗口。新的媒介技术让父辈媒介接触能力、信息渠道垄断、知识量的优势不复存在，成年人专家、导师和权威的形象就受到了质疑。相对于父母亲，儿童倾向于相信网络上他人的言论，相对父母亲，儿童倾向于崇拜影视明星。就这样，权威形象被瓦解的父辈在儿童教育上遇到了极大的挑战，也成为儿童沉迷网络游戏的重要原因之一。

"和谐平等的亲子关系、健康的家庭媒介环境"是新媒介技术下，家庭陪伴应有的模式。和谐平等的亲子关系建立在父辈能够放下所谓的家长权威的守旧观念，尊重儿童主体性的前提下，父辈要认识到新媒介技术下成年人的劣势，克服心理落差，需要认识到亲子关系的博弈中，自己不是败给了年龄和经验都不如自己的下一代，只是父辈经历了技术从弱到强的变革，而且突然置身在技术洪流中尚未完全适应。父母和子女要统一战线，确认战友关系，共同面对的敌人应该是技术洪流中影响未成年人健康成长的负面因素。家庭在整个健康媒介环境构造中的作用是"情感陪伴",现实生活中亲子关系平淡,关爱不足已经成为公认的儿童沉迷游戏的罪魁祸首。学校老师的爱、社会公众的关怀是一种大爱,与来自血缘关系的那种亲密的陪伴有着巨大差异,来自家庭的情感和关爱是任何关系都不能取代的,父母亲、祖父母亲要承担起关爱和陪伴的责任。班杜拉的学习理论认为模仿是儿童学习的主要方式。儿童有大量的时间是和父母在一起,通过模仿父母的行为习得知识,所以父母的榜样作用尤其重要。就媒介接触行为来说,家庭中父母的行为习惯会对未成年人产生重大的影响,身教重于言传,儿童更愿意模仿而不是听从说教,家庭健康媒介环境的构造需要父母身体力行,规范自己的媒介接触习惯,给儿童树立好榜样作用。

2. 学校责任

腾讯的"星星守护"就是从学校老师的角度来完成对学生网络行为的监督管理。这是成长守护平台的团队在全国范围内深度调研了十几所学校之后,根据学生和老师的实际需求开发出来的基于校园场景的防护工具。教师可以组建班级,通过平台批量绑定学生游戏账号,实现对学生网络游戏行为的全方位关注,老师可以了解学生玩什么游戏,玩游戏的时长,玩游戏的花费等等。这个平台充分尊重了学生的主体性,学生是否接受老师的监督和帮助并不是完全强制性的,事实上也做不到真正强制性,完全凭借学生自己的意愿选择加入或者退出班级。

教师在儿童的社会化中有极其重要,而且不可替代的作用。儿童会倾向认可老师的权威性,更愿意选择相信老师。另一方面,在学校这样的集体环境中,儿童更愿意遵守规则、遵守约定。从这个角度看,类似"星星守护"平台这种尊重学生主体性,相信学生的积极能动性,以引导为主,以师生约定为形式的保护系统会在未来体现出自己应有的价值,也值得更大范围内的推广。

借助小程序只能实现短期内与学生的约定和对学生游戏行为的管理,但学生总要毕业,总要长大成人,离开学校,他们未来的生活中是否能够合理的借助新媒介创造更好的生活也是基础教育应该考虑到的。所以,除了借助小程序实现对学生游戏娱乐行为的监督和管理,学校教育应该借助新媒介技术发挥更加积极主动的作用。比如,借助新媒介技术辅助教学,把学生的注意力拉回到知识学习上。其实,当下不少学校教育也朝着"无纸化"教学迈进。各种辅助教学的专业 APP 使得学校教育呈现智能化、专业化、个性化。一些专业的作业 APP 不仅能够呈现作业、练习题等内容,还可以实时监测学生作业的完成情况,可以记录写作业的时间、时长、对错,并收集学生个人的数据对其进行知识点掌握情况、学习效率等指标进行针对性分析,还可以对全体学生进行统计排名的分析。再比如,开展媒介素养教育,让学生不仅具有使用媒介技术的能力，更有合理使用媒介的习惯和自制力，能够对媒介内容作出符合主流价值观的鉴别和判断能力，使媒介真正能为个人发展、社会发展所服务。

总的来说，家长和学校教育应该尊重儿童的成长规律，转变传统的教育模式。青少年的社会化有自身的特点，而且新媒介技术构建的信息传播方式更适合儿童的认知模式，家长和学校应该认识到新媒介技术在儿童教育和成长方面巨大的势能，给儿童自身、给技术本身更多的信任。腾讯的"WeTeam"就是一款真正尊重青少年主体性的程序，鼓励家长和孩子平等沟通、互相信任、互相尊重，希望通过约定和规则的制定，以家长为榜样引导孩子遵守规则、养成良好习惯。相对于家长单方面强制制止青少年的游戏行为，这种温和、互动、平等的方式更受青少年的欢迎，也有着更好的效果。

如果在这样高速发展的媒介环境中，家长和学校墨守成规，依然用传统说教、严厉制止、多方防范的模式进行教育就违背了儿童的成长规律。认知发展理论告诉我们，个体习得行为习惯是个体主动与环境交互作用的结果，而主动交互的动力是个体内在的需求和认知规律。从这一点说，家庭陪伴和学校教育都应该尊重儿童主体性，而不应该把儿童作为说教的对象，单方面灌输来自家长角色和教师角色的成人价值观。儿童的思维与成人相比缺乏的是抽象的能力，儿童更习惯通过具象的东西来学习。利用新媒介技术，立体、直观、生动、有趣的呈现信息，让天然具有好奇心的儿童主动探索，培养儿童独立思考、独立判断的能力。家长和老师以互动的方式了解儿童思考和判断的结果，给予适当的引导，让其朝着健康的方向发展。

再次强调，青少年触网是一个社会性问题，需要各个环节的参与，各方势力齐心协力。这个过程中，单纯地依靠任何一方进行治理，只能是事倍功半。全社会要认识到问题，并正视问题，把青少年触网当作全社会共同的责任，网络内容生产企业使用新的技术进行监督、把控，家长作为监护人的角色更是要言传身教，学校在其中也要做好科学指导的工作。总的来说，就是首先有家庭的"情感陪伴"和学校"科学引导"，然后通过"技术辅助"实现对上网时间和上网设备的合理管理和监督。所以需要社会、家庭和学校统一战线，共同营造儿童宜居的网络生态环境。

第三节　新媒介技术在儿童成长中的运用策略

从以口耳、体态为媒介的个体的物质性的单一传播到以现代科学技术——数字网络为媒介的大众传播时代，再到电子传播时代，媒介技术随着人类科技的发展，呈现出日益智能化的趋势，在人类文明化进程中起着举足轻重的作用。传播学者麦克卢汉在研究传播媒介在人类社会发展中的地位和作用时，提出了著名的媒介理论——媒介即讯息。麦克卢汉认为，对于社会来说，真正有意义、有价值的"讯息"不是各个时代的媒体所传播的内容，而是这个时代所使用的传播工具的性质、它所开创的可能性以及带来的社会变革。由此可见，媒介的变革和发展对于人类发展的阶段性意义毋庸置疑，媒介作为人类接触社会、传播讯息的重要工具，如何正确使用媒介，如何正确认识媒介在人类发展中的作用显得尤为重要。

回归到人类个体而言，在新媒体时代，新媒介的产生与发展伴随着人类个体成长的各个阶段，不同生长阶段对于媒介的选择和使用以及与媒介之间的主被动关系是不同的，同时受到媒介的影响也因人而异、因时而异。而儿童作为生命个体接触社会的最原始状态，作为个人进行媒介接触的发端，新媒介在儿童成长中的运用有其独特性和显著性。如何正确处理儿童与新媒介之间的关系，如何正确认识新媒介技术在儿童成长中的作用，正确运用新媒介技术是儿童成长研究中不可忽视的命题。本节从梳理儿童新媒介技术出发，借助使用与满足理论的研究框架，探寻儿童与新媒介技术的关系，根据0—18岁儿童在不同年龄段的社会化程度及身心发展状况，探寻新媒介技术在儿童成长中的阶段性运用。

一、儿童媒介技术

儿童媒介是专为0~18岁的儿童制作有益信息、进行有益传播的大众传播媒介，具有大众传播媒介的共性，也具有针对儿童这一特殊群体的个性，具体表现为受众的独特性和信息的有益性。儿童媒介主要分为：印刷、电声、电视、网络四种类型，随着信息技术的发展不断丰富，在探索和使用中不断融合渗透。

（二）传统儿童媒介技术

从媒介的属性以及媒介的功用出发，传统儿童媒介技术主要包括以纸质媒介为主的儿童读物以及以电视为代表的儿童视听产品。相比于现下流行的新媒介而言，传统儿童媒介技术在呈现方式和表现形式上有所局限，但由于儿童这一群体的特殊性，目前仍占据儿童市场的主流，在儿童媒介接触和儿童教育中占主导作用。

1. 传统儿童读物——以印刷媒体为主

儿童读物作为帮助儿童认识和感受世界的媒介，是儿童认知能力开发的重要工具，在儿童启蒙教育中占据重要地位。儿童通过以文字和插画为主要表现形式的儿童读物了解和认识自己所处的社会，通过对于书本中所呈现内容的阅读，构建自我与社会的互动模式。可以说，儿童翻阅图书的过程，也是儿童自我人格塑造和世界观形成的重要组成部分。

从内容上而言，传统的儿童读物特别强调其教育性，内容健康有益，同时针对儿童在不同年龄阶段特点，传统儿童读物在内容的选择上也有所取舍，尽可能选择符合儿童认知需求和承受范围之内的内容，同时具有乐观积极的内涵，向儿童展示人性的美好，寄托美好的愿望。例如安徒生童话中的《丑小鸭》，通过丑小鸭变天鹅的成长经历，鼓励儿童乐观面对挫折，积极向上，给儿童以力量。

当然儿童读物所展示的内容也不全是美好，也会通过一些隐喻的方式来暗示生活中可能遇到的挫折和伤害，并教育儿童如何去面对如何保护自己。这些具有教育性的内容会在能够在无意识层面引导儿童的道德认知和价值判断，除此之外还能为儿童搭建一个积极健康勇敢的心理世界，来驱赶儿童在面对陌生世界，接触复杂社会所带来的紧张感和不安感。

从插图而言，儿童读物中的插图从几笔勾勒的简笔画到丰富多彩的儿童卡通画到写实的图片，随着儿童读本内容所表达的主题的不同而有所选择，这也迎合了儿童身心发展和认知发展的阶段性需求，帮助儿童更好地理解书中所表达的内容，同时丰富儿童的想象能力，使儿童增加阅读的兴趣。

从载体材质而言，传统儿童读物以纸质为主，目前市场上也流行"撕不烂"的材质，满足低龄儿童好动可能造成的书本的破坏。这种儿童可以触摸、翻阅的书籍形式从一方面而言，加强了儿童与书籍之间的互动性，儿童可以轻易地主动地选择自己阅读的书籍。另一方面，儿童在成长初期视力未发育成熟容易受到伤害，纸质书籍相较于电子类产品，对于眼睛辐射较小，在一定程度上保护儿童视力发展。同时纸质的阅读可以帮助儿童养成深度阅读的习惯，能让儿童最大程度地静下心来阅读，培养儿童的专注力，避免被纷杂的消息和不确定因素所干扰。

2. 儿童视听产品

传统的儿童视听产品以电视、收音机为主。电视的发明打破了时间和地域的局限，将更加丰富的内容呈现在儿童的眼前，对拓宽儿童视野、增加儿童的知识储备起到重要作用。儿童电视节目大多是以动画片为主，内容多取材于传统的儿童读物中，将书本上的人物故事通过动画的方式呈现在电视荧幕上，让儿童更有画面感，拥有更好的视听体验。

然而，丰富的电视画面和有趣的音响在极大地刺激儿童的视听感受的同时，也暴露出一定的弊端。日本学者林雄二郎将印刷媒介环境和电视媒介环境中成长起来的两代人加以比较后，提出了著名的"电视人"的概念。随着电视的普及，儿童成长的环境也发生了极大的变化。他们背靠沙发，面朝电视，长期处于一种封闭、缺乏现实社会互动的环境中，受到电视和音响对于感官的强烈刺激。他们中的大多数养成了孤独、内向、以自我为中心的性格，极其重视情感表达和自我感受，以至于过分强调个人的获得与感受而缺乏社会责任感。

同时媒介暴力接触也随着电视的普及在儿童成长过程中产生不良甚至严重的影响。电视节目包罗万象，难以将儿童与成人的界限分开，正确引导儿童观看适合的节目，以致出现许多"少儿不宜"的画面。目前关于大众媒介中的暴力因素对儿童成长的影响的相关研究也成为大众媒介研究的热点问题，有研究发现偏好媒介暴力会在一定程度上诱发儿童的暴力行为甚至强化暴力意识，让儿童错误地认为暴力是解决问题的有效途径。此外，媒介中充斥的暴力因素在长期的过程中会形成一种"拟态环境"，给儿童造成一种世界就是暴力世界的错觉，从而影响儿童对于世界的判断以及对待世界的态度和方式。

二、儿童新媒介技术

（一）媒介融合下的沉浸式儿童视听产品

媒介融合的概念最先由美国马萨诸塞州理工大学教授伊契尔·索勒·普尔于20世纪80年代提出，随着信息技术的发展，大数据、人工智能等新兴技术的成熟，VR智能设备的普及……不断促进新媒介与传统媒介的有机结合，在传播手段以及媒介形态上不断融合，给儿童媒介接触和使用带来了新的机遇和挑战。

1. 基于沉浸式媒体的儿童读物

沉浸式媒体（Immersive Media）又可以称为浸入式媒体，广义上来说，通过音视频的技术，产生身临其境的感觉，都可以称为沉浸式媒体。近年来随着AR（Augmented Reality）、VR（Virtual Reality）、MR（Mix Reality）俗称"3R"技术的不断成熟和发展，沉浸式媒体的概念也越来越热，"沉浸式媒体＋"的相关项目研发也逐渐进入人们对生活，给人们带来具有沉浸感、交互性、多感知性的沉浸式体验。

"沉浸式媒体＋儿童读物"是将沉浸式媒体技术与传统儿童读物相结合，目前市场上最为常见的是基于AR增强现实技术的儿童绘本。儿童可以通过手机扫描绘本上的图片或者是二维码，便可以从手机上看到书中的卡通人物由平面转变为 3D 形象,与现实场景相融合,为儿童表演或讲述书中的故事,甚至还搭配有动听的音乐,让儿童在阅读时如临其境,增加阅读的兴趣。

然而,目前市场的沉浸式媒体要通过手机、平板、VR 眼镜等设备才能实现,无论是在制作成本还是在阅读成本上都有所上升,难以满足所有儿童群体的阅读需求。此外,电子产品及沉浸式媒体产品回报稳定性以及用户视觉体验等问题,部分成人用户在使用产品的偶成中会产生眩晕、呕吐,而儿童的适应和反应能力较成人而言更弱一些,儿童的视力也还未发育成熟,使用沉浸式媒体特别是 VR 设备所带来的伤害成为许多设备制造商所担忧的问题,对儿童接触 VR 设备的年龄进行了限制,Oculus Rift 和三星 Gear VR 要求使用者必须年满 13 岁,索尼 PlayStation VR 要求最低使用年龄为 12 岁,因此,"沉浸式媒体+儿童读物"的发展和普及还需要经历一段漫长的时间。

2. 儿童新媒介社交平台

新媒介平台是以现代化移动互联网手段为支撑,用以进行宣传、沟通、交流、互动的新兴媒体平台,而儿童新媒介平台主要用以传播儿童内容、发展儿童社交的平台,包括微信、微博、短视频等平台,是儿童互联网社交与内容推送的新载体形式,具有范围广、传输快、内容丰富、表现形式多样的特点。

儿童新媒内容推送平台将儿童内容生产向微内容生产方向发展,儿童获取信息的途径多样,可以利用碎片化的时间获取多样的知识,但是碎片化的阅读使得儿童的知识积累难以形成模块化,儿童难以进行深度的阅读和思考,再加上平台弹出的信息和插入的广告,无形中分散了儿童的注意,导致儿童专注力降低。有研究表明,儿童的大脑在长期接收强烈的刺激后,对平淡的东西难以提起兴趣,儿童对于生活中事物本该充满好奇,但也因为互联网、新媒介平台的影响而黯淡无光,在学习过程中表现为对知识和未知事物失去兴趣,难以静下心来学习,在生活中也会对人际交往以及新事物的热情,久而久之,对儿童身心及社会化发展造成严重的影响。

而在儿童社交领域新媒介平台为儿童打破了时间、空间甚至是年龄的界限,让儿童可以在家里便可以和不同人交流沟通。从一方面来讲,儿童的网络社交能力不断增强,处在语言学习期的儿童在社交中丰富语言。然而网络中的低俗语言以及不规范的网络用语也进入儿童语言教育体系之中,与现实语言相冲突,对于儿童语言的规范化运用而言,是基于也是挑战。另外虚拟互联网背后所隐藏的虚假、欺骗也给儿童的安全造成了威胁,儿童因社交被骗的新闻屡见报端,如何保障儿童社交安全,树立儿童社交规范也成为值得我们关注和深思的问题。

（二）交互性游戏类产品

目前，游戏作为人们的主要娱乐项目，无论是从市场占有率还是用户普及率都呈现出明显的上升，市场红利及其可观。许多人看准了游戏这一巨大市场，纷纷跻身游戏行业，网易、腾讯等游戏平台更是引领游戏市场，他们开发的《荒野求生》《王者荣耀》《阴阳师》等游戏更是掀起了全民娱乐的热潮，游戏用户也逐渐向低龄化发展。

交互性游戏的目的在于让游戏者尽可能融入游戏中，通过角色扮演、沉浸式环境以及声音、故事情节设定等环节，给用户打造不同于现实感受的次元空间。虽然许多游戏都明确表示禁止未成年人进入，然而互联网的无差别推广和体验在无形之中将儿童用户也纳入游戏公司的目标用户中，从某些方面讲，成为成人用户的携带用户进入游戏市场。然而，儿童用户无论是从身体发育还是心智成熟方面都远不如成人，游戏中涉及的色情、暴力等内容无差别地输送给儿童时，儿童超负荷地过早接收他们难以承受的内容，导致儿童心智早熟，影响儿童成长和发育。儿童具有极强的模仿能力，在没有形成正确的价值观和正确的选择能力之前，过早接触暴力内容极易促使儿童具有不同程度的暴力倾向，从而影响儿童在现实生活中的性格和行为养成。

大多数游戏都有角色的设定。用户根据自己的喜好设置网名、选择形象和皮肤，满足用户对于角色扮演的需求。当儿童的"前台"被虚拟的角色所占据时，他们很难受到现实规则的制约，在娱乐至上的游戏法则中肆意张扬着自己所谓的个性。而屏幕前那个真实的自我，那个"幕后"的自己由于还未建设完全，在现实与虚拟中逐渐迷失。自控力较差的儿童沉迷于游戏中，对现实的社交和成长造成严重的阻碍。虽然市场上不断涌现出针对儿童的益智类产品，但是产品良莠不齐，对于儿童的阶段性划分不够明确，无法阻止儿童用户流向成人游戏市场，成人仍是儿童接触游戏的最重要"把关人"。

三、儿童媒介的合理选择与优化组合

（一）以印刷媒介为主，新媒介为辅

英国开放大学的贝茨（A. Bates）博士认为媒介一般是灵活的、可替换的，不存在对任何教学目标都最擅长的"超级媒介"。因此在儿童的媒介选择上，也不存在绝对的好的媒介和坏的媒介，只有合理的使用和正确的搭配才能在全媒体时代，满足儿童的成长需求。

《中国城市儿童媒介接触与道德发展》针对印刷媒介和电子媒介对儿童的不同影响做了一系列的调查和研究，最终发现印刷媒介的接触频率与儿童道德

观念及行为养成呈正相关，而电子媒介则相反。显然，在儿童成长过程中，印刷媒介对儿童的影响更加积极，更有利于儿童的发展。但是印刷媒介也有其局限性，电子媒介仍是媒介接触和使用的主流，单纯的印刷媒介难以满足儿童对多元化媒介接触和适应的需求，儿童新媒介接触无法避免，也成为儿童成长的必修课。基于儿童的身心发展特点，他们更倾向于色彩鲜艳的玩具、生动有趣的故事、轻松欢快的音乐中获得知识，在强调直观、形象的同时，更注重兴趣和爱好的培养，而在这一点上新媒介有着印刷媒介难以超越的优势。

以印刷媒介为主，新媒介为辅的组合理念设计并非是绝对数量和频率上的主要地位，而是在意识和理念上重视印刷媒介的主导地位，肯定印刷媒介在儿童成长中的积极影响，强调印刷媒介在儿童教育中不可取代的重要作用。另一方面，要积极结合新媒介的特点和优势，正确利用和使用新媒介，凸显新媒介的教育意义，重视儿童媒介素养的建设和养成，助力儿童成长。

（二）以先进技术为支撑，内容建设为根本

以"先进技术为支撑、内容建设为根本"，推动传统媒体和新兴媒体深度融合的发展思路是由习近平总书记提出，成为媒介融合的顶层设计，笔者认为延伸到儿童媒介的组合和选择中同样适用。

以先进技术为支撑要求在全媒体时代，儿童新媒介紧跟时代发展的潮流，学习和研发先进技术。随着5G技术的到来，新媒介技术的发展又将登上新的台阶。儿童新媒介技术的应用应当与儿童身心发展和阶段性需求紧密结合，作为辅助和促进儿童成长的工具，帮助儿童认识和改造世界。针对新媒介技术在儿童成长中的不利因子，找寻有效的解决路径，致力于为儿童量身打造符合儿童需求的新媒介，为儿童营造良好的媒介环境。

内容建设要回归儿童的内容创作与研发，除了研发对儿童有益的好内容之外，也要根据儿童身心发展规律推送适合儿童的内容。在云计算和大数据不断发展的今天，新媒介在实现内容的管理和发布上更加智能。儿童新媒介应当从儿童媒介使用者出发，根据其年龄、兴趣等特点，像儿童量身定制专属内容。在媒介内容的管理方面，除了提高发布者的媒介素养和媒介规范，加强平台的"把关人"作用，媒介内容分级管理也十分重要。媒介内容根据使用者的年龄或需求分成不同等级，为儿童推送最合适的内容。媒介内容的分级推送在为儿童选择推送内容的同时，保障儿童多元化的自由选择，使得内容尽可能接近适龄儿童。

四、儿童新媒介使用与满足

"使用与满足"理论（Users and Gratifications）的提出将传播学者的研究

视角从传播者转向受众，强调受众在传播过程中的作用，通过受众媒介接触和使用，探究受众的需求。"使用与满足"研究将受众看作是有着特定需求的个人，受众媒介接触的过程恰恰是需求和动机得到满足的过程。

"使用与满足"理论突出了受众对媒介使用和媒介传播的作用，这与现代教育的"儿童本位"思想有着异曲同工之处。分析儿童新媒介使用现状与需求，是为了更好地发现儿童新媒介接触的现实痛点与需求，为儿童新媒介使用规范及新媒介技术在儿童成长中的应用策略的探索提供思想方向和现实依据。

（一）儿童新媒介使用现状

1. 儿童新媒介接触呈现日益低龄化

基于儿童的身心成长以及家庭环境的影响，目前低龄儿童的媒介接触偏好仍为以纸质图书为主的传统媒介，0－3岁儿童媒介接触处于被动状态，难以形成自主的媒介选择。3岁以后的儿童开始表现出强烈的自我意识，表达出自主选择媒介的意愿，对于新媒介所呈现的刺激内容表现出浓烈的兴趣，在一定程度上影响儿童对于传统媒介的专注力。儿童新媒介接触频率随着儿童年龄的增长，呈现出普遍上升的趋势。Wavemaker 于 2019 年 2 月发布的《数字时代的中国孩童白皮书》中显示，中国 6－15 岁孩童数量高达 1.6 亿，他们已经成为高度数字化的一代——开始使用电脑的平均年龄为 7.8 岁，开始使用智能手机的平均年龄为 7.8 岁，大部分孩童在九岁时就已经接触各种智能设备及社交媒体。

图 5-1　儿童新媒介接触情况

许多家长对儿童新媒介接触表现出积极的态度，认为新媒介的使用有助于儿童对于新事物的学习，同时也表示，新媒介是未来媒介使用的大趋势，早点让儿童接触新媒介可以有助于儿童适应和使用新媒介。也有不少的家长或多或少地表示，新媒介可以让儿童长时间专注而给家长提供更多自由的时间。

但是依旧有不少的家长对儿童新媒介接触提出了自己的忧虑：随着儿童媒

介接触的低龄化，儿童近视率也在逐年上升，除去一些环境及遗传因素以外，新媒介技术所附带的辐射、刺激、过度使用导致视觉疲劳等问题也是导致儿童近视重要因素。此外，许多家长发现，儿童沉迷于网络游戏，注意力下降，对学习的兴趣不断降低，不再愿意出去接触社会接触自然，对儿童的人格及性格塑造产生了同质化影响。

一方面，无论是在学校还是在社会，新媒介使用都成为儿童必不可少的技能，IPAD、手机、电脑逐渐进入课堂，成为教师教学改革和新媒介下课程设计的重要手段，另一方面，儿童身心发展不成熟，自控能力较低，媒介素养有待提高。新媒介接触带来的信息泛滥、信息污染以及信息虚拟等问题，使得儿童媒介使用者被迫过早接触儿童成人信息，破坏儿童信息生态，推动儿童被动向"成人化"发展，呈现出"催赶"的趋势，而每个家庭对儿童媒介接触的引导和干涉程度呈现严重差异更是加重了儿童媒介素养之间的差异形成。

2. 数字鸿沟下城乡儿童新媒介接触差异明显

城乡儿童数字鸿沟问题随着新媒介技术的应用和普及呈现出新的趋势："接触均等化"和"运用差异化"。

近年来，乡村振兴战略将人们的视角从城市转移到乡村，使得中国乡村的信息化进程飞速向前，新媒介普及率逐年上升，乡村儿童和城市儿童一样，享受同等的媒介接触机会。同时，新媒介接触的成本在不断降低，具体表现为网络资费的降低以及各种新媒介产品价格的下降，人们新媒介接触的途径不再拘泥于体型较大的电脑上，而更偏向于便于携带，方便使用的移动终端——手机。人们可以随时随地运用新媒介，满足自己对于社交、信息获取、娱乐等需求。此外，新媒介技术的不断革新，降低了新媒介使用的技术门槛，网络应用的"去专业化"更是带动了全民新媒介的热潮，使得不同年龄段、不同地区的人都可以享受新媒介技术带来的便利和乐趣。

然而，城乡的现实性差异也使得城乡儿童在数字化运用的过程中仍然存在一定程度的"不平等"。有学者根据互联网赋能儿童的效果差异，将互联网应用分为"严肃类"和"娱乐类"，前者是指关系到儿童切身利益的，能够最大程度发挥与学习、职业规划、社会参与等相关的资本和资源的网络应用，而后者则是以消磨时光、娱乐放松为主要目的的休闲类应用。儿童对于不同应用程序的选择，从本质而言，关系到儿童是否能够最大化运用新媒介技术，满足自身需求的同时，推动自身发展与进步。儿童对于"严肃类"和"娱乐类"应用的媒介接触偏好，可以很好地分辨不同儿童群体在媒介运用中"运用差异化"。

儿童群体的特殊性使得儿童媒介接触习惯更大程度收到社会和家庭的影

响——一方面来自社会对于媒介使用的示范,另一方面来自家庭媒介环境的构建。城市中存在的信息工作者以及各个职业的人群因为工作和学习的需求,在媒介使用上偏好"严肃类"应用产品。无论是新闻信息的处理还是文件的编辑与整理,甚至是新媒介社交交流与学习,在城市这个"场域"中受到需求和竞争压力的驱动,"严肃类"应用使用倾向不断增加,为儿童的媒介使用和规范,提供了良好范式,让儿童在潜意识中意识到媒介使用的多样性和可能性。而乡村没有良好的职业环境和学习氛围,乡村儿童对于新媒介使用的认知有所局限。从家庭角度而言,目前,家庭的主力军主要分布于70、80后,90后也逐渐加入其中。父母是儿童最好的老师,城市父母的新媒介素养普遍高于乡村父母,这和在当时年代背景下城乡受教育程度的差异有关,城市父母相对于乡村父母而言更早接触新媒介,能够引导儿童使用媒介,构建良好的新媒介环境。这种"应用差异化"不仅表现为城乡儿童媒介选择上的差异,更深层次的媒介环境的差异,受到社会经济和地位的制约反过来影响儿童成长。

五、新媒介下儿童需求满足

(一)信息获取与交流的平台

在信息社会,社会经济的主体由制造业转向以高科技为核心的第三产业,信息成为与物质、能源同等重要,甚至更为重要的资源。新媒介为儿童提供了信息获取和交流的平台,满足儿童对于海量信息的需求。然而,在多样化信息的背后,信息使用和信息过滤等问题也在困扰着儿童新媒介接触。

丰富的信息开阔了儿童的眼界,发散儿童的思维,使得儿童获取知识的过程不再局限于家庭和学校,可以通过搜索引擎和APP轻松查阅世界各地的信息,提升儿童的自学能力,增加儿童的知识储备。然而信息质量参差不齐,信息内容混杂,儿童自身难以对信息进行良好的筛选和过滤,社会信息过滤系统不够完善,造成儿童对于成人信息的无差别吸取。一方面,不良信息可能对儿童造成错误示范,在无形中影响儿童行为规范。另一方面,填鸭式的信息灌输,难以顾及儿童的现实情况和承受能力,导致儿童心智和意识呈现出"揠苗助长"的趋势,许多儿童都有早熟的倾向,儿童成人化现象明显。此外,"注入"式的信息供给,省略了思考、实验等中间环节,使得儿童获取知识的成本不断降低,不利于儿童的深度思考,而习惯了"不劳而获",久而久之,对于媒介产生过分地依赖。

1. 社会交往与休闲娱乐的自我诉求

社会性是人的根本属性,对于儿童而言,新媒介环境的开放性和互通性方便了儿童的沟通与联系，在很大程度上刺激儿童的社交需求扩大儿童的社交感知。

在传统媒介环境下，儿童的社交人群主要来源于亲人、同学以及身边较为熟悉的圈子，这个圈子建立在家庭、经济、社会等条件的制约，儿童在一定程度上处于被动社交的状态，具有一定的局限性。新媒介时代的到来打破了这一局限，在年龄和空间上给予儿童更多的主动性和选择性。儿童可以通过社交媒体，进入不同的圈子，了解更多自己感兴趣的东西，结交到更多的朋友，扩大儿童的社交圈，了解不同圈子的爱好和习性，在开阔眼界的同时，更具有包容性。除了微信和QQ以外，儿童手表的出现更是方便了儿童之间的沟通与交流，同时方便家长与儿童的联系，保障儿童的安全，促进家长与儿童新形式的沟通。此外，儿童也成为各种网络游戏中一个不可小觑的团体，除了儿童益智类游戏之外，他们也参与到网络游戏之中，在课余时间丰富自己的生活，在虚拟游戏中体验快乐。

然而，伴随社交和娱乐而来的各种问题也成为让人头疼的问题。在新媒介那些大大小小的屏幕后面，隐藏着未知与风险，虚拟与欺骗。新媒介只是一种工具，可能被有心之人利用，而儿童心智尚未成熟，难以对事物做出准确的判断，稍不留神便会中了他人的陷阱，对财产乃至生命造成危险。此外过早接触网络游戏也会使儿童沉迷其中，混淆现实与虚拟的界限。许多儿童形成了线上活泼线下沉默的"双重性格"，影响儿童的现实社交，对儿童性格养成和形成正确的世界观有着重要的影响。因此，儿童在进行新媒介接触时，需要正确的引导与规范，形成符合新媒介环境与发展的媒介素养，正确使用新媒介。

2. "主我"与"客我"的分离与重塑

米德最早从传播的角度对人的自我意识及其形成过程进行了系统研究，提出了著名的主我与客我理论。他认为"自我"可以分解成"主我"和客我，两者相互联系，相互作用。其中，"主我"是意愿和行为的主体，而"客我"则是他人社会评价和社会期待，。换句话说，"主我"是真实的自己，而"客我"则是他人眼中或是自己眼中的自己。人的意识即使在"主我"与"客我"的互动中形成、发展变化的，同时又是这种互动关系的体现。

新媒介环境下，儿童的"客我"被很好地保护和隐藏起来。由于网络环境具有复杂性和隐蔽性，儿童可以沉浸在网络的虚拟环境中，自认为不会受到现实的束缚，更加愿意表现真实的自我，即"主我"。在虚拟环境中，儿童的"主我"被放大，无论是微信、微博还是QQ都成为儿童自我表达与情感倾诉的场域，释放儿童的天性。在这种"主我"被放大的环境中成长起来的儿童，在"自我"的形成过程中出现"主我"与"客我"的分离,"主我"被放大,一定程度上压制"客我"对自我的影响,因而更重视自我价值的体现和自我情感的表达,缺乏社会责任感。但是虚拟的环境离不开现实的约束,儿童在社会的实践活动中,不断进行"主我"与"客我"的互动,促进儿童对于现实环境认识,规范儿童言行,推动儿童完成社会化的过程。

诚然,儿童在使用和接触新媒介的过程中,"主我"与"客我"的互动平衡被打破,影响儿童"自我"的形成和发展。在成长过程中,更应当分清新媒介的虚拟环境与现实环境的界限,平衡儿童"主我"与"客我"的形成和互动,把握儿童新媒介接触的分寸,是儿童真正找到自我与社会的关系,融入社会。

六、新媒介技术在儿童成长中的阶段性运用

根据国际《儿童权利公约》和我国的《未成年人保护法》,儿童是指0—18岁的群体。在皮亚杰关于儿童认知结果发展过程的相关研究中,以认知结构为依据,区分心理发展阶段,将儿童认知结构分为感知运动阶段 Sensori-motor Stage(0—2岁左右)、前运算阶段 Preoperational Stage(2—6、7岁)、具体运算阶段 Concrete Operations Stage(6、7岁—11、12岁)、形式运算阶段 Formal Operations Stage(11、12岁及以后)。

研究上述理论,结合儿童新媒介接触的阶段及习惯,笔者将儿童新媒介接触四个阶段:新媒介被动接触阶段(0—3岁);新媒介感知阶段(3—7岁);新媒介运用阶段(8—12岁)以及新媒介内化阶段(12—18岁),并根据不同阶段儿童媒介接触的特点,寻找新媒介技术在儿童成长中的阶段性运用。

(一)0—3岁儿童"数字身份"的被定义

0—3岁正处于儿童的感知运动阶段,儿童从仅仅具有反射行为的个体逐渐发展成为对其日常生活环境有初步了解的问题解决者。在这一阶段儿童尚未形成对新媒介的主动接触意识,然而在互联网安全公司AVG的调查研究中却发现,92%的两岁以下幼儿已经拥有了自己的"数字身份"。

我们在生活中也不难发现,许多父母热衷于将自己孩子的日常发到朋友圈、QQ空间以及更加开放的短视频平台、新浪微博上,甚至催生了一批小网红——靠着可爱的外表或是有趣的言语爆红网络。在UGC(User Generated Content)时代,人人都是信息的传播者和接受者,当儿童的第一张照片、第一个动态被成人发到网上时,他的"数字身份"也随之被迫形成,在互联网上"被观看""被娱乐"。儿童在还未形成自我的认知以及对新媒介技术相处的模

式，便被推到互联网这个大舞台的中央，推到聚光灯下，被定义，被消费。

这种"数字身份"被定义的背后，隐藏的是儿童自我身份定义的偏差以及隐私权利的被侵犯问题。每个个体的主体性都应当受到尊重，而对于儿童而言，0—3岁的儿童在难以表达自我的意愿和情绪的情况下，其主体性更容易被忽视。父母作为儿童监护人，在数字化时代，似乎充当着儿童"经纪人"的角色，成为儿童信息接收和发布的把关人，在儿童成长初期发挥着重要的作用。在这样的环境背景下，家长的新媒介教育素养显得尤为重要，然而在新媒介技术迅猛发展，部分家长自身媒介素养已经难以跟上时代步伐而自顾不暇，对于儿童，特别是0—3岁儿童的保护和教育意识更是薄弱。成年人对儿童新媒介接触的尺度以及方式等问题，影响着儿童对于新媒介接触的发展，成人对于儿童的过早、过多的介入，无疑也是对儿童的"揠苗助长"。当被定义的"数字身份"通过越俎代庖的方式，进入到儿童的社会身份的形成过程中时，"我是谁"，"我要成为谁"等问题更加困扰着儿童，儿童对于自我身份塑造的权利受到侵犯。

此外，互联网的开放性使得儿童隐私无所遁形，成年人在分享和记录儿童的过程中乐于暴露儿童的外貌、行为、行踪甚至是一些尴尬的丑事作为乐子。然而，这种过度地曝光是否符合儿童的心理需求？是否符合儿童本人意愿？我们无从得知。儿童在互联网的权利，应当归还给儿童，家长在分享儿童隐私时，儿童面临着被评价、被观看的处境，又何如能够区分现实与虚拟、表演与生活？儿童作为弱势和失语的一方，在我们无法获知儿童真实想法的情况下，应当给予儿童更多的尊重和空白，而不是急于用自我的意愿去填满。在数字化时代，儿童更应当拥有"被遗忘"的权利，给儿童更大的留白，让他们自己去描绘，去定义。

（二）3—7岁儿童新媒介接触启蒙与感知觉能力养成

3—7岁儿童开始将感知动作内化为表象，建立了符号功能，可凭借心理符号进行思维，从而使思维有了质的飞跃。在这个阶段，儿童缺乏观点的采择能力，只从自己的观点看待世界，难以认识他人的观点。在新媒介接触上，儿童开始自主进行新媒介选择和使用，利用新媒介进行娱乐、学习等活动。

在这个时期，儿童对于新媒介的规范来自父母等成年人的制约和引导。儿童善于模仿，对于成人的新媒介使用习惯有一个直观的认识，并通过转换内化为表层意识，再通过语言和行为表达出来。新媒介技术的产生和发展为儿童开辟了新的认知世界的途径，打破了时间和空间的局限，让儿童足不出户，便可以看见万物、聆听世界上各种声音，甚至通过游戏进行互动。新媒介所带来的鲜艳的色彩以及各式各样的声音极大地刺激儿童的五官和感受，不断加强儿童的感知觉能力，使得儿童能够能早地感知和认识世界。

但是儿童的感知觉能力培养不能只依赖新媒介所打造的虚拟世界，现实世界的感受更加重要。儿童嗅觉、触觉以及运动能力养成对于这个时期的儿童十分重要。对于儿童而言，通户外运动、旅游、做游戏等活动也是必不可少的。运动能力的增强能够保证儿童在成长过程中对于运动量的需求，增强儿童对于大小肌肉的控制，锻炼儿童肌肉群的发展，加强身体协调能力。新媒介技术作为儿童感知觉能力养成的重要补充，能够开阔儿童视野，在儿童充分感受现实环境的情况，进一步丰富儿童认识，帮助儿童更好地认识世界认识自我。

在这个阶段，父母等成年人对于儿童的新媒介接触的把关人作用更为重要。父母及家人作为儿童最亲密的陪伴者，也是儿童模仿和学习的主要对象，也是儿童新媒介接触的引路人。家长在新媒介使用做好示范作用，营造良好的新媒介使用氛围。在儿童进行新媒介接触时，不能因噎废食，要对儿童进行正确的引导，控制儿童新媒介接触时间以及新媒介接触内容，做好对儿童的新媒介接触的启蒙，为儿童良好的媒介素养的养成打好基础。

（三）8—12岁儿童新媒介素质养成与技术运用

这一阶段的儿童开始着眼于抽象概念的理解，具有一定的逻辑推理能力，但在具体的思维过程中需要借助具体事件进行理解。这个时期的儿童具有极强的学习能力和思考能力，对周围发生的具体事物具有思考和内化的能力，对儿童的素质和能力养成具有重要的影响。在新媒介接触方面，儿童表现出极强的自主性，开始探索自己感兴趣领域，希望运用新媒介技术，表现自我，愉悦自我。

笔者认为，这一时期是儿童新媒介素质养成的重要阶段，主要表现为：了解基础的新媒介知识和使用新媒介；虚席判断新媒介信息的意义和价值；学习创造和传播信息的知识和技巧；了解如何使用新媒介发展自己。儿童在这一时期要不断加强对新媒介知识的学习和正确认识新媒介技术在生活和工作中的重要作用，重视传统内容的学习，探索传统内容与新媒介内容的联系，同时还要加强新媒介技能的提升，在新媒介接触和使用中明确自身的主导作用。

这一时期的父母在儿童媒介接触过程中由把关者转变为陪伴者。父母对儿童的过度接触，会使得儿童产生逆反心理，难以形成良性的正确沟通。父母作为陪伴者，和儿童一起进行新媒介内容的接收，引导儿童对新媒介信息进行判断和评估，养成儿童思考和质疑的能力。同时为儿童提供新媒介技能学习的平台，让儿童更好地运用新媒介技术，在融媒体时代，充分发挥新媒介技术的优势，促进儿童的成长。

这是时期注重儿童对于新媒介的技术的选择和使用，加强儿童在新媒介接触的自主性，尽可能开发儿童与新媒介接触的可能性，而不仅仅局限于游戏，使儿童更全面客观地了解新媒介技术，加强新媒介素养，从而适应新媒介环境，引导儿童在新媒介环境中找寻自身的价值和意义。

（四）12—18岁儿童新媒介社交与个体社会化

12岁以后儿童思维发展到抽象逻辑推理水平，思维形式摆脱思维内容，开始进行更深入的思考和学习。亚里士多德认为："人天生就注入了社会本能"，儿童的社交需求在这个年龄段被不断放大，表现为外在的社会交往以及内在的情感互动。新媒介技术在这个阶段满足了儿童对于社交的需求，给予儿童更多情感宣泄的场域和沟通交流的途径，不断促进儿童与社会的交往以及儿童对于自身的审视和思考，推动儿童个体社会化。

所谓社会化，是指个体在特定社会文化环境中通过不断学习适应社会并积极作用于社会，适应新文化的过程。儿童个体的社会化是人类早期社会化阶段也是人类接受社会化的最佳阶段。新媒介技术为儿童成长营造了一定环境，新媒介信息和知识的传播影响着儿童的智能水平和认知水平，通过信息的传播和互动，影响着儿童看世界的方式。

在现代信息化社会中，新媒介在个体社会化过程中的作用不言而喻，媒介环境中所蕴含的价值观的传递以及对社会的监督和批判，不断影响着儿童对社会的认识以及和社会的相处模式。例如，新媒介对儿童性别角色塑造的作用。儿童对于性别的正确认识是儿童社会化的第一步也是重要一步。新媒介内容的生产对于性别角色的塑造在男女角色性格塑造上以及男女角色职业选择上要打破刻板印象的制约，帮助儿童正确客观认知性别差异。性别化使用新媒介在一定程度上影响着儿童性别角色的定型，进而影响儿童的媒介选择。

此外，不同价值取向的信息，也在不断刺激儿童的社会化认知。如何引导儿童正确过滤信息，引导儿童选择信息，树立正确的新媒介准则成为社会关注的问题。

第六章 融合·创新：融媒体传播与儿童发展

今天，以移动互联网、社交网络、虚拟仿真为代表的全新媒介技术，对媒体发展带来的巨大的冲击。融媒体成为当今媒体发展最火热的话题，也代表着最前沿的发展趋势。2019年1月25日上午，中共中央政治局就全媒体时代和媒体融合发展举行第十二次集体学习。中共中央总书记习近平在主持学习时强调，推动媒体融合发展、建设全媒体成为我们面临的一项紧迫课题。要运用信息革命成果，推动媒体融合向纵深发展，做大做强主流舆论，巩固全党全国人民团结奋斗的共同思想基础，为实现"两个一百年"奋斗目标、实现中华民族伟大复兴的中国梦提供强大精神力量和舆论支持。[①]

自2010年1月的国务院常务会议开始，融媒体理念至今已多次在国家层面被提及并部署，媒体融合与中国社会转型和国家战略发展要求相结合，开始承载重大深远的政治意义和社会意义，广泛的应用至社会的各个领域中。其中，由于媒体环境对于儿童的重大影响，儿童发展领域成为融媒体传播涉及的一项重要话题。研究者们结合儿童的不同成长阶段、不同地域、不同行为与心理特征等维度，就融媒体传播对儿童发展带来的影响进行了多项研究，并产出了具有代表性的研究成果。本章中，我们将结合融媒体传播与儿童发展的历史研究，对融媒体传播进行深度审视，同时，总结融媒体发展对儿童成长的积极影响，对融媒体传播在儿童发展领域的未来趋势进行展望。

第一节 融媒体传播的时间维度

何谓"融媒体"？长期以来，业内似乎就融媒体的概念和内涵理解一直存在着各方争议。就其简单理解而言，将不同的媒介形态"融合"在一起，会随

[①] 习近平. 推动媒体融合向纵深发展 巩固全党全国人民共同思想基础 [EB/OL]. (2019-01-25). http://www.xinhuanet.com/politics/leaders/2019-01/25/c_1124044208.htm.

之产生"质变",形成一种新的媒介形态,如电子杂志、博客新闻等等;而更加深入的探究,则包括一切媒介及其有关要素的结合、汇聚甚至融合,不仅包括媒介形态的融合,还包括媒介功能、传播手段、所有权、组织结构等要素的融合。所以,"融媒体"并不是一种实实在在看得见摸得着的媒体形态,而是一种媒介发展与媒体实践的全新理念。"资源通融、内容兼融、宣传互融、利益共融",将使得单一媒体拥有多媒体化的共同竞争力。

一、媒介融合时代的传播新纪元

随着媒介融合的深入发展,我国媒体融合已由形式融合、内容融合一跃而升级至以体制机制融合为主要特征的融合 3.0 时代。[1] 融媒体飞速发展的大趋势下,当今社会正在进行着一场前所未有的信息革命,移动互联、人工智能、虚拟仿真等技术,正在加速着信息领域的变革,整个媒介已悄然跨入了以大数据、云计算等人工智能技术为基础的 Web3.0 时代,实现了从众媒到智媒的里程碑式跨越。我国社会的信息传播,进入了以媒介融合为主要代表的传播新纪元,体现着从未有过的全新特征。

(一) 传播中介加速聚合

本意来讲,"媒介融合"最原始的概念即包括传播中介的聚合。据学术界考究,"媒介融合"(Medie Convergence)最早的概念,即来自美国马萨诸塞州理工大学的伊契尔·索勒·普尔的"传播形态融合"论。在此经典的论述中,他认为,数码电子的出现导致了原来不同传播形态之间产生聚合,其本意是指各种传播媒介呈现出多功能一体化的趋势。[2] 移动互联网的飞速发展,改变了原有的信息传播格局。新的受众特征使得媒体以信息"可视化""可感化"为重要的追求目标。所以,原本单一形态化的信息,传播空间被不断压榨。如今的媒体,更习惯将文字、声音、图像、视频、动画等介质综合使用,以适应受众不断提高的信息感官需求。

比如,为了为受众提供更加快捷、简单、直观的新闻阅读体验,数据新闻、可视化新闻逐渐走上历史舞台。以《卫报》《纽约时报》为代表的国际主流媒体,不断突破着传统网络传播的瓶颈,试图借助数据之便,更清晰更有趣地表明观点,从而吸引更多的网络读者,甚至实现直播、新闻自动化、数据可

---

[1] 北京市新闻工作者协会. 媒体融合蓝皮书:中国媒体融合发展报告(2019)[R/OL]. (2019-01-25). https://www.pishu.cn/zxzx/xwdt/529866.shtml.

[2] 孟建,赵元珂. 媒介融合:粘聚并造就新的媒介化社会[J]. 国际新闻界,2006(7):24—27.

视化交互等领域的综合应用。如美国《华尔街日报》在 2017 年发布的可视化新闻作品《〈汉密尔顿〉背后的韵律》，借助《华尔街日报》可视化团队的自研算法，以大数据方式分析近期炙手可热的百老汇音乐剧《汉密尔顿》（Hamilton）中复杂的韵律结构，并进行可视化处理，从视、听两个层面展现作品细节所蕴含的智慧，帮助读者了解为何《汉密尔顿》的歌词如此深刻和令人难忘。

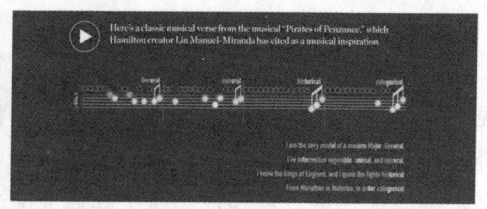

图 6-1 《〈汉密尔顿〉背后的韵律》界面

除此之外，AR、VR、AI、5H 等新媒介技术，均已被应用至信息传播领域。2015 年，VR 新闻井喷式发展；AR 新闻，被业内称之为堪比"大片"的新闻现场；5G 的应用使得 AI 新闻越来越接近批量式产出。与传统信息传播方式相比，新兴传播介质的不断出现，以及新老传播介质的不断聚合，成为融媒体时代信息传播的特征之一。

（二）独立媒体抱团取暖

如果说传播中介的加速聚合是融媒体的首要特征，那么对于媒体来说，实现传播中介的聚合，最有效的方式便是各方媒体之间的优化整合。其实，媒体之间的优化整合并不是融媒体时代才有的特殊产物，早在 20 世纪，美国的报业公司便知晓合作共赢的重要作用，"报团"由此诞生。这一 20 世纪新闻传播业最重要的产物既加速了传媒商业化，同时也带来了报业巨头对新闻行业的垄断。与"报团"不同的是，融媒体时代媒体之间的优化整合并不是为了实现垄断，其最终目标，是为了提高媒体的传播力与竞争力。各大媒体深谙"媒介技术推动"的道理，早已开始尝试并深度实践信息传播与媒介技术的深度结合，如有线电视、互联网、大数据等等。但移动互联的深度发展，使得传统的"媒体+网络"的改革思路，已经不能解决媒体面临的生存压力。

2015 年，习近平总书记在视察解放军报时指出："要研究把握现代新闻传播规律和新兴媒体发展规律，强化互联网思维和一体化发展理念，推动各种媒介资源、生产要素有效整合，推动信息内容、技术应用、平台终端、人才队伍共享融通。"[①] 这一论断，给处于艰难改革期的媒体，尤其是传统媒体注入了

---

① 习近平谈媒体融合发展：关键在融为一体、合而为一 [EB/OL]. (2018-08-22) http://media.people.com.cn/n1/2018/0822/c40606-30244361.html.

一针强心剂。在媒介环境变革的现实压力下，媒体机构继续各自为战，只能是死路一条。既然媒介融合已经进入了深水区，那么打破传统媒体的独立格局，整合优化各方资源，实现"抱团取暖"，实现一体化发展才是媒体转型的现实路径。正如美国新闻公司总裁彼特·彻宁（Peter Cherin）所讲，"只要媒体能够实现集中与联合，不管利润流向哪里，你都旱涝保收"。[①]

（三）媒体人价值最大化

传统媒体也好，融媒体也罢，均只是知识一种概念，一种传播方式。在可见的未来中，人工智能仍无法取代媒体人在信息传播中所占据的核心位置。媒介环境在不断更迭，媒体人面对的挑战十分巨大，在移动互联时代提升自己，适应融媒体环境，已经成为每个媒体人无法避免的话题。据调研数据显示，目前接近半数的传统媒体人目前是处在已经转型或者正在转型的过程中，一半的媒体人已经迈出了关键的一步。

"全民麦克风"时代，我们曾无数次听到"媒体人将失业"的论断，但随着媒介融合的深度进行，我们惊喜地发现，那些转型成功，能够经得起惊涛骇浪的优秀媒体人，反而成为传播的中心，自身能力被不断开发，这边是我们所说的媒体人价值得到了最大化。那么，融媒体时代的专业媒体人，都有那些特征呢？

一是跨界。融媒体时代的媒体人，已经不仅仅局限于传统媒体行业。互联网行业、文化行业成为媒体人最喜欢跨界涉足的领域，其余还包括电子通信、金融、医药等等。比如原央视体育频道足球评论员黄健翔，在离开央视后，不断涉足互联网传播、综艺节目等领域，个人传播力不降反升。

二是个性化、专业性更强。内容为王，永远处于传播理念的最前沿。当我们的受众被假新闻，低质量新闻不断"忽悠"的时候，我们需要高品质的新闻来充实我们的信息生活。从这个角度来讲，新闻专业性永远是新闻机构需要秉承的核心理念，它守护着新闻传播的初心与底线。

三是移动互联趋势下的受众思维。"互联网思维"是融媒体时代媒体人必须具备的素质。我们看到，越来越多的专业媒体人，开始学会思考，如何适应受众，理解受众，更多内容个性化、传播精准化的新闻作品正在不断产出。

（四）"大媒体业"应运而生

媒介融合进程中，"媒介"本身的优化整合是终点吗？就目前来看，显然

[①] 麦克切斯尼. 富媒体，穷民主—不确定的传播政治[M]. 谢岳, 译, 北京：新华出版社, 2004: 21.

还远远不够。我们发现，在媒介形态的整合之后，传媒行业诞生的信息量已经呈现了爆发趋势。更多的信息，更多的受众，吸引了大量的资金注入，传统的大众传媒已经和通信、计算机、文化艺术等领域深度结合，媒体在以更加深入，更加广泛的方式不断介入着我们的生活，这便是所谓的"大媒体业"。

媒介融合之后，便是产业融合。深度融合的大背景下，媒体行业与其他行业的不断创新融合永远不会停歇。随着科技的不断创新，社会发展不断更迭，越来越多的新兴产业，被融入媒体行业中来，并发挥着越来越重要的作用。比如，随着大数据和算法技术的不断成熟，AI，即人工智能技术被融入信息传播行业中来，大数据推动下的智能媒体大脑，就信息的采集、编辑、传播等流程实现智能化，同时做到传播的个性化与精准化。2018年底，以人工智能技术为驱动的媒体大脑·MAGIC短视频智能生产平台的闪亮登场，AI合成主播，短视频实时输出与精准投放，均不断地刷新着我们的眼球。

图 6-2 AI 合成主播的播报场景

5G时代即将来临，我们可以预想到，5G时代，通信产业与媒体行业的深度融合，将再度颠覆我们的传统生活场景。"全媒体""万物皆媒"的预想似乎已经可以看到雏形。正如媒体人肖厚君谈到的那样，"5G时代，任何产品都可能会是我们获取资讯的渠道，不会再像现在这样局限在电脑、电视、手机三个终端上，未来你家的电冰箱，甚至吸顶灯都可能提供资讯或者娱乐方面的需求。"

二、融媒体传播的历史视角：媒介形态的变迁与融合

"媒介即讯息"是加拿大传播学者麦克卢汉对于传播媒介在人类发展史中地位作用的一句经典论断。20世纪60年代，在西方各国掀起的"麦克卢汉

热"中，无数研究者，就麦克卢汉的论断进行了充分的讨论。但无论麦克卢汉的理论是否存在争议，我们都不得不承认的是：媒介形态的更替伴随人类社会发展始终，每一次变革都会对社会产生巨大的影响。自传播活动产生以来，人类社会经历了语言—文字—印刷—电子媒介—数字媒介的发展变革，每一次媒介形态的巨变，都是新媒介对旧媒介形式的缺陷的克服和优势的发展，即扬弃，新旧媒介在发展中有机地融合。

从历史的视角来看，媒介形态的变迁与人类社会文明发展始终处于同步状态，但媒介发展，与工业、经济、文化的发展仍稍有不同。新的经济形态、生产形态，均建立在旧的经济、生产发展模式之上。比如，瓦特改良蒸汽机，代表着欧洲工业革命的铺开，既然是改良，便说明了是由"旧"到"新"，是一种生产模式的继承。但媒介发展似乎是独立的，它更像是一部"更迭史"而不是"继承史"。比如，电视的横空出世，似乎包含了文字、图像、声音，但它绝不是广播、报纸的继承，而是媒介技术带来的一种全新传播形态。所以我们可以发现，每当一种新媒介产生，总会激起已有媒介以及整个社会的恐慌。新媒介横生出不同媒介对峙或者并峙的传播格局，扰乱了已有的社会关系结构和日常生活，让人措手不及难以适应。[1]

以此为逻辑起点，我们尝试以历史的视角去梳理媒介融合的历史，媒介形态在不断地跨越，而媒介也不断地面临着转型与改革，融媒体从来都不是一个具体的全新概念，而是一直存在的媒介革新理念。

(一) 媒介形态的三次跨越

1. 语言—文字：原始社会发展的必然需求

我国的古代原始社会，经历了从语言时代到文字时代的重大变革。上古时代，人类和动物一样，并没有成型的语言存在，人们之间的交流，基本上是靠随机的肢体语言来进行。关于语言的形成，历史考究说法不一。比如"嗯哼派"认为，最早的语言，来自人们的感叹词，比如"咦""呀""哇""哈"等；"劳动派"认为，语言出自人们在进行集体劳动时，共同发出的声音。但无论语言是如何出现的，我们都可以发现，只有语言，没有文字的时代，人们的生产劳作确实受到了很大的限制。语言的快速发展让人们形成了固定的劳动模式，但重要的信息无法记录，也无法突破时间与空间的限制。有学者认为，最早的文字形态来自"结绳记事"。是用柔软而有韧性的树皮搓成细绳，然后将数十条细绳排列整齐悬挂在一处，在上边打结记事。大事打大结，小事打小

---

[1] 黄旦. 试说融媒体：历史的视角 [J]. 新闻记者, 2019 (3): 20-26.

结，先发生的事打在里边，后发生的事打在外边。为了能够记录更多的事情，织女又利用植物的天然色彩，把细绳染成各种颜色，每种颜色分别代表一类事物，使所记之事更加清楚。

图6-3 我国文字雏形：绳结记事

我们可以看出，这种原始的记事方式，并不能记录事情的全部样子，我们甚至无法了解事情的前因后果，所以，正确的思想，在这种记事方式中并不能够得到准确的传达。这便给当时的社会发展带来了很大的困难。于是，当时的统治者皇帝命令他的史官仓颉解决这件事，这便有了后来的"仓颉造字"。关于仓颉造字，一种说法认为，仓颉是受到了自然景观的启发，而发明了象形文字，另一种说法称，在原始社会，仓颉并没有精力在短时间内发明出如此复杂的文字形态，他只是将各种形体不一的文字进行了整理与统一。但无论如何，我们都可以发现，文字的出现，是在社会发展中，由于传播手段无法适应生产力的发展而形成的，是社会发展的必然需求。

2. 印刷时代：传播与工业的首次融合

如果说由语言传播时代向文字传播时代的变革，还并没有工业的影子出现，那么印刷时代的出现，则代表着传播与工业文明的首次融合。文字时代后期，文本大多印在竹简、帛书等媒介之上，由于天然的限制，导致印刷制品笨重，复制困难，难以保存，更不要提成规模的传播。此时，虽然传播技术已经得到很大的进步，但是信息的"所有权"基本掌握在上层社会手中。我们可以说，在这个时代，上层社会对于信息是有垄断权的。普通大众能够接收到的文字信息，仅仅局限于宗教制品，上层意志，很难实现民间的自主传播。印刷术的出现，打破了所谓的"传播特权"。在雕版印刷术和活字印刷术逐渐成型之后，德国铁匠古登堡在此基础上经过20多年的摸索和钻研，发明了铅活字和手压印制设备，于 1456 年首次印成了 42 行本的《圣经》，工业印刷从此得到了飞速发展。

我们很难去评判，到底是工业印刷的出现，激发了人们对科学，对现代文艺的求知欲望，还是人们的求知欲带来了工业印刷。但不得否认的是，传播和工业的融合，使得人类社会得到了一次长足的飞跃。按照美国社会学家查尔斯·库利在《社会组织》（1909）一书中的观点，报纸、书籍和杂志作为新的大众媒介，它不仅消除了人们相互隔绝的障碍，影响到社区相互作用的方式，而且推进了社会的组织和功能的重大变化，甚至永久地改变了那些使用者的精神面貌和心理结构。一句话，印刷传播革命使人类社会在各个方面都发生了前所未有的深刻变化。[①]

3. 电子媒介诞生：科学技术带来的巨变

印刷术的发明，使得传播突破了时间和空间的限制。文字时代的人们，最快的传播速度可能是曾经的"八百里加急"，其传播速度可能在一天内达到 300 公里，500 公里，甚至 800 公里。但工业革命、文艺复兴后迅速发展的人类社会，人们对于"即时通讯"的需求越来越高。人类开始思考，我们的信息传播，是否能够达到即时到达？

传统的"烽火"似乎可以达到这一目标，但"烽火"一是不能大规模使用，二是传播距离仍不够远。真正解决这一问题的，是 1838 年电报的诞生。摩斯发明的电报用手按键来编写信息，通过电波将信息发至远方，由收信员进行解码。所以，我们一般将电报的诞生视为电子传播时代的开端。继印刷时代以后，这是科学技术为传播带来的第二次巨变。1876 年电话诞生，1897 年电视诞生，1957 年第一颗人造卫星发射成功，人类社会的传播方式迈向了传统的感觉器官所不能接收的电子传播时代。"电子传播"不仅仅是一个技术的概念，它更多地包含了文化的概念。基于某种软件技术手段的支撑，使数字信息的采集、创建、编辑、管理、发布，都可以跨越纸介质媒体、广播媒体、电视媒体和网络媒体，让人们能够在任何地方、任何时间，用任何设备，均可获得所需要的任何信息。内容传播的客户主体，将从传统的印刷出版、媒体行业，扩展到政府、教育、大型企业、图书档案馆等一切有内容传播需求的行业，传向不同媒体输出，实现信息远距离传输、数据跨媒体共享、电子传播的概念。

（二）大众媒介的转型困局

我们一般认为，大众媒介产生的标志是德国古登堡金属活字印刷的出现。

[①] 查尔斯·霍顿·库利. 社会组织［M］. 包凡一, 译. 北京：中国传媒大学出版社，2013.

在工业印刷诞生的前400年之久，印刷媒介可谓是大众传播的唯一渠道。但20世纪以来，电子媒介的诞生，使得信息传播技术获得了长足的进步，信息呈现大量化、多样化、复杂化的局面。此时，大众传播已经成为社会的普遍现象，人们的生活仿佛越来越离不开信息。所以，大众媒体真正的"转型"需求，是从电子时代开始的。我们在之前说过，更像是一部"更迭史"而不是"继承史"。所以，就大众媒介转型而言，本身就是一场比其他领域转型更加痛苦的传播革命。电子传播时代独有的特点，决定了此时的媒体，面临着前所未有的挑战。比如，印刷术的发明使得原本的"手抄报"行业，逐渐转型为了现代报业，并且一直处于传播的中心地位。他们的传播地位牢固，生活方式稳定，持续时间甚至长达数百年。但电子媒介的诞生，直接打破了原有的宁静，传统媒体不得不重新审视自己原本的生活方式，尝试捍卫传播地位。

其实，电子传播时代前，媒体已经感受到潜移默化的"转型"压力。因为科学技术在发展，推动着媒介形态的变革，同时，人们对于信息广度和深度的要求也在不断提高，传统媒体的变革早已开始。但这个过程无疑是缓慢的，传统媒体仍不至于感受到"恐慌"。直至电子传播时代的全面铺开，之前缓慢的变化，突然像发疯一样加速，传统媒体似乎无法适应这种快节奏的转型，于是大批报纸遭遇"倒闭潮"，媒体环境，进行了一次大规模的重新洗牌。

原因在哪儿？麦克卢汉在其经典著作《理解媒介》中其实已经给出了答案。在此书的序言中，麦克卢汉提出了著名的"内爆""外爆"概念。其中，"外爆"大体指媒介的外部环境发生更迭，而"内爆"即指由于外部更迭而导致的内部快速变化。电子媒介不同于印刷媒介，其瞬息万里的传播加速度，机械复制、分化、生产意义，打破了印刷媒介形成的传播壁垒。麦克卢汉指出："凭借分解切割的、机械的技术，西方世界取得了三千年的爆炸性增长，现在它正在经历内向的爆炸。在机械时代，我们完成了身体在空间范围内的延伸。今天，经过了一个世纪的电力技术的发展之后，我们的中枢神经系统又得到了延伸，以至于能拥抱全球……时间差异与空间差异已不复存在。"[①]

所以，在此局面下，传统媒体在电子传播时代面临的转型困局便不言而喻了。

一是媒介形态的边界化。"媒介"本身的概念似乎越来越边缘。麦克卢汉在《理解媒介》中所阐述的"媒介是人的延伸"的观点，正在慢慢变成现实。虽然在此时，我们还达不到谈论"万物皆媒"的层次，但媒介的概念和内涵，确实不断地向外延伸。人们谈论起媒介，已经不仅仅局限于报纸、广播、电视

---

① 马歇尔·麦克卢汉. 理解媒介：论人的延伸 [M]. 何道宽, 译. 南京：译林出版社, 2019.

等具体媒介形态，而是延伸到了任何可能的领域。同时，媒介对于社会发展、文化传播，甚至人类生存的重大作用与影响，正在被越来越多的人所认可。

二是传播内容的拟像化。鲍德里亚认为，这种"拟像不同于虚构或者谎言，它不仅把一种缺席表现为一种存在，把想象表现为真实，而且也潜在削弱任何与真实的对比，把真实同化于它的自身之中。"就像一个画家，在刚刚接触绘画时，可能只能简单的"临摹"，但随着他绘画技巧以及艺术思想的提升，越来越多的"抽象"作品会诞生。在媒介环境中，各种图像、声音、影响的产生超越了原本现实的限制，人们的想象场景越来越容易变成现实。在此基础上，人们的各种感官被无限调动，传播主体与客体之间的互动关系越来越紧密。

三是传播中介的符号化。在此过程中，表征符号作为独立中介物出现，与原物或实体的界限消失，符号能指与所指断裂，边界消失、意义消失。媒介生产完全变成一种能指生产，模式化生产，并经过机械复制和广泛传播，使现实与表征的界限变得日益模糊，一个"超真实"的世界通过媒体符号化的生产得以建构。更有甚者，由于媒介巨大的影响力，"人们会把这些虚拟符号等同于真实去接受，甚至认为它们比真实还要真，于是形成了超真实的幻境。"

四是"后现代传播"趋势的初步显现。在此阶段，我们可以看到后现代传播社会中的那些典型的特征。比如，传播的多元化，人们信息接收的个性化，"解构主义"诞生，"权威"似乎越来越被削弱。还有，就是我们今天经常提到的"碎片化"。人们的信息接收习惯，以及媒体自身的信息传播习惯，都展现了"后现代传播"的雏形。

（三）破局：数字移动时代的传播范式重构

媒体在历史上的数次变革中，曾经经历过无数的转型困局。数字移动时代到来之后，电子传播时代中，传统媒体转型时所遇到的那些困境，仿佛一下有了转机。但就像之前那样，数字移动时代，仍然有着媒介环境的巨变，传统媒体在把握契机的同时，仍然面临着不小的困难。

数字移动时代，有着完全不同以往的传播特征。延森曾经提到，数字媒体不仅具有复制先前所有交流媒介的特征，并且可以将所有，包括之前的面对面交往和以复制扩散为特征的大众媒介重新整合，并在一个统一的软硬件物理平台展开，从而拥有人际传播中互动与多元化的交流模式的复杂特征。[①] 简单地说，数字移动时代即是对以往所有传播范式的整合重构。文本、声音、图像、

---

① 克劳斯·布鲁恩·延森. 媒介融合：网络传播、大众传播和人际传播的三重维度[M]. 刘君，译. 上海：复旦大学出版社，2014：17.

影像、虚拟现实被与人类的视听、感官、思维深度融合，所有的符号与感官，都被纳入到了一个系统中来。从这个角度来讲，"媒介融合"是数字移动时代最前沿，也是最现实的媒体转型路径。正因为如此，便有了我们在之前所提到媒介融合时代传播新纪元中的种种传播特征，传统媒体转型的破局之道，便隐藏在这些被整合重构的传播范式中。

但即便如此，我们也不得不承认，虽然媒介融合是大趋势，但目前的所有融合实践，都仿佛摸着石头过河，很难形成一套令人信服的逻辑与常规。融媒体时代的媒体转型，有着广阔的空间与未来，需要在实践中一步一步摸索，直至建立融媒体信息生产与传播范式。从这一点来讲，融媒体时代的媒体转型，创新是第一生产力，我们的传统媒体，千万不能固守旧思路，或者只是"花拳绣腿"的假转型。在新的传播特征与知识体系下，创造出一套全新的传播范式体系，是目前业界和学界面临的最大挑战。

三、融媒体未来：一场想象力的伟大实践

目前而言，我国的媒介融合，已经从形式融合、内容融合升级至以体制机制融合为主要特征的媒介融合 3.0 时代。各种新型融媒体产品相继诞生，并取得了良好的传播效果。就融媒体未来发展的方向，学界、业界说法不一。以业界为例，2018 年，广电总局媒体融合发展司成立。在其指导下，北京、上海、辽宁、天津等多地均轰轰烈烈地拉开了媒体改革的序幕。比如，2018 年，中央广播电视总台成立，这是中国媒介融合历史上浓墨重彩的一笔。新的中央广播电视总台下设 25 个中心，包括融合发展中心、视听新媒体中心等全新传播机构。

媒介的深度融合，包括了内容、渠道、平台、经营、管理等多个方面。我们在之前曾提到，媒介融合，就像是一场创新的比拼，媒体在"摸着石头过河"中不断地进行尝试，所以，融媒体的未来，更像是一场以想象力为主的伟大实践，媒介融合的大势，已经不可阻挡。

我们尝试着从融媒体传播角度本身，来探寻融媒体未来的样子。如果说互联网的下半场特征是全数字化、全产业链、全运营化和全行为化，那么融媒体传播的下半场，应该是数字化传播、移动化传播、与智能化传播。

（一）融媒体的数字化：互联网思维的继续发展

什么是数字化？就这一概念，似乎一直都没有一个很好的界定。党的十九大报告中，首次出现了"数字经济"这个词，数字化的概念被不断地提及。如果究其本源，我们可以发现，数字化其实是一个技术层面的词语，即将信息变

成各种数字信号、编码,通过计算机进行处理。其更高的阶段,是信息的数据化与智能化。所以,简单来讲,数字化的核心内涵,其实是用数据的精确性,来解决人类社会这个大系统中无限的不确定性。

在漫长的发展繁衍历史中,人类似乎一直在与生活的"不确定性"进行着长时间的对抗。在过去几千年里,每一个个体、族群、部落、企业、国家等都会面临着各种各样的挑战,如战争、冲突、灾害、竞争等。人们都面临着如何在不确定性的环境中进行决策,这些决策正确与否会导致事情的成败、得失、利弊、对错、好坏、优劣等结果,决策结果又会影响个体的幸福、部落的兴衰、企业的成长、国家的繁荣、历史的走向。在互联网出现之前,人类社会仿佛一个老成的机械系统。但随着传感器、互联网、大数据、物联网的诞生,整个人类社会,被卷进了一个网络终端,成为一个复杂的"万物皆媒"的网络化社会。所以,今天的媒体,需要借助全新的媒介技术,利用互联网思维,不断适应传播环境的快速变化,以对抗随时出现的各种不确定性。

互联网思维的根本即用户思维。就传播而言,即受众。未来的融媒体传播,"以人为本",满足受众传播需求是其第一要务。所以,现在很多传统媒体在转型过程中,花大力气搭建服务器,开发各种 APP,但却唯独忽略了对受众传播需求的了解,以致转型成了面子工程、政绩工程。

融媒体是互联网时代的产物,因此需要应用各种互联网新技术,这些技术应用包括三部分:一是支撑融媒体的技术接入,包括基于云计算的基础平台和连接各种应用平台;二是基于用户需求的内容生产和分布,如数字技术、推荐算法等;三是满足垂直领域和个性化需求的服务提供,如电商、支付等。这里面既要硬件建设,也要软件开发。

同时,融媒体的功能也不能仅仅停留在"新闻媒体"之上。融媒体不仅要做内容产品和服务产品,还要做关系产品,就也是说要花大力气做连接建立紧密的用户关系。只有连接用户才能有效传播,只有开启服务功能才能发挥喉舌功能。其实,这样的转型思维,在网络公司的实践中已经有过很好的验证,比如阿里巴巴打造的全生态服务平台,但就传统媒体而言,还有很长的路要走。

(二)融媒体的移动化:媒体产品的移动化升级

移动化是媒体产品升级的基本方向,这仿佛已经成为移动互联时代的媒体转型共识。但问题是,媒体应该如何做才能真正适应媒介环境的移动化趋势?目前,绝大多数媒体,都已经开始实施移动化战略,但多数仅仅局限于传统媒体内容的简单迁移,比如将电视中播放的专题节目,直接放到手机客户端中供受众观看,这样的升级模式,在融媒体时代已经无法满足用户的碎片化需求,显得有些食之无味，弃之可惜。融媒体时代的媒体产品升级，应该是一次系统化的媒体革命，包括媒体产品形式、媒体产品结构以及媒体产品思维等方面的全面革新。

以移动化媒体新闻产品为例，目前而言，大部分的传统媒体基于已有的内容创作优势，能够生产出出色的新闻作品。但将其迁移至新闻客户端后，媒体发现，自己所运营的移动传播产品，影响力远远不如同类产品。所以，大部分传统媒体的移动端，都处于入不敷出的状态。究其原因，我们可以发现，传统媒体在用户思维上，已经与成熟的互联网公司落下了一定的差距。比如，腾讯公司所经营的腾讯新闻客户端，以微信、QQ强大的用户基础为依托，保持着很强的竞争力，但是传统媒体的移动端呢？在卖点、用户关系黏性、与其他相关产品的关联方面，都有着很大的弱势。所以，未来的融媒体，已经不能是简单的形式上的融合，而是应该用新的移动化互联网思维来武装自己。

比如，未来的融媒体，在整合所有资源有，应该建立垂直化的产品思维。媒体传播，内容为王。但媒体在深耕传播内容的同时，与垂直内容的相关服务，社群运营等，也应该同时配套。再如，未来的融媒体，应该建立场景化的传播思维。"家居""开车""工作"等等，都是移动传播未来的可能切入点。既然要媒介融合，那么就应该是深度融合，媒体的多个分发平台，都应深度的建立联系，并参与到传播中来，而不是简单的只利用自己的客户端。

（三）融媒体的智能化：科技驱动传播革命

媒介技术似乎永远都是媒体发展的第一生产力。数据分析、人工智能、虚拟仿真、物联网等等，正在为媒体行业带来一场全新的革命，同时，也为媒介融合提供了前所未有的机遇。目前，科技驱动下的智能化趋势，已经悄然进入媒体信息传播的各个环节，比如《人民日报》的"中央厨房"、《浙江日报》的"媒立方"、封面新闻的"蜂巢"系统等媒体的融合平台的打造，都体现了利用数据分析进行选题策划和传播优化的智能化思维。集成了智能化信息采集和加工技术的机器化写作应用也在媒体快速推进。在未来，智能化将更加深层次的改善融媒体的传播环境与传播范式，进一步改善融媒体传播的未来环境。

比如，传感器的发明，为数据采集提供了完美的条件。无所不在的传感器，为媒体提供了全天候、多方位监测社会环境的必要条件。传感器并不是一个全新技术，但一旦将传感器应用至物联网，那么其爆发的能量将难以想象。谷歌公司目前正在与新闻媒体合作，致力于挖掘深度的新闻选题。比如，传感器传回的人体信号，在进行深度的信息挖掘之后，将为媒体判断人们的出行、健康、行为习惯等方面提供扎实的依据。这样的媒介生产手段，在我国已经有所尝试，未来新闻选题的发现、新闻关键要素的揭示、规律与趋势的判断等工作，都将会有数据采集技术的智能化应用。

再如，社交机器人采访，智能语音播报，多语言数据采集与实时翻译等，都是媒体内容生产智能化的体现。所以，有人笑谈称，当媒体真正实现智能化，那么必将有一部分媒体人将面临失业。这绝不是危言耸听，智能化环境下的融媒体传播，其媒体内部的角色分工，功能赋权等将会发生巨变。内容生产者由原来的自然人，变成了人与机器合作，甚至，机器会模仿人类的思维进行内容生产，人的角色赋权将越来越小。这种环境下的融媒体工作者，不仅仅要懂得内容生产之法，同时，也要熟悉内容运营之道，帮助智能化设备更好地进行内容分发与投放、用户维护、资源配置等工作。

智能化已成为传媒业的大势所趋，但媒体的智能化并不只是把技术当作一个噱头，而是需要将技术作为底层驱动力，在人机协同的新思维下探索新生产模式，其目标是使人与机器实现互补充与相互校正，以提升媒体内容生产的专业度。

第二节 融媒体发展对儿童成长的积极影响

媒介环境，从来都不只属于成年人。媒介技术发展至今，以往成年人对于信息"知识垄断"已经不复存在。我们发现，儿童对于媒介环境的适应，对于媒介的接触程度比我们想象的更加迅速，同时，有研究发现，儿童媒介使用的低龄化愈发明显，且与成年人产生了明显的"知识鸿沟"。尼尔·波兹曼在其著作《童年的消逝》中提到，"电视童年"的出现，让儿童与成人之间的信息等级差距迅速消亡，原因在于这种基于电子技术的媒介创新，让人们进入声像结合的信息爆炸时代。在没有"分级"的信息影响下，"儿童成人化"现象一方面暗示了成人世界"知识垄断"体系的崩塌，另一方面也说明媒介变革改变了儿童教育的本质。[①]

根据媒介对少年儿童群体产生影响的性质，相关论争可大致划分为"媒介有益论"和"媒介有害论"。"有害论"着眼于特定媒介内容可能对儿童造成的种种负面影响，例如暴力、色情对儿童的心理、情感和社会行为可能产生的种种不良后果。"有益论"则看重媒介技术带给儿童群体的种种好处，例如促进

---

① 尼尔·波兹曼. 童年的消逝 [M]. 章艳, 吴艳莛, 译. 北京：中信出版社, 2015.

学习、增进交往以及帮助社会化等。[①] 但无论是有益论还是有害论，儿童已经不可避免的，进入数字媒介的生存环境。融媒体时代，虽然关于儿童的媒介恐慌和社会焦虑仍然存在，但我们发现，新的媒介环境对于儿童的社会融入，社会适应等方面，都发挥着较为正面的作用。本节，我们将从正面的角度，对融媒体传播对儿童成长带来的积极影响作出探讨。

一、儿童成长：生理与心理的阶段性变化

就融媒体对于儿童成长的积极影响而言，目前还并未有成熟的研究成果出现，但我们可以从儿童成长的过程中看出端倪。根据目前学界的广泛认知来讲，儿童的成长过程大概分为四个阶段。每个阶段，儿童的成长需求，与成长特点都体现出很大的不同。

（一）乳儿期（0—1岁）

儿童成长的乳儿期，是指从出生到满1周岁以前的一段时期。这个阶段时间较短，但儿童成长速度快，发育旺盛。同时，儿童的大脑也在快速发展。

首先，身体方面，如果您已为人父母，那么您一定会感叹，乳儿期的儿童一定是其生长最快的一个阶段。哺乳期，婴儿不仅身体迅速长大，体重成倍增长，各项身体指标逐渐趋于正常，同时，人类特有的行为方式，也会逐一在乳儿期的儿童身上得以展现，我国自古便有"三翻六坐九爬爬"的说法，即指儿童在乳儿期的行为变化。一般来讲，儿童在此阶段，能够从躺卧状态，发展到两腿站立，并且学会独立行走。

同时，乳儿期的儿童从完全不懂语言、不会说话过渡到能运用语言进行最简单的交际等等。这一切都标志着婴儿从一个自然的、生物的个体向社会的实体迈出了第一步。他们在遗传的生物性的基础上形成着社会化的人性——社会性，逐渐适应着人类的社会生活。

（二）婴儿期（1—3岁）

相比于乳儿期，婴儿期的儿童身体发育有所减缓，但此时，儿童的各项器官、系统已经逐渐发育成熟。由于脑重已经可以达到人脑的75%，儿童的心理活动在此阶段得到了长足的发展。尤其是认知能力的发展。婴儿期的儿童，已经可以分辨基本颜色，能集中注意力、记忆儿歌及简短故事；情绪和个性的发展，易哭易笑，喜怒无常，对母依恋，一旦分离，则出现焦虑哭闹。所以，有专家指出，婴儿期是儿童成长过程中最重要的阶段。在此时，儿童的人格开

[①] 楚亚杰. 媒介技术与儿童观变迁［J］. 今日科苑. 2019（1）：75－82.

始形成，一些优秀的人格特质，便在此时埋下了种子。

（三）幼儿期（3—6岁）

在幼儿期，个体的生理不断地发展变化，身高、体重在增长，身体各部分的比例逐渐接近于成人，肌肉、骨骼越来越结实有力；更主要的是神经系统特别是大脑皮层的结构和功能不断成熟和发展。六七岁时脑重量接近成人水平。同时，言语发展很快，六岁时词汇量可达4000个；思维和想象能力也得到了发展，能重述故事内容，记住生字；情绪丰富，能意识到男女的不同。

最重要的，是在此阶段包括想象力在内的认知能力迅速发展。想象力是指人脑在已有表象的基础上，对这些表象加工改造，在头脑中创造出新形象的能力。儿童的想象力在幼儿期最为活跃，几乎贯穿在幼儿期的各种活动中。

（四）学龄期（6—12岁）

学龄期的儿童体格生长仍稳步增长，除生殖系统外其他器官的发育到本期末已接近成人水平。脑的形态已基本与成人相同，智能发育较前更成熟，控制、理解、分析、综合能力增强，是长知识、接受文化科学教育的重要时期。

同时，此阶段儿童的口头表达能力和对语言的理解能力增强；上课时能集中注意听讲，但常不持久；能通过联想掌握课文；思维由具体形象思维向抽象逻辑思维发展；个性和道德品质成长，能区别一般的是非善恶，作自我评价，心理个性趋向成熟。

二、融媒体在乳儿期：儿童社会化的第一步

儿童社会化（socialization of children）是指儿童获得基本运动技巧、语言能力、初步的生活自理能力和自我概念的过程。乳儿阶段的儿童，可塑性较强。虽然在此阶段，儿童的认知能力还并未完全形成，但儿童在此时经历了从母体环境转移到社会环境的变化过程，开始和周围的人或环境发生了一种最原始的交往。媒介环境对儿童的积极影响，便是从这里开始的。所以，我们将融媒体对乳儿期儿童的积极影响，称作儿童社会化的第一步。一般来讲，我们认为母亲在此阶段，扮演着最重要的角色。所以，在儿童塑造研究领域中，曾经有过"媒介对乳儿并无影响"的论断。但我们都能发现，即便是在乳儿期，儿童对于媒介的反应，也异于其他环境。比如，儿童对于音乐的倾听，对于视觉图像的注视，对于移动电子设备的热衷。

即使处于乳儿期的儿童，还无法完整的接收媒介信息，但是一般城市家庭中完善的媒介设备，其实已经为儿童搭建了成型的融媒体环境，同时随着媒介技术的发展，这样的环境会越来越完备。婴儿与社会交往的开端，是父母和媒

介环境同时进行的。在此阶段，儿童可以得知，除了与父母之间的亲密沟通，还可以倾听来自媒介的声音；除了现实中可以触碰的物品，还有媒介提供的虚拟的可动图像。

三、融媒体在婴儿期：认知与人格的塑型

度过了以"反射式"社交为主的乳儿期，儿童在婴儿期的智力水平与认知能力有了明显性的提高。根据皮亚杰的儿童认知发展阶段理论，儿童在婴儿期，正处于儿童认知发展的"前运算"阶段。这个阶段的儿童，开始学会用语言符号和象征符号来表达自己，同时，这些符号所蕴含的内涵，也不断内化。同时，儿童的学习能力也在不断增强，这些类似"模仿"的认知形成过程，开始在婴儿身上得到充分显现。皮亚杰在著作中曾经举例提到，有一次他带着不足3岁的女儿去看望朋友，正巧朋友家中也有一个1岁的小男孩。3天之后，皮亚杰惊奇地发现，他的女儿在不断模仿3天前看到的小男孩的动作，并以此为乐。这便是儿童在此阶段，用符号将外部事物内化的过程。小男孩的动作，在皮亚杰女儿的头脑中进行了再次建构，认为其实一种好玩的"游戏"。这便是此极端儿童智力产生的巨大进步。

（一）融媒体搭建的垂直化媒介环境助力儿童认知发展

学界在进行儿童认知研究时早已发现，媒体环境对儿童认知的形成有着巨大的帮助。同时，随着媒介融合的加速进行，现代家庭中的媒体终端越来越丰富，婴儿有更多的机会接触各类媒体。据调查，目前我国1-3岁儿童，每天接触"屏幕媒体"的时间已经达到50分钟左右，同时，这个数字仍在持续增长中。就儿童的认知发展而言，目前我们一般认为，媒体对儿童认知的最大作用，集中于儿童的注意分配、语言形成与"虚拟和现实"的认知当中。所以，我们就此三个角度，来探寻融媒体对于儿童认知发展的作用。

首先，儿童注意分配方面。儿童是否能够合理的分配自己的注意力，或者说儿童是否能在固定时间内形成"专注"的习惯，是所有父母均关心的问题。研究发现，不同年龄阶段的儿童，在媒介接触时形成的注意力分配习惯，体现出迥然不同的特征。1-3岁的儿童，其面对单一媒体信息时，专注度呈现先增后减的特征。1岁的儿童无法将注意力完全集中于媒介信息，但这样的现象在儿童2岁时，得到明显改善。2岁到3岁的阶段，儿童注意力增长又出现明显"断档"。究其原因，专家发现，婴儿阶段的儿童对于媒介内容的反应，与成年人呈现完全相反的情况。即成年人往往对新鲜的媒介信息兴趣十足，但婴儿对媒介信息的注意，受到婴儿对视频内容熟悉度的调节，与不熟悉的视频相

比，婴儿花费很多的时间观看熟悉的视频。所以，媒介呈现的信息处于儿童的理解水平之内时，儿童会予以更多的注意力。正因为如此，越来越多的父母尝试用媒介信息来影响儿童的注意力分配，但目前的媒介信息鱼龙混杂，父母很难挑选合适的内容来供儿童接触。比如，在父母眼中，《天线宝宝》和《狮子王》均是儿童可以接触的动画作品，但研究发现，儿童对于《天线宝宝》可以很快地介入，但对于《狮子王》却很难保持注意力集中。原因在于对于儿童来讲，《狮子王》是更难以理解的一方。婴儿的媒介接触，迫切地需要垂直化的媒体产品。

可以预想的是，融媒体传播可以完美的解决这一点。首先，适合儿童注意力分配的媒介内容，可以在不同时段、不同场景出现在不同类型的媒介上，并以不同的信息类型呈现。同时，针对不同阶段的儿童认知，垂直化的产品体系会提供不同的媒介产品，用完善的内容体系来影响儿童的认知形成。这在之前的单一媒体环境下是完全做不到的。

除婴儿注意力调整之外，融媒体为婴儿期儿童带来的最大帮助即语言发展方面。相信所有父母，在培养孩子语言能力方面都格外注意，尤其是在语言发展最快的婴儿时期。部分研究者在考察婴儿语言发展与媒体接触的研究中发现，婴儿的语言发展受到媒体内容的巨大影响。一方面，婴儿语言的发展，伴随所接触媒介内容的不同，展现出不同的特征。另一方面，不同阶段的婴儿，从媒介中所学到的语言内容也不尽相同。比如，1—2岁的婴儿，通过认知反应，可以学习理解媒介语言传达出的内容并将其内化，而2—3岁的婴儿，可以通过媒介学习部分语法知识。在此过程中，婴儿的语言表达能力和叙述能力均会得到显著提高。

在此过程中，融媒体传播即可为婴儿创造一个完整的全媒体语言学习环境。语言配合文字，科学完整的语言学习内容配以各种传播媒介的辅助，会帮助婴儿更快的理解语言符号，同时锻炼其语言表达与接受能力。目前，市场上已经出现了部分此类早教产品，而这些早教产品，已经展现了融媒体传播的雏形。这些产品大多以绘本、画报、玩具、影像作品为配合，同时给婴儿与父母进行亲子活动的条件，让父母和孩子同时深度参与到语言的学习中去。

另外，融媒体传播带来的深度传播环境，可以帮助婴儿更好的理解虚拟与现实的关系。"媒介依赖"为儿童带来的生理与心理方面的伤害，有可能通过此途径得到解决。融媒体带来的智能化、科技化产品，也会为父母更好地了解孩子，陪伴孩子提供帮助。甚至，未来的融媒体产品可以通过人工智能主动模仿婴儿的思维，来为父母提供婴儿的生理与心理信号。据俄罗斯《消息报》报道，俄科学院精密机械与计算技术研究所在"智能"股份公司的参与下，对一台自主学习机器人进行了试验。该机器人的自主学习程序采用了人类婴儿认知世界的算法，其人工神经模型符合生物神经的特点。这款机器人可以自主学习如何绕开障碍物、识别图形和理解语言。该机器人的控制系统建立在俄罗斯控制论专家亚历山大·日丹诺夫开发的原则上，能让自学图形识别、情绪建模、寻找和积累知识、采纳决定等复杂任务的解决过程协调开展。

图 6-4 某早教产品介绍

（二）人格形成——父母之外的融媒体导师

伴随着认知的发展，儿童之人格也在婴儿时期逐渐形成。在这个阶段，儿童逐渐具有了自我意识，希望事情按照自己的意愿进行，同时，其自主性和独立性也在不断增强。人格的形成，是婴儿时期除认知发展以外的另一重要话题，稍有偏差，儿童的人格便会出现不利于成长的偏差。

研究证明，影响儿童人格形成的最大因素是父母。父母的恰当行为、合适言论，能在儿童积极人格发展方面发挥重要的作用。但父母却不是万能的，一是因为父母不可能一直陪伴在孩子身边，二是父母自身的不良行为及不恰当言论，同样会对儿童带来负面影响。所以，我们将融媒体环境称为是父母之外，影响儿童人格形成的第二导师，通过媒介环境带来的各种信息，帮助孩子获取有利于自己的积极人格特质。

比如，儿童人格形成的第一要点是形成安全性依赖感。科学研究证明，家长的恰当行为能帮助孩子建立和维持安全性依赖。首先，家长必须在孩子身边，能在孩子需要的时候给予及时的回应，创造一个能给孩子带来快乐、兴趣和探索欲望的环境。其次，家长成为孩子的安全保证，用表情、语言、手势告诉孩子什么能做，什么不能做。第三，站在孩子的角度，尊重孩子的愿望和行为。只有这样孩子才愿意听从父母的指导，家长的话才能最大限度地发挥作用。第四，随着孩子独立性的增强，调节支持和引导的力度。这些本应由父母全部完成的行为，在父母不在孩子身边时，都可能由融媒体传播环境来替代完成。比如，智能机器设备可以通过识别孩子的语音动作，予以其正确的回应。全方位的媒体信息，也可以为孩子提供适合其学习的表情、语言、动作。儿童的安全性依赖感形成当然主要要依靠父母，但融媒体传播环境，确实能为其提供一个很好的补充支撑。

另外，融媒体搭建的深度传播环境，可以让儿童直接获得"全体验"式的人格教育，多元化的信息潜移默化的存在于儿童身边的所有生活环境中，对其不断造成影响，同时，也会影响孩子的父母，形成一个良性循环。目前，一些儿童教育机构，已经开始利用融媒体，打造儿童人格教育的融合内容。如某早教机构大胆运用新技术、新机制、新模式，加快融合发展步伐，更加注重内容的原创性、系统性、实用性，实现宣传效果的最大化和最优化。其推出的儿童人格教育融合传播资源，面向幼师、园长、幼儿、家长、社会推出不同层级，锁定游戏化、肌动律动、生活化、根性几个主题模块。相关内容借力优酷、搜狐视频、腾讯视频、爱奇艺等视频平台，借助微信号、搜狐号、百家号、今日头条等自媒体平台，以全方位的方式传播至儿童和家长，取得了良好的效果。

对于少数人格发展出现问题的儿童，融媒体同样可以为其改善心理状况，重塑人格发挥作用。如新华网融媒体未来研究院院长、资深传媒人杨溟，以生物传感技术为核心，从情绪识别、情感计算、交互与唤醒的关系等角度，提到了"科技＋艺术＋传媒"对自闭倾向儿童成长可以起到的影响。这便是在未来，深度融合的媒体环境对于儿童人格的强效干预。以儿童自闭症为例，当儿童有自闭倾向时，早期发现并实施有效干预非常重要。生物传感技术在这方面的科研可以发挥很多作用。比如我们可以通过被测者的皮肤电反应了解其交感和副交感神经受到刺激后的生理反应，看他的脑唤醒和警觉水平，分析其感知与认知能力及触发点之间的逻辑关系，并且在实施干预的过程中精准测知效果。这样的定量生理指标研究应用于儿童自闭行为与自闭症领域还是非常前沿的，涉及多个学科、不同专业，比如脑科学、认知心理学、医学、无线通信、计算机等。

四、融媒体在幼儿期：逻辑与想象的创造

现代研究早已得出结论，儿童智能开发的水平与三个方面的特性发展存在

直接联系,即:逻辑思维能力、口语书面表达能力和创造性思维,即想象力。我们在前面,已经讨论过儿童口语书面表达能力的培养。而进入幼儿期,逻辑思维能力和想象力的创造成了这个阶段最重要的话题。

(一)融媒体在逻辑思维启蒙和形成方面发挥重要作用

多数父母会选择在 3 岁左右,为孩子带来最早的启蒙教育。3 岁也是儿童最适合锻炼逻辑思维能力的起点阶段。目前,多数父母会选择利用积木、拼图、图形等小玩具,让孩子在娱乐中获得逻辑思维。这些简单的游戏,确实能够达到一定的教学效果,但长期以来,由于科学性的缺乏,儿童逻辑思维的启蒙其实受到了很大的影响。大多父母无法正确把握儿童逻辑成长的合理阶段,也无法选择合适的逻辑教育方式。

儿童逻辑是每个人逻辑发展的必经阶段,由于不科学的逻辑启蒙带来的负面作用,部分儿童的逻辑发展受到影响,甚至出现悲剧。如 2013 年 10 月 18 日,《新闻晚报》刊登了一则新闻,某父母因为望子成龙,在孩子 2 岁时,就开始对其进行双语教学,甚至强行讲解一些语法内容。但一年后,该儿童突然无法说话,四方求医也无法恢复。最终经过心理医生的治疗,语言功能才有所恢复,但仍处于一个比较低级的阶段。

根据皮亚杰的儿童逻辑成长理论,儿童的逻辑形成并且成人化大体分为四个阶段,分别是"自我独白""集体独白""适应性告知"以及"批评性语言"。[1] 这四个阶段使得儿童从婴儿时期的"混沌逻辑",成长至成人化的"成人逻辑"。在这四个重要的时期当中,儿童的逻辑思维随时有可能发生变化,并且受到身边环境的极大影响。

首先,在第一个"自我独白"阶段,儿童沉溺于形式模仿,无法注意到内容,更不要谈理解内容了。所以,我们可以看到,在这个阶段,"模仿"便成了儿童逻辑形成的最大方式。此时,融媒体带来的全媒体环境,将为儿童提供全方位的模仿对象。目前,利用融媒体搭建儿童成长环境已经实现应用。比如,山东已经建成了融媒体体验中心,能够利用融媒体环境让孩子体验 3D、环绕立体画面、虚拟仿真等信息效果。而这些,在万物皆媒的融媒体时代,完全有可能在家中变为现实。儿童在融媒体媒介环境中,可以对正确的行为方式进行深度的模仿,从而帮助其形成正确的逻辑与认知。

在"集体独白"与"适应性告知"阶段,儿童经历的,是由无逻辑的自言自语至"做一个合格的倾听者"的阶段。可以看到,在这个阶段,儿童逻辑形

---

[1] 让·皮亚杰.儿童的语言与思维[M].傅统先,译.北京:文化教育出版社,1980.

成的标志便是语言的"逻辑化"。此时,融媒体为儿童语言发展提供的首先是新媒体化的语言文化生态。学术界早已证实,新媒体语言文化生态可以极大丰富语言习得资源内容,音频视频图像等不同形式的资源呈现了语言、文化、自然环境要素的方方面面。数字化技术为儿童习得提供了自由灵活的语言习得时间和空间,有利于儿童找到实践共同体或实践伙伴,在社区化的语言生态中开展语言学习与实践活动。[①] 其次,融媒体还可以为这个阶段的儿童提供"情境创设"式的语言成长环境。有学者认为,儿童语言形成,应该在轻松愉快、趣味性、直观性、活动性、接地气的环境中进行。而由于儿童对环境的敏感性,融媒体带来的成长情境对于儿童语言形成,便具有潜移默化的功效。家长可以通过利用融媒体创设的个性化情境,可以更好地调动孩子的兴趣和好奇心,引发儿童主动学习的意愿,从而使得语言学习与形成的过程更加高效。

(二) 儿童想象力发展的助推器

人类的历史是创造的历史,而创造的历史就是想象力发展的过程。有人称,21世纪是想象力的时代,在这个时代,我们的想象力,是社会发展的第一创造力。

幼儿期是儿童想象力迅速形成和发展的重要时期。这个时期的儿童求知欲旺盛,模仿力十足,是早期教育中培养儿童创造性想象的最佳时期。

幼儿时期的儿童,已经有了创造想象的萌芽,此时,创造想象过多依赖于儿童对身边环境的认知。所以,融媒体环境为儿童提供的各种媒介情境与信息,便为儿童在此时获得正确的想象思维创造了条件。首先,由于时间或空间的限制,某些真实的情境,儿童是不能亲身体验的。此时,可以通过融媒体环境呈现全方位的有关真实情境的各类媒介信息,创造一种情境与气氛,从而有效地激发儿童的兴趣,充分调动其思维活动和情感体验。另外,生活中的很多现象是儿童无法感知或不易观察到的,获得感性的材料就存在着困难。融媒体环境对于信息的重新加工处理,显示与再现,模拟、仿真、动画等技术的应用,使一些普通条件下无法实现或无法观察到的过程与现象生动而形象地显示出来。使抽象的事物形象化,把整体构成的事物分解,使很多只能意会不可言传的东西具体化,帮助儿童建立清晰的视觉表象。

另外,根据认知科学的研究成果,表象系统与言语系统既相互独立,又相互联结,图像的形式形成了记忆表象。利用融媒体手段,我们可以将图像和语言文本有效的整合,图、文、声、像等各种传播要素融为一体,扩展了我们用

---

① 汤红娟. 新媒体语言文化生态下儿童外语习得效度实证研究[J]. 外国语文. 2019(4):78-83.

视觉模式呈现信息的具体途径，具有形象生动、信息刺激性强、时空宽广等特点。这种引人入胜的动态图画，伴随着深情的朗诵与动人的音乐，声图并茂，使得思维的加工材料大大拓展，加工方法也更加科学，充分调动了幼儿视、听、说多种感官，促进儿童的理解，有利于表象的稳定，从而更有效的开发幼儿的大脑发育。

五、融媒体在学龄期：理智与道德的形成

学龄期儿童，社交网络逐渐扩大。一些与学习、同学、教师有关的社会情感越来越占主导地位。如理智感、荣誉感、友谊感、责任感等都有了一定的发展。此时儿童的情感正处于过渡期，从外露的、易激动的表现，向内向化、稳定的表现发展。小学生的道德品质有一定年龄特点。如从对道德概念的认识来看，是从直观的、具体的、比较肤浅的认识逐步过渡到较抽象的、本质的认识。

这个时期的儿童，在理智与道德发展方面主要呈现三种特点。一，逐步形成自觉地运用道德认知来评价和调节道德行为的能力；二，道德言行从比较协调到逐步分化；三，自觉纪律的形成和发展占有相当显著的地位。总之，学龄期儿童的理智道德水平是从习俗水平向原则水平过渡，从依附性向自觉性过渡，从外部监督向自我监督过渡，从服从型向习惯型过渡。从这个意义来讲，学龄期儿童品德发展是过渡性的品德，这个时期，儿童品德的发展较为稳定，显示出协调性的基本特点，冲突性和动荡性较少。

学龄期儿童理智与道德品质的发展是在教育的影响下，在实践活动中，通过理智意识和道德行为不断矛盾统一的过程而逐步发展起来的。这时候儿童的行为受到道德的约束，开始变得理智，儿童的道德判断从受外部情景的制约，逐步过渡到受内心道德原则、道德信念的制约。此时儿童的内心体验，就像一个三棱镜，起着"中介"和"折射"的作用。只有儿童内心建立起对道德感和理智感的正确认识，环境的影响和教育才能对儿童的心理品质发展起到作用。所以，在儿童时期就开始重视孩子良好道德品质的培养是十分重要的，无论对于儿童的集体生活还是课业学习，都会产生积极的意义。

基于此我们可以发现，儿童理智与道德的形成，极其容易受到外部环境的影响与制约。那么，除了家庭环境、学校环境之外，我们在此讨论的媒介环境，对儿童的理智道德形成是否存在影响？就此，社会化理论从宏观角度肯定了儿童的媒介接触对其道德发展的作用。社会化理论认为，在现代社会里，大众媒介的影响，与家庭、学校和同龄群体的影响一样，是影响儿童社会化的重

要因素，在个人获得个性和学习社会或群体习惯的过程中，大众媒介参与了对个体思想和行为的塑造。在社会学家们看来，大众媒介对于社会化的意义首先是通过电视、书籍、报纸等媒介内容的表现，为儿童提供了一幅现实生活的图画，帮助儿童构筑成一个"现实"和"完整"的世界，其次，大众媒介为儿童提供了一种社会规范或规则，儿童从中观察、感受和学习到共同信仰、传统生活方式、语言、道德生活规则等等，从而明确了社会规范、角色和等级的利害关系，理解了自己的地位和应遵循的行为准则，在大众媒介的影响下，儿童逐渐建立了关于现实世界的概念和信仰。所以，我们可以从两个角度，即媒介对儿童现实生活的塑造以及媒介社会规则的提供，来探讨融媒体对儿童理智与道德形成带来的积极影响。

（一）儿童媒介生活的构筑：融媒体带来的现实生活塑造

美国大众传播学者雪莉·贝吉尔说："你最后一次整天都没有接触媒介是什么时候？从早上你起床那一刻起，一直到你晚上睡觉的时候，媒介就等着和你做个伴儿。"这句话揭示了现代人的"媒介生活状态"。我们每个人，无时无刻不在受媒介影响，一个人如果脱离了媒介环境，那么就意味着慌乱、迷茫，甚至无法生存。这种现状，绝对不仅仅是成年人独有的现象，婴幼儿的生活，同样不例外。尼尔·波兹曼在《童年的消失》中，就描绘了儿童在媒介环境中的种种心理与行为现象。很多人可能认为，由于婴幼儿的各项身体与心理机能均处于一个初步的发展阶段，所以对媒介信息的接受力不强，可能会脱离媒介信息对其造成的影响。但科学研究证明，婴幼儿在2个月的时候，就具备了揣摩抚养者心理的能力，即社会性的微笑。媒介融合时代，各种媒介渠道共同组成了一个广泛传播的媒介环境，从而对婴幼儿的社会性发展产生了独特的影响，进而影响到孩子的道德意识。

融媒体为儿童提供的，主要是复杂、多元化的现实社会的媒介表征。[①] 这种环境，能够在很大程度上帮助儿童理解现实社会，同时更好的理解道德。一般来讲，传统的儿童成长环境主要局限在学校、家庭和社区中。不得不说，这样的环境在某种程度上能够帮助儿童成长，但我们可以看到，家庭和学校的环境类似于一种经过成人选择的"拟态环境"，不同的父母，不同的学校，不同的教育理念，带来的是不同的成长环境。但融媒体传播打破了这种场景限制。融媒体环境下，即时、海量、智能化的信息，可以随时随地传递给儿童。所

---

① 石建伟.新媒体背景下儿童的道德环境—媒介环境学派的视角[J].教育理论与实践.2017（4）：43—47.

以，儿童对于现实社会的认知，在这样的环境下，已经超越了时间和空间的物理限制，超越了他们的生活圈子，所涉及的范畴，可能远远的超出我们的想象。传统的学校与家长，从本能上，很难去触及一些所谓的敏感话题，我们对于儿童道德的培养，基本上局限于"我在马路边，捡到一分钱""人之初，性本善""世上只有妈妈好"等，但在融媒体环境中，儿童可以基础到性、暴力、毒品等内容，同时了解到其负面性。这样，儿童在生活中接触到这些事务时，便不至于手足无措，甚至深陷其中。融媒体传播赋予信息表达的直观性，使得原本的道德教条变得更具形象性，增强了儿童对道德内容的感知。

但我们必须了解到的是，虽然融媒体环境可以使儿童对于社会的了解更加深入，但媒介环境带来的教育并不是全部。曾经有学者断言，数字化的互联网交流将人们重新带回了"口语传播时代"，人们在交流中被虚拟化，交流的内容无须真实。同时，人与人之间已经由原来的直接利益关系与情感联系，转变成为新型的信息关系。所以，融媒体传播环境下，各种新型媒介手段极具玩具特色的魅力，会吸引着儿童对其爱不释手，从而使儿童对现实生活缺少过问。因此，儿童更容易被新媒介形态所迷惑，信息本身所表达的情感意义却被忽略了。另外，新型媒介形态因其时间上的优越性能够以最快的速度向人们传递信息，而长时间、反复地对某一类事件的接触也容易造成对该事件情感上的麻木。这些，都会对儿童的道德形成产生一定的负面作用。

（二）融媒体环境提供的社会规则

王国华曾经在论述中描述了"互联网的规则"。网络区分于其他传媒的根本就是在于它所表现的规则。无论人们在网络上聊天、游戏、找资源、看电影、作动画、听音乐等等，都遵循着网络特有的规则；都是互动的、自愿的、非中心的，多选择的。许多平民百姓在互联网的规则中找到了自我，找到了自尊，找到了自我实现的广阔天地。互联网对于知识的吸收与传播，都有别于传统的媒介。互联网络的容量大、覆盖面广、可检索、可保存以及它的交互性等，都因为它的特殊规则所致。[①] 这个论断，我们可以将其延续至融媒体的研究当中。在融媒体时代提供的媒体环境中，也展现出了相应的规则，而这个规则，即是对社会规则的普遍反映。

儿童的年龄特点，决定了其对于社会规则的学习是与"娱乐"无法分开的。这个时候，融媒体环境提供的"情景化"的场景对于儿童会产生极大的吸引力。儿童期间，身体、心理、情感等均会快速发展，儿童对于媒介的深度依

---

① 王国华．从社会规则到网络规则 [J]．网络传播．2005（8）：12－13．

赖，使得媒介可以在儿童规则意识的形成培养中，将儿童的规则学习与培养融入至媒介环境的全方位信息提供中，以帮助儿童了解规则，巩固规则。

如：融媒体的传播环境，可以为儿童提供"公共汽车"的情景再现，幼儿扮成年龄、身份不同的乘客，在有情景的社会性游戏中，幼儿模仿生活中人们的语言、行动，体验人们对周围事物的感受，实践着社会所要求的行为规则，幼儿在反复的游戏中了解了乘车的规则与礼仪，并逐渐会把社会的规则要求变成自己的主动行为，进而迁移到生活当中去。区角游戏中，利用环境暗示法，让环境说话，让环境的设置告诉幼儿参与这个游戏应遵守的规则，如用插卡标志，限定游戏人数；用安静图标，告诉大家要安静等，这种环境暗示没有任何的强制、命令和压抑，可以帮助幼儿在轻松愉快的氛围中接受教育。

同时，在接触媒介体验规则时，家长应该遵循一些实用的指导方针，例如：

家长应该遵循一些实用的指导方针，例如：

思考自己的媒介使用习惯，因为孩子会学习和模仿父母的行为；

设定每日"无电子设备时间"；

积极乐观，不要对孩子使用电子设备频繁指责；

"融入孩子的生活"，和孩子一起看他们喜欢的节目，玩他们喜欢的游戏，向孩子提问，和他们讨论分享，加入他们的社交网络；

把媒介世界与现实世界联系起来，正面新闻和负面信息都和孩子分享。

著名教育家叶圣陶曾经说过："教育是什么？往简单方面说只需一句话，就是培养良好的习惯。"而良好的行为习惯建立在良好的规则意识和执行规则的能力上。《幼儿园教育指导纲要》社会领域就明确指出：要在共同的生活和活动中，帮助幼儿理解行为规则的必要性，学习遵守规则；对幼儿进行规则意识的培养，帮助他们形成规则意识，也是培养健全人格、适应社会需要的人才的必要环节。融媒体在这个环节中，可以为父母提供最有效的辅助手段。

第三节　融媒体发展趋势及在儿童成长领域的应用与展望

关于融媒体的发展趋势，我们在前文中已经有所论述。融媒体的未来，是一场想象力的伟大实践。中共中央政治局就全媒体时代和媒体融合发展举行第十二次集体学习时，习近平总书记强调："全媒体不断发展，出现了全程媒体、全息媒体、全员媒体、全效媒体，信息无处不在、无所不及、无人不用，导致舆论生态、媒体格局、传播方式发生深刻变化，新闻舆论工作面临新的挑战。"这段重要论述，深刻揭示了媒体发展的本质内涵，要求我们针对媒体发展变化的实际，要因势而谋、应势而动、顺势而为，加快推动媒体融合发展。

全媒体，即全程媒体、全息媒体、全员媒体和全效媒体，这"四全"是对全媒体分别在四个维度上的阐释。全程媒体，指的是媒体在播报一个事件消息的过程当中，从事件的开端到最终的结果，媒体都对其进行跟进，使得事件的每一步进展消息都能即时对公众进行发布；全息媒体，指信息传播的形式不再拘泥于简单的图文，AR、H5、音视频等新鲜形式更能为受众带来全新的体验，能够对新闻信息进行立体的展现，并且在当今人工智能技术、云技术等新型技术手段的支持下，"万物皆可为媒介"的发展趋势随之愈加明显；全员媒体即在信息传播渠道十分便捷的环境下，人人都可以成为信息的传播者和接收者，人人都持有对事件的话语权；全效媒体指的是媒体的分众化特征愈发明显，能够更加精准、更加高效地将传播分类，这不同于以往的新闻传播过程，以往一则新闻传播出去，并不明晰受众群体到底集中在哪里，也不了解传播的效果如何，更不知道受众接收到信息之后的反馈都有哪些。"四全"媒体是我们国家大力推进传统媒体和新媒体进行无缝隙融合的实践产物，是媒体融合的必然发展趋势，也是将媒体融合战略不断向纵深推进的必经之路。[①]

儿童成长，是目前国家层面的重要话题。我们可以预见的是，未来的融媒体，将在儿童成长领域的方方面面得以应用，为儿童成长助力。

一、应用之一：垂直式的儿童媒介产品

媒介融合的大背景下，少儿媒体，儿童媒介生产商，儿童内容运营商等，均已经开始进行新形势下的儿童媒介产品生产实践。未来，儿童媒介生产所有环节、所有参与者的深度融合，将为儿童提供垂直式的媒介产品，以供其在成长过程中的各个阶段来接受。

首先，未来的儿童媒介产品，应该是多主题，多媒介形态的。无论是传统的电视广播，纸质媒介，还是新媒体，移动互联，均能够作为媒介产品的传输渠道。比如，原本集中于纸质传输渠道的儿童图书领域，已经开始走上媒介融合之路。新世纪出版社推出的童书《多米阳光成长记》便希望通过媒介融合的思路打造童书 IP。不仅可以通过纸质书刊阅读，还可以通过互联网点播，通过移动终端观看视频，甚至可以通过广播收听该作品的广播剧。该书作者肖云峰说："在创作中，借助人物的外化行为将动作、对白和心理进行融合。这样

---

① 王绍忠、谢文博．"四全"媒体是媒体融合发展的必然趋势［EB/OL］．http：//theory.people.com.cn/n1/2019/0401/c40531−31005870.html.

的创作手法为之后广播剧、舞台剧、影视剧的改编提供了更畅通的路径。"

另外,新媒介技术的介入,可以不断增强儿童媒介产品的"可接受性"。这其中,VR、AR等虚拟现实技术成了业内研究的重点。未来的虚拟现实应用让少儿媒介产品除了文字、图片,还包含音频、视频、动画、互动、游戏等多种元素,给儿童提供全新、全方位的立体感官享受。未来的媒介产品将不断优化,成为儿童接触文字、故事的第一课,甚至成为儿童接触图片、声音、影像的第一媒介。

如阿尔伯特怀特曼出版社推出的《篷车少年》,儿童拿起装有该应用的手机或者平板电脑扫描图书的封面或内页,书页上的文字、单词等便会活泼、逼真地动起来,场景相当魔幻。美国奥林公司在《小美人鱼》一书中则在AR技术基础上应用了按压感应功能,通过AR软件识别后,可以在终端屏幕画面上进行滑动,这时候水纹和鱼群就回跟着流动,甚至能听到逼真的水流声,这对海底世界的描述相当生动,是纸书所不能达到的效果。涂色类的少儿读物在AR技术的有力支持下更为立体、更为鲜活,锻炼少儿涂、画技能的同时,进一步培养了他们的审美和认知。如海豚出版社推出的《AR涂涂乐》、浙江少年儿童出版社推出的《AR涂色乐园》、黑龙江少年儿童出版社推出的《大吉AR欢乐涂》等等,这些AR涂色书通过AR技术+3D动画,让涂色的作品有了生命,让儿童充分感受到色彩世界的奇妙与丰富。

二、应用之二:立体化的儿童教育环境

目前,移动智能媒体形态发展的影响下,儿童教育的用户受众群体——父母和儿童的内容使用习惯已经发生了显著的迁移和变化,移动终端在线观看、跨屏观看成为可能,获取内容的方式整体向移动互联网倾斜。在这个背景下,我国的儿童教育从业者早已提出了"儿童教育生态环境"的说法。

从儿童教育产品来看,融媒体时代的儿童教育,不仅将内容生产平台、童书出版、儿童医疗、玩具行业等打破"边界"融合到一起,实现跨领域合作。同时打破原有媒体传播的常规形式,全面通过电视台、视频平台、音频平台、直播平台、出版行业、图文杂志以及线下渠道等在内的传播渠道资源,实现全媒体生态传播合作。同时,融媒体时代智能科学技术与儿童教育的深度融合,将为儿童提供更好的教育环境。其中,"智能学校""智能幼儿园"便是代表。比如,结合融合理念,北京博凯幼儿园开设了国内首创具有国际先进水平的婴幼儿发展关键期全素质开发课程,如"婴幼儿关键观念养成课程""婴幼儿记忆层次建构课程""婴幼儿思维拓展课程""婴幼儿认知策略生成课程""婴幼

儿悟性诱导与培养"课程、"婴幼儿社会化与品德养成课程""婴幼儿情绪智力诱导课程""婴幼儿手脑协同开发课程",尤其是博凯幼儿园对幼儿关键观念、悟性及认知策略的研究和培养课程的设置,开创了中国幼儿教育全新的教学目标与教学内容的设置模式。

三、应用之三:全景化的科学与艺术体验

我们似乎一直都低估了儿童的科学素养与艺术创造力。但科学研究早已证明,儿童对于科学与艺术,有着天然的敏感性。甚至有人说:"儿童从出生便是科学家与艺术家"。科学和艺术,似乎一直有着密不可分的关系。向儿童普及科学素养和艺术创造力,可以让儿童在学习与实践中学会形象感知和形象思维,并在对美的感知、感受中形成完善的人格,进而有更好的比较、判断、联想和创造的能力,更强的表达、表现能力。

对于儿童来讲,科技与艺术最好的方式,莫过于亲身触碰。所以,融媒体时代,日新月异的科技,不断给人类社会的各个方面带来深刻变革。比如,新技术、复合材料可以成为艺术创作的媒介,艺术家把声、光、电、计算机代码、算法、数据、互联网当作他们的画笔和颜料,创造出前所未有的艺术形式。

借助科技手段,科学和艺术不再局限于静态的、视觉的呈现,而是提供更多样化、更具沉浸感和交互乐趣的观赏体验,调动参观者的多种感官,从而大大扩展了人类的感知经验。交互性是其最鲜明的特点,它打破了传统的体验观赏方式,让观众不再只能被动地体验,而是主动参与,通过真实的触碰和互动,获得体验和感悟。

目前,国际社会已经有不少机构开始从事这项研究,比如日本的新媒体艺术团体 TeamLab,一直致力于在时尚的新媒体体验中探索科技的美感,利用新媒体技术设计互动式艺术作品,以模糊科学与艺术的界限。他们的作品目前已经在全球各地进行体验式展览。如儿童交互产品《玩吧!天才工程师》,让孩子们可以一边玩一边学习程序设计,用自己创造出来的程序,让画动起来。首先,孩子们可以在纸张上自由地描绘"人"物(包括男孩、女孩),然后他们通过平板电脑编辑程序。这么一来,画好的纸张就被赋予了生命,纸上的"人"儿在眼前这片巨大的草原中行走。行走着的"人"还可以和其他小朋友画的"人"进行交流。当孩子触摸手绘"人"物时,这些五彩缤纷的"人"则会作出惊吓的动作,或是做其他各式各样的反应。这个产品的程序是由各种简单的组合块构造而成,所以对于小孩子来说,简单易操作,他们可以在玩的同时,学习程序设计。

但由于媒介融合理念的不够深入,目前,儿童体验式感知的应用在我国仍然体现出产品形式单一、互动性不强、对儿童细分不明确等特点。未来,从业者们应该沿着媒介融合的大理念、大背景,根据不同年龄阶段儿童的身心发展特点需要,有针对性、有目的性地去设计出符合不同阶段儿童发展需要的产品。

四、应用之四:特殊儿童的教育与庇护

与正常儿童相比,特殊儿童的教育与庇护似乎更需要我们投入更多的耐心与创新性。大部分的特殊儿童,在日常生活中往往处在一个相对封闭、狭小的空间里,没有正常的同龄玩伴,缺少对话和交流。他们性格内向、退缩、不合群,社会适应能力、交往能力弱,缺乏自信心。在研究实践的过程中,人们逐渐发现,"融合教育"是对特殊儿童进行全面教育的良好方式,其中,最重要的方式便是"媒介干预"。在此其中,融媒体传播为特殊儿童对教育带来的媒介干预,包括社会故事、同伴媒介干预、视频榜样等等。

比如,近几年视频榜样的干预策略开始被研究者重新关注。视频榜样策略是将要培养的目标行为过程录制成视频供自闭症儿童反复观看、模仿学习,从而获得目标行为的干预方法。目标行为过程可由成人、伙伴进行表演,也可拍摄自闭症儿童自身的正确目标行为。视频榜样策略发挥了特殊儿童的视觉优势,又能供特殊儿童反复进行模仿学习,对减少特殊儿童的问题行为、提高社交能力都具有重要的作用。此外,视频榜样的干预策略强调特殊儿童通过视频进行自主学习的能力,其干预效果具有较好的延迟性,且能较好地泛化到不同社交情境中。这种典型的媒介干预方式,在融媒体时代可以得到有效的提升。首先是媒介干预形态的多样化,除视频之外,文字、声音、虚拟现实等多种媒介形态,均可被融入到干预场景中来;同时,融媒体环境可以为特殊儿童搭建全方位的"榜样情景",使其在日常生活中得到不间断的,无差别的榜样信息,从而提升自己的社交能力,增强治疗与教育效果。

实践证明,简单的物理环境融合并不能满足特殊儿童社会化的需求,融合教育的关键在于对普通学校对特殊儿童的了解程度和接纳水平以及所能提供的满足特殊需求的支持性措施。对于特殊儿童而言,结构化的媒介环境、区别性的课程设置、视觉线索教学策略、良好的接纳氛围等特殊教学策略是满足其特殊需求的基本条件,需要所在的教育环境尽量满足。由于每个特殊儿童都有自身的特殊需求,其教育目标也各不相同,这些,都需要我们的教育工作者投入思考,同时,也需要融媒体在其中发挥更加强效的作用。

后 记

今天的孩童藉以数字终端接收器的屏幕，进入了网络五彩斑斓的世界中，他们密切注视着这里面的一切，观察着，根据自己的天性特质，探索着，不知疲倦地触摸这个新奇的世界，探究这个世界里的各种事物，体会与这个世界的各种联系。儿童这种源于自然的原始特质是价值中立的，无关乎性善性恶，没有神魔圣暴之分，是一种自由的、诗意的文化。

但是当数字媒介提供的信息资源与儿童所处的身心状态产生距离，儿童凭靠自身原初性获得大量不适宜自身身心状态获得的信息符号时，儿童的潜力因额外的任务而被开发得太早，出现信息过量和过度，问题就出现了。这种情形正如早开花的树反而凋谢得快，而晚一点开花的树却得到较大的力量和耐久性；早熟的果子只能当天有用，却不易保存，而晚熟的果子却可以常年保存。当孩子未长牙的时候，却任由他"咀嚼"坚果，自然就获得不了所需的营养。

本书以人•技术•文化的视角审视新媒介技术环境下的儿童成长，立足儿童文化的"原初性"和"可塑性"遵循"实然"—"应然"—"可然"的逻辑思路。首先分析儿童新媒介应用的文化现状，透过其外在文化表征剖析儿童主体在数字媒介场域下出现的问题。其次，从关系面向和本体面向对儿童新媒介运用进行理论与实践建构，提出儿童新媒介运用的价值诉求与现实悖离，找出其产生的根源及影响制因，进而提出系统优化当下儿童新媒介运用的路向和文化策略。帮助家长一起探索适合孩子成长的数字化道路。

对新媒介环境下的儿童成长与媒介素养的研究，我们的团队在2017年已经开始涉猎。编纂此书始于2019年春。全书的架构经过多次讨论、修改，内容也几经调整，对于出版一本研究型的著作而言，算下来时间虽然不长，但还是超出了预期的出版时间。这从另外一方面也说明，我们对研究、分析儿童的新媒介运用行为与新媒介素养的形成是慎重的。全书写作过程中，由重庆第二师范学院文学与传媒学院广告与网络新媒体专业的老师组成的调研团队做了大量工作。前期的大纲拟定和后期的撰写过程中，我们多次讨论，最后在南山二教楼敲定了最终框架和本书主体内容。也许南山听风、茂密的森林和桂花的香气为我们理清思路大有助益。

  本书的撰写，由以下老师参与部分章节的写作。孟育耀（撰写绪言，42019字），蔡竺言和韩姝（撰写第一章，分别撰写20441字、21651字），代咏梅和戚云博（撰写第二章，分别撰写10612字、17780字），孟育耀（撰写第三章，73242字），李蕾（撰写第四章，35595字），禹小芳和王艺博（撰写第五章，分别撰写27118字、18172字），董小宇（撰写第六章，38623字）。向艳灵负责整本书的统稿工作，付出了不少心血。

  在此由衷感谢团队成员！这个团队年轻，战斗力强，对新媒介的深刻变革和发展趋势有敏锐的洞见和深入的思考。尽管大家都是一线教研人员，日常承担着较为繁重的教研任务，但是依然克服困难，勠力合作，利用课余时间完成了本书的撰写。

  本书的编撰与出版，得到了严亚副院长的大力支持，从框架到内容上，他都给予我们悉心指导与真切帮助，给我们厘清写作中遇到的诸多困难。在此由衷表示感谢！

  本书在写作中，可能也存在思考不周、分析欠妥之处，望专家、同行、家长们多提宝贵意见。

孟育耀
二〇一九十二月